4 Deutsch- und Sachbuch

Herausgegeben von: Ingeborg Propson
Erarbeitet von: Juliane Brokhausen, Sybille Brokhausen, Gisela Faber, Sonja Kramer, Ingeborg Propson, Simone Schlepp-Pellny, Brigitte Schulze, Antje Wittenberg-Ilayyan

Xa-Lando

LERNEN ALS ABENTEUER

Schöningh

Inhalt

Xa-Lando

Text: Brigitte Schulze/Musik: Klaus Brüngel

2. Hören, fühlen, riechen, schmecken,
uns're Umwelt neu entdecken,
mit den Sinnen woll'n wir seh'n,
lasst nach Xa-Lando uns geh'n!

3. Fragen, warum Wellen rauschen,
manchmal in die Stille lauschen. –
Vieles kennen wir noch nicht,
Xa-Lando ist bald in Sicht.

4. Nicht nur an uns selber denken,
auch dem andren mal was schenken,
nicht nur hier, auch anderswo.
– Unser Ziel ist Xa-Lando.

Erklärung der Zeichen

Aufgabe für Entdeckerinnen und Entdecker:
- Suche Antworten auf Fragen, die über das Thema hinausführen.

Aufgabe für Sprachforscher und Sprachforscherinnen:
- Denke über Sprache und Rechtschreibung nach. Finde Regeln.

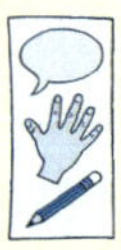

Planen: Was willst du tun? Welche Sachen brauchst du? Wer macht mit? Wer übernimmt welche Aufgabe?
Machen: Probiere aus, was du dir überlegt hast.
Notieren: Schreibe auf, was du beobachtet hast.

Sammle Wörter.

Die **Wörterliste** auf den Seiten 190–198 hilft dir bei dieser Aufgabe.

Textwerkstatt: Auf diesen Seiten findest du Tipps zum Schreiben und Überarbeiten von Texten.

Grammatikwerkstatt: Auf diesen Seiten kannst du Grammatik üben und wiederholen.

Wir sind die Vier

- Welche Erlebnisse hatte der kleine Nick in der Schule?
- An welches Erlebnis in deiner Schulzeit erinnerst du dich besonders?
- Wer ist seit dem ersten Schultag in der Klasse? Wer ist später gekommen?
- Welche Erinnerungen hast du noch an den ersten Schultag in der Grundschule?

Wählt mich!

1 Klassensprecherwahl

a) Welche Aufgaben sollte eure Klassensprecherin oder euer Klassensprecher übernehmen?
Sammelt Ideen.

Streit schlichten

Fest organisieren

...

b) Sucht im Internet nach den Aufgaben eines Klassensprechers.
Ergänzt eure Notizen.

Vorstellung der Kandidaten

2 Wer spricht für uns?

aufmerksam | verständnisvoll

schlau | zuverlässig | stark

engagiert | cool | sachlich

konsequent | kontaktfreudig

gerecht | höflich | mutig

ausgleichend | redegewandt

pflichtbewusst | verschwiegen

...

Urne

a) Klärt unbekannte Wörter.

b) Schreibe drei Eigenschaften auf, die du für eine Klassensprecherin oder einen Klassensprecher wichtig findest.

Schneeball-Methode: Seite 16

- Aufgaben eines Klassensprechers oder einer Klassensprecherin kennenlernen
- Wahlkriterien erarbeiten

3 Wählt mich!

a) Stell dir vor, du möchtest Klassensprecherin oder Klassensprecher werden. Schreibe auf, was für dich spricht.

b) Wer sich für das Amt bewerben möchte, kann diese Notizen bei der Kandidatenvorstellung benutzen:

- Ich möchte Klassensprecher/ Klassensprecherin werden, weil ...
- Ich bin ...
- Ich kann mir vorstellen, dass ...
- Ich würde für euch ...

Wahlkabine

4 Der Wahlablauf

a) Beschreibt den Ablauf einer Wahl. Die Bilder und Begriffe in der Mitte helfen euch.

b) Plant eure Klassensprecherwahl und führt sie durch:

1. ...
2. ...

5 Wer wird gewählt?

Klassenlehrer | Sekretärin | Schulleiterin | Vorsitzende der Klassenpflegschaft | Schüler | Vorsitzender des Fördervereins | Mitglied der Schulkonferenz | Vorsitzende der Schulpflegschaft

- Erkundigt euch, welche Aufgaben diese Personen in der Schule haben. Wer von ihnen wird gewählt?

Auszählung der Wahlzettel

6 Wahlen im Ort

Wer wird in deinem Ort gewählt? Befrage Eltern, Nachbarn, Lehrerinnen und Lehrer, ...

Methodentraining
- Internetsuche
- Schneeball-Methode

- sich vorstellen
- verschiedene Wahlschritte nachvollziehen
- eine Wahl durchführen
- demokratische Beteiligungsmöglichkeiten im Stadtteil erkunden

Spaß beim Spielen

1 Spielideen

a) Was spielt ihr auf dem Schulhof?

b) Welche Spielideen habt ihr für ein Stück Kreide?

2 Himmel und Hölle

a) Spielt Himmel und Hölle. Einigt euch auf eine Spielregel.

b) Schreibt die einzelnen Spielschritte in Stichworten auf Zettel:

Steinchen in Feld 1	...

c) Überprüft durch Nachspielen, ob ihr keinen Spielschritt vergessen habt. Nummeriert die Zettel in der richtigen Reihenfolge.

d) Schreibt die **Regeln** so auf, dass jeder das Spiel verstehen kann. Notiert, welches **Material** und welche **Vorbereitungen** nötig sind, damit man es überall spielen kann.

> **Himmel und Hölle**
>
> **Material:** Kreide, Steinchen
>
> **Spielvorbereitung:** ...
>
> **Spielregeln:** ...

e) Überarbeitet eure Spielanleitung mithilfe der Werkstatt-Karte 3. TEXTWERKSTATT Seite 158

3 Schulhof-Spiele

a) Welche Regeln gelten für die Spiele auf den Bildern? Probiert sie aus.

b) Welche Schulhofspiele kennt ihr noch? Schreibt Spielregeln für eine Spielekartei auf.

4 Pausenspaß

Die meisten Kinder freuen sich auf das Spielen in der Pause. Nach dem Lernen bewegen sich alle gerne an der frischen Luft. Das Turnen am Klettergerüst ist sehr beliebt. Aber das Klettern auf Bäume ist streng verboten. Das Werfen von Bällen ist nur an bestimmten Stellen auf dem Schulhof erlaubt. Das Sammeln von Spielregeln hat uns auf viele neue Ideen für die Pause gebracht. Das Ausprobieren der Spiele macht vielen Kindern großen Spaß.

a) Schreibe den Text ab.

b) Sieben Verben im Text sind großgeschrieben. Unterstreiche sie.

c) Überlege, was die Verben zu Nomen gemacht haben könnte.

d) Sammle die Wörter, die du gefunden hast, in einer Tabelle. Schreibe die Verbform dazu.

Verben, die zu Nomen wurden	Verben
das Spielen	spielen

e) Markiere im Text die Wörter, die aus Verben Nomen gemacht haben.

5 Lernplakat: **Nomen**

...

Steht ein A… kel vor dem Verb, wird das Verb zum Nomen.

6 Versteckte Artikel

am | beim | im | vom | zum

a) Finde in diesen Wörtern die versteckten Artikel.

am = an dem
beim = …

b) Was hört sich besser an? Begründe deine Meinung.

Mein Vater hilft mir beim Rechnen.
Mein Vater hilft mir bei dem Rechnen.

Ich habe keine Zeit zum Lernen.
Ich habe keine Zeit zu dem Lernen.

Zukunftswerkstatt

1 Wer ist was?

1 Tierpfleger **2** Architektin **3** Lehrer **4** KFZ-Mechatronikerin **5** Frisör **6** Verkäuferin **7** Ärztin **8** Koch

a) Ordne die Berufe den Fotos zu.
Du erhältst ein Lösungswort.

b) Suche dir eine Person aus und schreibe auf, was sie für ihren Beruf können sollte.
Frisör: gut mit Menschen umgehen, mit den Händen geschickt sein, sich für Mode interessieren, ...

A

R

T

U

2 Mein Traumberuf

a) Welchen Beruf möchtest du später einmal haben? Schreibe deinen Traumberuf auf.
Oder:
Wähle einen Beruf aus, den du kennst.

b) Beschreibe einen Tag in deinem Traumberuf. Male ein Bild dazu.

3 Meine Stärken, meine Schwächen

Das kann ich gut	Das fällt mir schwer
pünktlich sein	Mathematik
hilfsbereit sein	Geduld haben
...	...

Das nehme ich mir vor

Ich mache meine Hausaufgaben gründlicher.
Ich übe für Mathematik.
...

a) Schreibe auf, was du gut kannst und was dir schwerfällt.

b) Schreibe auch auf, was du dir für das 4. Schuljahr vornehmen willst.

c) Mit wem möchtest du über deine Liste sprechen? Suche dir jemanden aus. Ergänze deine Liste, wenn du willst.

- über Berufe und persönliche Voraussetzungen sprechen
- eigene Wünsche und Vorstellungen aufschreiben
- sich eigener Stärken und Schwächen bewusstwerden

4 **Pausenspaß**

Die meisten Kinder freuen sich auf das Spielen in der Pause. Nach dem Lernen bewegen sich alle gerne an der frischen Luft. Das Turnen am Klettergerüst ist sehr beliebt. Aber das Klettern auf Bäume ist streng verboten. Das Werfen von Bällen ist nur an bestimmten Stellen auf dem Schulhof erlaubt. Das Sammeln von Spielregeln hat uns auf viele neue Ideen für die Pause gebracht. Das Ausprobieren der Spiele macht vielen Kindern großen Spaß.

a) Schreibe den Text ab.

b) Sieben Verben im Text sind großgeschrieben. Unterstreiche sie.

c) Überlege, was die Verben zu Nomen gemacht haben könnte.

d) Sammle die Wörter, die du gefunden hast, in einer Tabelle. Schreibe die Verbform dazu.

Verben, die zu Nomen wurden	Verben
das Spielen	spielen

e) Markiere im Text die Wörter, die aus Verben Nomen gemacht haben.

5 Lernplakat: **Nomen**

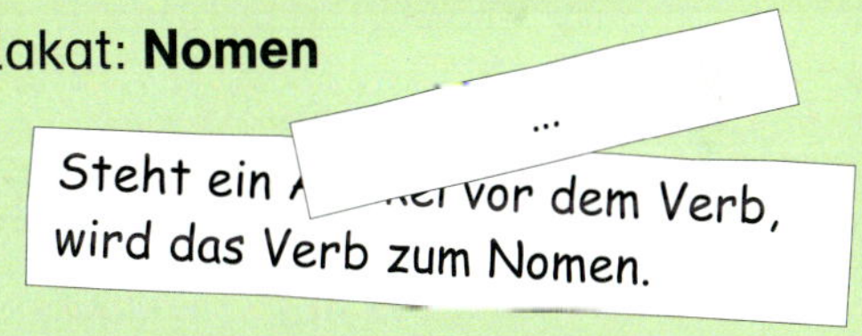

6 **Versteckte Artikel**

am   beim   im   vom   zum

a) Finde in diesen Wörtern die versteckten Artikel.

am = an dem
beim = ...

b) Was hört sich besser an? Begründe deine Meinung.

Mein Vater hilft mir beim Rechnen.
Mein Vater hilft mir bei dem Rechnen.

Ich habe keine Zeit zum Lernen.
Ich habe keine Zeit zu dem Lernen.

- nominalisierte Verben finden
- Regeln für die Nominalisierung von Verben kennenlernen

Schulhof-Geschichten

1 Fußball auf dem Schulhof

a) Erzählt, was auf den Bildern passiert.

b) Wie geht ihr mit den Erstklässlern an eurer Schule um? Tauscht eure Erfahrungen aus.

1

2 Eine gute Lösung

a) Schreibe eine Geschichte zu den Bildern und suche eine eigene Lösung für den Schluss.

b) Finde eine treffende Überschrift.*

c) Spielt die Lösungen vor, mit denen die Großen und die Kleinen zufrieden sein können.

TEXTWERKSTATT Seite 159

*TIPP!
Werkstatt-Karte 6 hilft dir.

3 Das Zuhören trainieren

Mara: Ich denke, dass es sehr gemein ist, die Kleinen so zu behandeln.

Ron: Du denkst, dass es gemein ist, die Kleinen so zu behandeln. Ich glaube aber nicht, dass wir da viel ändern können.

Julia: Du glaubst nicht, dass wir da viel ändern können. Ich finde, dass …

Tim: Du findest, dass … Ich meine nicht, dass …

Tabea: Du meinst nicht, dass … Ich wünsche mir, dass …

a) Findet die Regeln für das Gesprächsspiel heraus und führt das Spiel durch.*

*TIPP!
Dieses Gesprächsspiel nennt man aktives Zuhören. Trainiert es im Klassenrat.

b) Sammelt Mustersätze mit dem Bindewort **dass**. dass

Ich sehe, dass …	Wir hoffen, dass …
Ich befürchte, dass…	…

c) Schreibe Sätze nach diesem Muster. Unterstreiche die Verben vor dem Komma. Markiere das Bindewort **dass**.

3

• eine Bildergeschichte schreiben
• aktives Zuhören trainieren
• die Konjunktion „dass“ anwenden

4 Ideen für die Neuen

a) Was könnt ihr für eure Erstklässler tun? Sammelt Ideen.

vorlesen | basteln | Paten für die Neuen sein | …

b) Entscheidet euch, welche Aktionen ihr durchführen wollt. Macht einen Plan.

Wann?	Was?	Wo?	Wer?
6.9., 12.00 Uhr	vorlesen	Klasse 1b	Ron, Mara
18.9., große Pause	Himmel-und-Hölle-Spiel	neben der Turnhalle	Tabea, Tim, Ina

5 Pech gehabt!

Ron geht beim Klingeln auf den Pausenhof.

Er hat ein Brötchen in der Hand.

Auf der Treppe schubst ihn ein Junge.

Ron fällt das Brötchen auf den Boden.

Der Junge schenkt Ron seinen Apfel.

a) Schreibe jeweils einen Satz auf einen Papierstreifen.

b) Schneide die Satzteile auseinander. Lege sie in den Satz-Baukasten (S. 150/151). Bearbeite sie mit der Werkstatt-Karte 14. Seite 150 Grammatik-werkstatt

c) Schreibe die veränderten Sätze auf.

d) Kennzeichne Subjekt △ und Prädikat ○.

6 Wortarten unterscheiden

WITZ NASS RETTEN NATUR LUSTIG
FRISCH RECHNEN HALS GUCKEN
HOFFEN BESUCH STRECKEN ANTWORTEN
LERNEN FEUER ÄRGERLICH PAUSE
SPANNEND LANGSAM BERUF ÄNGSTLICH

- Ordne die Wörter in einer Tabelle:

Nomen	Verben	Adjektive
Witz		

TIPP! ABC

Methodentraining
- Rollenspiel

- gemeinsam ein Vorhaben planen
- Satzteile umstellen
- Subjekt und Prädikat bestimmen
- Wortarten bestimmen

Zukunftswerkstatt

1 Wer ist was?

1 Tierpfleger **2** Architektin **3** Lehrer
4 KFZ-Mechatronikerin **5** Frisör
6 Verkäuferin **7** Ärztin **8** Koch

a) Ordne die Berufe den Fotos zu.
Du erhältst ein Lösungswort.

b) Suche dir eine Person aus und schreibe auf, was sie für ihren Beruf können sollte.
Frisör: gut mit Menschen umgehen, mit den Händen geschickt sein, sich für Mode interessieren, ...

2 Mein Traumberuf

a) Welchen Beruf möchtest du später einmal haben? Schreibe deinen Traumberuf auf.
Oder:
Wähle einen Beruf aus, den du kennst.

b) Beschreibe einen Tag in deinem Traumberuf.
Male ein Bild dazu.

3 Meine Stärken, meine Schwächen

Das kann ich gut	Das fällt mir schwer
pünktlich sein	Mathematik
hilfsbereit sein	Geduld haben
...	...

Das nehme ich mir vor
Ich mache meine Hausaufgaben gründlicher.
Ich übe für Mathematik.
...

a) Schreibe auf, was du gut kannst und was dir schwerfällt.

b) Schreibe auch auf, was du dir für das 4. Schuljahr vornehmen willst.

c) Mit wem möchtest du über deine Liste sprechen? Suche dir jemanden aus. Ergänze deine Liste, wenn du willst.

- über Berufe und persönliche Voraussetzungen sprechen
- eigene Wünsche und Vorstellungen aufschreiben
- sich eigener Stärken und Schwächen bewusstwerden

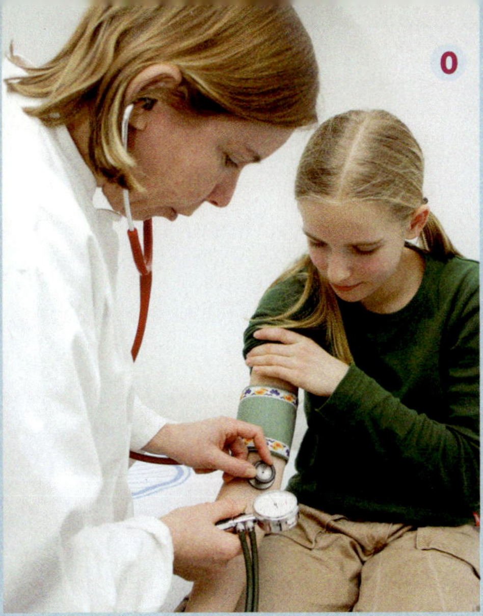

4 Im nächsten Jahr

a)

> Im nächsten Schuljahr sind wir schon auf einer anderen Schule. Wir lernen dort neue Klassenkameraden kennen. Im fünften Schuljahr unterrichten uns viele Lehrer in den verschiedenen Fächern.
> Tim

- Schreibe den Text ab. Unterstreiche die Wörter, die dir zeigen, dass Tim von der Zukunft spricht.

b) Sammelt weitere Wörter, die die Zukunft anzeigen.

c)

> Für uns wird sich vieles ändern. Ich muss dann jeden Tag mit dem Bus fahren und auf dem Schulhof werden wir wieder die Kleinsten sein.
> Ina

- Schreibe den Text ab. Unterstreiche die Wörter, die dir zeigen, dass Ina von der Zukunft spricht.

5 Lernplakat: **Zukunft**

Mit **wird** oder **werden** können Verben die ...ft ausdrücken.

Auch **Zeitangaben** können die Zu... anzeigen.

...

6 Heute und morgen

Suche 10 Verben in der Wörterliste. Bilde mit ihnen die Gegenwarts- und die Zukunftsform. Wähle verschiedene Personalformen.

Grundform	Gegenwartsform	Zukunftsform
gehen	ich gehe	ich werde gehen
laufen	du läufst	du wirst...

7 Ich in 20 Jahren

Stell dir dein Leben in 20 Jahren vor. Male ein Bild und schreibe dazu.

- Zeitstufe Zukunft kennenlernen
- sich mit der eigenen Zukunft auseinandersetzen

Von der Vier zur Fünf

1 Neue Schulen

a) Findet heraus, welche verschiedenen Schulen es ab Klasse 5 bei euch gibt. Zu welchen Schulformen gehören sie?

b) Bildet Expertengruppen für die verschiedenen Schulen. Notiert Fragen, die euch zum Schulwechsel wichtig sind. Wo wollt ihr euch erkundigen?*

*TIPP! Internet

Welche Spielgeräte gibt es auf dem Pausenhof?

Ist oft nachmittags Unterricht?

Welche Fremdsprachen kann ich dort lernen?

Gibt es besondere Sport-Angebote?

...

c) Stellt eure Ergebnisse auf Plakaten aus.

Name der Schule: An der Gartenwiese

Schulform: Gymnasium

Schulabschluss: Abitur

Nachmittagsangebote: ...

Fremdsprachen: ...

Projekte: ...

2 Welche Schule?

Jede Schülerin und jeder Schüler hat andere Fähigkeiten und Interessen. Welche sind für den Schulwechsel wichtig?

a) Lies nach, welche Fähigkeiten und Interessen Sina, Kevin und Hannah haben.

b) Schreibe auf, welche Schulformen du ihnen empfehlen würdest. Begründe deine Entscheidung.

c) Vergleicht eure Ergebnisse.

Sina, 9 Jahre

Sina interessiert sich für Tiere, vor allem für Hunde. Sie hat einen Labrador und kümmert sich sehr zuverlässig um ihn. In die Schule geht Sina gern. Sie ist seit einem Jahr Klassensprecherin. Sina mag fast alle Fächer, aber vor allem Deutsch und Kunst. Sie hat in allen Fächern gute Noten. Nach der Schulzeit möchte sie etwas mit Tieren machen, vielleicht Tierärztin oder Tierpflegerin.

Hannah, 11 Jahre

Hannah hat die Klasse 3 wiederholt. Seitdem sind ihre Schulleistungen besser. So hat sie in den Fächern Deutsch und Mathematik im letzten Zeugnis die Noten befriedigend bekommen. In Englisch kommt Hannah nicht so gut mit. Sie hat wenig Lust, Vokabeln zu lernen. Im Fach Kunst hat sie gute Ideen und ist beim Basteln besonders geschickt. Hannah interessiert sich für Mode und Menschen und möchte später Frisörin oder Kosmetikerin werden.

- sich über Schulen und Schulformen informieren
- Informationen ordnen und vergleichen
- Bedeutung der individuellen Fähigkeiten und Interessen für die richtige Schulwahl erkennen

Kevin, 10 Jahre

Kevin ist am liebsten an der frischen Luft. Er ist sehr sportlich und interessiert sich besonders für die Fächer Sachunterricht, Mathematik und natürlich Sport. In diesen Fächern hat er gute Noten. In Deutsch hat er Probleme, vor allem mit der Rechtschreibung. Hausaufgaben macht er sehr ungern und nicht immer vollständig. Kevin möchte entweder Fußballer oder Gärtner werden.

3 Die Schule wechseln

Ron
Du bist sauer, weil du der einzige Schüler der Klasse bist, der im nächsten Jahr auf das Lessing-Gymnasium gehen wird. Du befürchtest, dein Freund Lukas sucht sich andere Freunde in seiner Klasse.

Lukas
Du freust dich auf deine neue Schule und bist froh, dass viele aus der Klasse 4 auch dorthin gehen. Du verstehst die Probleme deines Freundes gut und tröstest ihn.

Julia
Du bist traurig, weil du schon wieder eine schlechte Note in Deutsch geschrieben hast. Du musst mit deinen Eltern sprechen, es geht dabei auch um deinen Schulwechsel.

Mutter
Die Leistungen deiner Tochter sind nicht so gut, wie du es gerne hättest. Du bist enttäuscht, weil du denkst, sie hat nicht genug gelernt.

Vater
Du hattest früher auch manchmal schlechte Ergebnisse in der Schule. Du hast Verständnis für die Probleme deiner Tochter und machst ihr Mut.

a) Sucht euch eine Situation aus und verteilt die Rollen.

b) Spielt die Szene.

c) Am Ende der Szene sagen zuerst die Rollenspieler, wie sie sich beim Spiel gefühlt haben. Danach äußern sich die Zuschauer.

Methodentraining
- Internetsuche
- Rollenspiel

Methodentraining

Wir sammeln Ideen mit der Schneeball-Methode

Wozu?

- Jeder Vorschlag wird diskutiert.
- Aus vielen Ideen wird gemeinsam eine Auswahl getroffen.

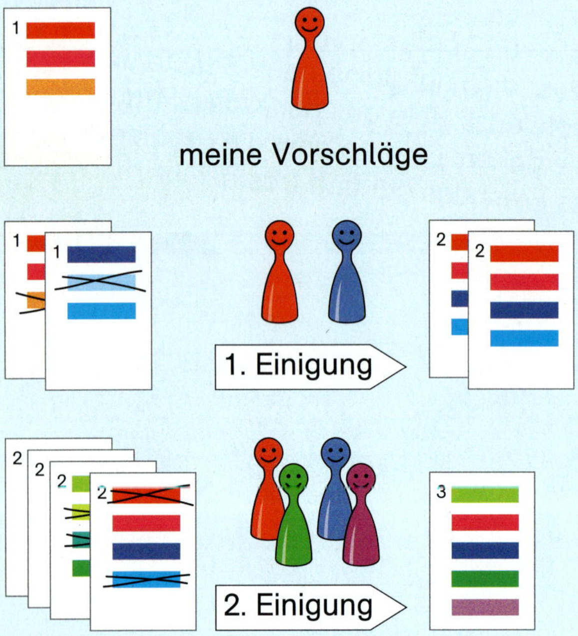

Wie geht das?

a) drei Ideen aufschreiben

b) – in einer Zweiergruppe Listen gegenseitig vorstellen und begründen
   – gemeinsam 4 Vorschläge auswählen
   – für jeden eine neue Liste schreiben

c) – in einer Vierergruppe weiterarbeiten
   – auf fünf gemeinsame Punkte einigen
   – eine neue Liste schreiben

d) – die Fünf-Punkte-Listen aller Gruppen in der Klasse vorstellen

e) – Doppelungen streichen
   – eine gemeinsame Liste herstellen

Worauf kommt es an?

- Gesprächsregeln beachten
- Gründe für die eigene Meinung nennen
- nachgeben können
- sich fair einigen

Wie fange ich an?

Sammelt Ideen und einigt euch:

- Spiele für die Erstklässler
- Bastelarbeiten als Geschenk für die Erstklässler ...
- Klassenlektüre
- gemeinsame Unternehmungen der Klasse
- Anschaffungen für Pausenspiele
- ...

Unterwegs

- Welcher Weg gefällt dir am besten? Stell dir vor, du bist auf diesem Weg. Schreibe auf, wohin er dich führen könnte.

Abbiegen, aber richtig

1 8 wichtige Punkte beim Linksabbiegen

a) Überlegt, auf welche Gefahren Anna achten muss, wenn sie mit dem Rad nach links abbiegen will.

b) Auf den Zetteln stehen 8 Punkte, die das Linksabbiegen sicherer machen.

einordnen (e)
umsehen (K)
Handzeichen geben (r)
in weitem Bogen abbiegen (n)
Gegenverkehr vorbeilassen (z)
noch einmal umsehen (u)
auf Fußgänger achten (g)
Vorfahrtsregeln beachten (u)

– Stelle dazu 8 Bildkärtchen her. Schreibe die grünen Lösungsbuchstaben auf die Rückseiten.
– Was beachtet Anna beim Linksabbiegen? Wenn du deine Kärtchen in der richtigen Reihenfolge neben die Nummern legst, erhältst du ein Lösungswort.

2 Manchmal hilft nur schieben

a) Schaut euch die Fotos an. Auf welcher Kreuzung kannst du so abbiegen wie Anna? Begründe deine Meinung.

b) Überlegt euch noch andere Möglichkeiten, sicher nach links abzubiegen.

c) An welchen Stellen musst du manchmal mit deinem Rad nach links abbiegen? Wie ist es dort für dich am sichersten?

3 Das Linksabbiegen üben

– Zeichen zu den Punkten 1–8 groß auf Pappe malen
– Kreuzung auf den Schulhof malen
– Zeichen an die richtigen Stellen legen
– das Linksabbiegen vormachen*

***TIPP!**
a) zu Fuß gehen
b) mit dem Rad schieben
c) mit dem Rad fahren

- richtiges Linksabbiegen kennenlernen
- Gefahren beim Linksabbiegen benennen
- das sichere Linksabbiegen einüben und Alternativen kennenlernen

4 Gefahr erkannt, Gefahr gebannt

a) Bildet eine Gruppe und teilt die Bildkärtchen zu den Punkten 1–8 untereinander auf.

b) Jeder schreibt zu einem Punkt auf, warum es gefährlich ist, wenn man sich hier falsch verhält.

c) Besprecht eure Ergebnisse und klebt sie auf ein Plakat.

d) Überlegt, wie ihr euer Plakat vorstellen wollt.

zu 1: Es könnte ein Fahrzeug kommen.

Gruppenarbeit: Seite 28

5 Wir beobachten Radfahrer

Gruppe: Tina, Kai, Kim, Anna
Ort: Blumenstraße, Ecke Holzweg
Zeit: von 15.00 Uhr bis 16.00 Uhr

Radfahrer fahren:	
richtig	𝍸 I
ohne Helm	I
auf der falschen Seite	
nebeneinander	
ohne auf die Vorfahrt zu achten	
...	

6 Gefahrenpunkte im Stadtteil

a) Geht durch euren Stadtteil/Ort. Achtet auf Gefahrenstellen für Radfahrer.

b) Fotografiert oder zeichnet die Stellen. Beschreibt die möglichen Gefahren genau.

c) Sucht für diese Stellen sichere Umwege.

d) Tragt die Wege in eine vergrößerte Straßenkarte ein.

Legende:
● = Gefahrenstelle
— = gefährlicher Weg
— = sicherer Weg

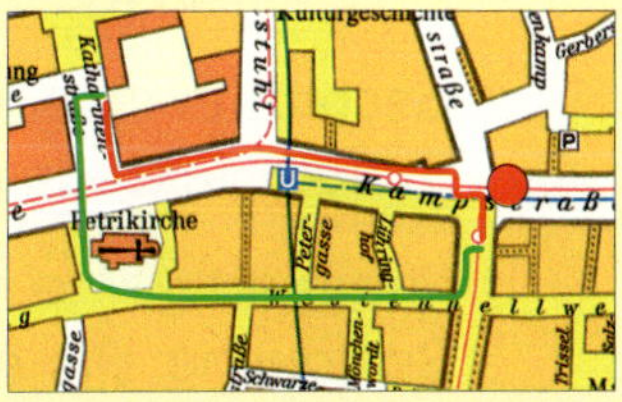

Methodentraining
• Gruppenarbeit

• verkehrsgerechtes Verhalten bei Radfahrern im Straßenverkehr beobachten und notieren
• Gefahrenstellen für Radfahrer im eigenen Stadtteil/Ort benennen und sichere Alternativen finden

Fahrradwerkstatt

1 Reifenpanne

Hattest du schon einmal einen platten Reifen? Erzähle.

2 Die Luft ist raus!

a) Beschreibe mithilfe der Bilder, wie du einen Reifen flicken kannst.

b) Ordne die Zettel den Bildern zu. Du erhältst ein Lösungswort: 1 = s , 2 = ...

(i)
– Schlauch in Wasser eintauchen
– auf Blasen achten
– das Loch markieren

(s)
– erst das Ventil prüfen
– Schlauch aufpumpen

(r)
– Schlauch nach zehn Minuten wieder aufpumpen

(c)
– Schlauch abtrocknen
– Stelle rund um das Loch aufrauen

(h)
– Kleber auftragen
– 5 Minuten abwarten

(e)
– Folie vom Flicken abziehen
– Flicken auf das Loch kleben und fest anpressen

c) Schreibe mithilfe der Textzettel auf, wie du einen Reifen flickst:
Ich prüfe das Ventil. Danach pumpe ich ...

d) Suche in jedem Satz das Prädikat und unterstreiche es rot.

3 Ein Prädikat im Spagat

(aufpumpen)

Danach pumpe ich den Schlauch auf.

- Welche Verben haben sich in deinen Sätzen geteilt? Kennzeichne die Prädikate so:

Ich prüfe das Ventil.
Danach pumpe ich den Schlauch auf. Ich ...

4 Wir flicken Schläuche

a) Besorgt euch einige undichte Schläuche.*
Bringt Flickzeug und Eimer mit.

b) Repariert gemeinsam die Schläuche. Die Anleitung hilft euch dabei.

***TIPP!**
Alte Schläuche bekommt ihr im Fahrrad-Laden.

- den Vorgang des Schlauchflickens beschreiben
- zweiteilige Prädikate im Satz erkennen
- nach einer Anleitung einen Fahrradschlauch flicken

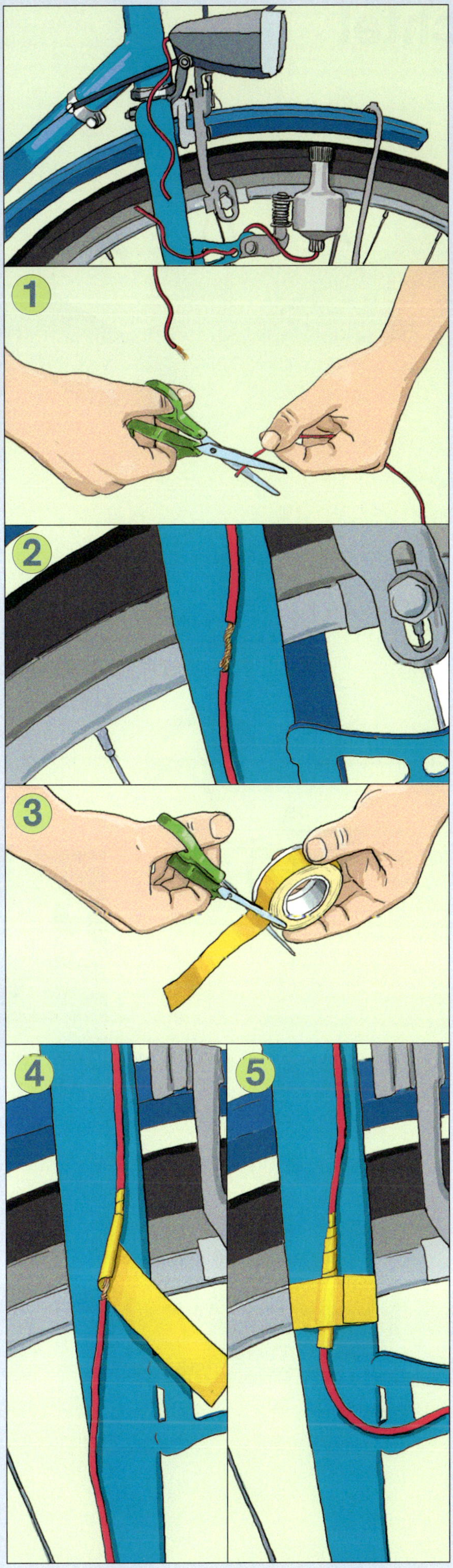

5 Das Licht geht aus!

a) Inas Licht am Fahrrad funktioniert nicht mehr. Erkläre, wie Ina ihr abgerissenes Kabel repariert.

b) Ordne die Zettel den Bildern zu. Du erhältst ein Lösungswort: 1 = L, 2 = ...

L – an den gerissenen Stellen 1 cm Isolierung entfernen

h – das blanke Kabel mit Isolierband umwickeln

i – Drahtenden zusammendrehen

c – etwa 5 cm Isolierband abschneiden

t – lose Kabel befestigen, um neue Beschädigungen zu vermeiden

c) Schreibe mithilfe der Textzettel auf, wie Ina ihr Kabel repariert. Achte auf die Satzanfänge. Die Werkstatt-Karten 3 und 4 helfen dir.

TEXTWERKSTATT Seite 158

d) Unterstreiche die Prädikate rot und kennzeichne sie.

Ina entfernt an den gerissenen Stellen ...

6 Vorsilben suchen Verben

auf, vor, ab, ein, an, hin, ver, aus, zer, zu, be

bauen, reißen, kleben, suchen, fangen

a) Setze jedes Verb mit verschiedenen Vorsilben zusammen. Welche neuen Verben kannst du bilden? Schreibe sie auf.

b) Kennzeichne den Wortstamm: aufbauen

c) Wähle 5 zusammengesetzte Verben aus und bilde Sätze.

- bei einer Vorgangsbeschreibung auf Satzanfänge achten
- mit Vorsilben sinnvolle Verben bilden
- den Wortstamm in Verben kennzeichnen

Geschichten aus der Schachtel

1 Erzählrunde

a) Überlege dir zu der Erzählspur eine lustige, traurige oder spannende Geschichte.
Oder:
Lege eine eigene Erzählspur.

b) Trefft euch in Erzählrunden mit 3–6 Kindern.
- Erzählt reihum eure Geschichten.
- Welche Geschichte gefällt euch besonders gut? Erzählt sie einer anderen Gruppe.

2 Erzählschachteln

Auch Bilder erzählen Geschichten.

a) Auf den Seiten 22 und 23 sind die Bilder in Erzählschachteln geordnet. Wie würdet ihr die Schachteln beschriften?

b) Sammelt und malt Bilder zum Geschichtenerzählen.

c) Ordnet eure Bilder in Erzählschachteln. Beschriftet sie.

d) Wählt aus den Schachteln Bilder aus und erfindet dazu eine Geschichte. Schreibt sie auf.
Oder:
Spielt Geschichten-Lotterie und zieht aus jeder Schachtel ein Bild.

3 Schreibkonferenz

Auf dem Weg zu Oma

Ich wollte gestern meine Oma besuchen. Ich nahm mein Fahrrad. Auf der Straße war ein Hund. Ich wollte an dem Hund vorbeifahren. Da sprang der Hund an meinem Fahrrad hoch. Da rief jemand Fifi. Da rennt der Hund weg. Ich fuhr zu meiner Oma.

a) Bildet Gruppen. Jeder aus der Gruppe sucht sich eine Werkstatt-Karte aus, mit der er diesen Text überarbeiten will. TEXTWERKSTATT Seite 158

b) Schreibt gemeinsam den Text neu.
Oder:
Überarbeitet eure eigenen Geschichten aus Aufgabe 2.

- Erzählspuren als Erzähl- und Schreibhilfe nutzen
- sich von Bildern zum Erzählen und Schreiben anregen lassen
- Texte überarbeiten

4 Wort-Verwandtschaften

Grundform des Verbs	Personalform des Verbs	ein verwandtes Nomen
hören	du hörst	der Hörer
erzählen	ich ...	...
...	er stiehlt	der Diebstahl
...	es ...	der Blitz
fühlen	du ...	...
...	ich springe	...
...	du ...	der Fall
setzen	er ...	...
...	ich rufe	...
...	du ...	die Frage

a) Schreibe die Tabelle ab und ergänze die fehlenden Wörter.

b) Kennzeichne den Wortstamm.

5 Wer tut was?

	lauf	sprech	mess
ich	___e	___e	___e
du	___st	___st	___st
er	___t	___t	___t
wir	___en	___en	___en

a) Schreibe die Verben in den Personalformen auf.

b) Kennzeichne den Wortstamm. Was fällt dir auf?

c) Schreibe zu einem Verb aus jeder Spalte einen Satz auf.

d) Suche weitere Verben, die ihren Wortstamm verändern.

Methodentraining
- Schreibkonferenz

- verwandte Wortformen finden
- Wortstamm und Personalendungen von Verben als Hilfen für die Rechtschreibung erfahren

Menschen unterwegs

1 Verkehrsmittel, Verkehrswege

a) Schau dir das Bild an. Wer verhält sich auf der Straße verkehrsgerecht? Wer macht etwas falsch?

b) Welche Verkehrsmittel benutzen die Menschen im Bild? Welche hast du schon benutzt? Wohin haben sie dich gebracht?

c) Welche Verkehrsmittel verschmutzen die Umwelt? Welche schonen die Umwelt? Erkläre, warum das so ist.

2 Reisewege

a) Suche Verkehrswege auf der Seite 121 oder im Atlas: Straßen, Bahnstrecken, Flüsse, Kanäle. Was verbinden sie? Was trennen sie?

b) Wohin möchtest du gerne reisen? Wie kommst du dorthin? Welche Verkehrsmittel kannst du benutzen?
Köln – Frankfurt: Auto, ...

3 Satz-Baupläne

- Baue mit diesen Verben zu jedem Satz-Bauplan 3 Sätze. Ideen findest du im Bild.

A) ▲ ● fahren fliegen laufen

B) ▲ ● ▬ tragen schieben gießen

C) ▲ ● ▮ helfen folgen

D) ▲ ● ▮ ▬ bringen geben

Passen die Verben von A, B, C und D auch in andere Satz-Baupläne?

- Verkehrswege als Verbindungen und als Grenzen entdecken
- Verkehrsmittel und ihre Umweltverträglichkeit beurteilen
- richtiges Verhalten im Straßenverkehr begründen
- Verben Satz-Bauplänen zuordnen

4 Wohin geht die Reise?

Meine Eltern <u>erlauben</u> mir mitzufahren.
Ich habe auch schon die Erlaubnis.
Ich <u>meine</u>, wir sollten mit dem Zug fahren.
Ganz meine Meinung.
Das ist <u>sicherer</u> als mit dem Rad.
Mit Sicherheit!
Außerdem sind wir dann <u>pünktlich</u> da.
Ist Pünktlichkeit denn wichtig?
Deinetwegen haben wir beim letzten Mal den Anfang verpasst.
Entschuldigung!

a) Schreibe auf, wohin die Reise von Tim und Tom gehen könnte.

b) Zu welchen der unterstrichenen Verben und Adjektive von Tim nennt Tom die verwandten Nomen? Schreibe sie auf.

c) Kennzeichne Wortstamm und Endung der verwandten Wörter. Was fällt dir auf?

d) Übe weiter mit der Werkstatt-Karte 4.

Seite 145 Grammatik-werkstatt

5 Lernplakat: **Nomen**

Mit diesen Wortbausteinen werden Verben und Adjektive zu Nomen: -heit … … … -ung

6 Spiel mit Wortbausteinen

- Wortbausteine **-heit**, **keit**, **-ung**, **-nis** auf einen Würfel schreiben, zwei Seiten mit einem Joker bemalen
- Verben/Adjektive auf Wortkarten schreiben und in die Mitte legen
- würfeln, passende Wortkarte aussuchen, Nomen bilden

wohnen | sicher | geheim | retten

• die Wortbausteine -ung, -heit, -keit, -nis als Mittel zur Nominalisierung kennenlernen

Wer hat Vorfahrt?

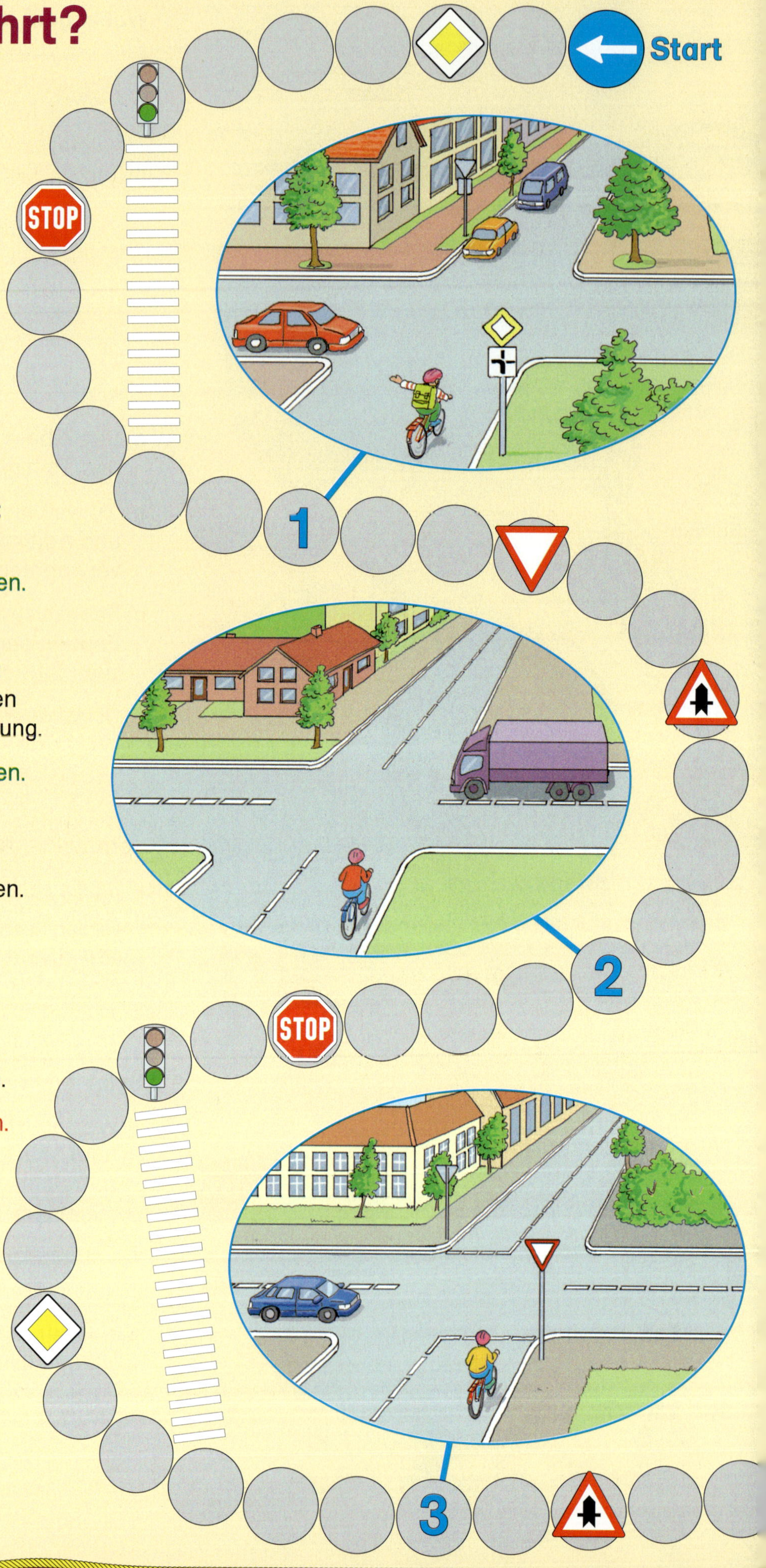

1 Spielregeln

Würfelspiel für 2–4 Kinder

Dieses Schild bedeutet:
Vorfahrtstraße.

Hier darfst du 5 Felder vorrücken.

Dieses Schild bedeutet:
Vorfahrt an der nächsten Kreuzung oder Einmündung.

Hier darfst du 3 Felder vorrücken.

Bei Grün darfst du fahren.

Nimm die Abkürzung über den Zebrastreifen.

Dieses Schild bedeutet:
Halt! Vorfahrt gewähren.

Hier musst du einmal aussetzen.

Dieses Schild bedeutet:
Vorfahrt gewähren.

Hier musst du 2 Felder zurück.

• Verkehrsschilder, die die Vorfahrt regeln, kennenlernen

2 Vorfahrtsregeln

Welche Regel passt zu welchem Bild?
Wenn du die Bilder richtig zuordnest, ergibt sich ein Lösungswort:
1 = G, 2 = ...

Du musst dem Querverkehr Vorfahrt gewähren. Deshalb hat das Auto Vorfahrt. **f**
Die Ampel zeigt für dich Grün. Du hast Vorfahrt. Trotzdem musst du auf die anderen Verkehrsteilnehmer achten. **a**
Du hast an der nächsten Kreuzung oder Einmündung Vorfahrt. **r**
Ohne Verkehrszeichen gilt die Regel: „rechts vor links“. Der LKW kommt von rechts und hat Vorfahrt. **e**
Du hast Vorfahrt und darfst nach links weiterfahren. Achte trotzdem auf andere Verkehrsteilnehmer! **G**
Du willst in eine abknickende Vorfahrtstraße einbiegen. Du musst die Vorfahrt beachten und warten. Ist die Straße frei, darfst du fahren. **h**

3 Spielregeln für Profis

3 Zu jedem Nummernfeld gehört ein Bild. Wer hat dort Vorfahrt?

Richtige Antwort: 5 Felder vor.
Falsche Antwort: 5 Felder zurück.

Methodentraining
Wir arbeiten in Gruppen

Wozu?

- In einer Gruppe können Aufgaben oft schneller und besser gelöst werden als alleine.

Wie geht das?

- Gruppen von 3–6 Kindern bilden
- Aufgabenstellung besprechen
- gemeinsam Aufgaben verteilen
- notwendige Materialien zurechtlegen
- sofort mit der Arbeit beginnen
- Ergebnisse besprechen und Vorstellung planen
- Ergebnisse vorstellen

Worauf kommt es an?

- gemeinsam Gruppenregeln aufstellen und einhalten
- bei Schwierigkeiten Regeln einüben:
  - für jede Regel ein Kind als Regelbeobachter bestimmen
  - Beobachtungsaufgabe täglich wechseln

Regeln für Gruppenarbeit

- Wir sprechen uns ab.
- Wir fangen sofort an.
- Jeder arbeitet mit.
- Wir arbeiten leise und rücksichtsvoll.
- Wir schreiben unsere Ergebnisse lesbar auf.
- ...

Wie fangen wir an?

- Gestaltet gemeinsam ein Plakat zu einer gefährlichen Verkehrssituation in eurem Schulbezirk.*

***TIPP!**
Ihr könnt kleben, malen, Bilder ausschneiden, Fotos machen, …

Tropfen für Tropfen

- Wo entdeckst du auf dem Foto Hinweise auf Wasser?
- Suche Wasser und fotografiere es. Wo hast du es gefunden?
- Vergleicht eure Fotos. Macht eine Foto-Austellung.

Wasserwerkstatt

1 Beschreibt eure Versuche in einem Forschertagebuch.

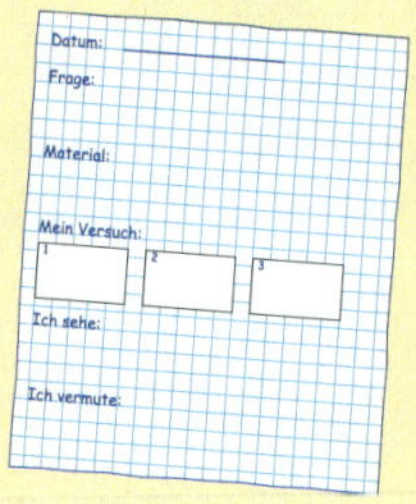

2 Alles ist Wasser

a) In den Versuchen findet ihr Wasser in verschiedenen Formen.
Ordnet sie in einer Tabelle.

Wasserdampf | Wasser | Eis

fest	flüssig	gasförmig

b) Auf den Fotos seht ihr Wasser in der Natur.
Welche Formen kennt ihr noch?
Ordnet sie in die Tabelle ein.

Hagel | … | Wolken | …

3 Wasser ändert seine Form

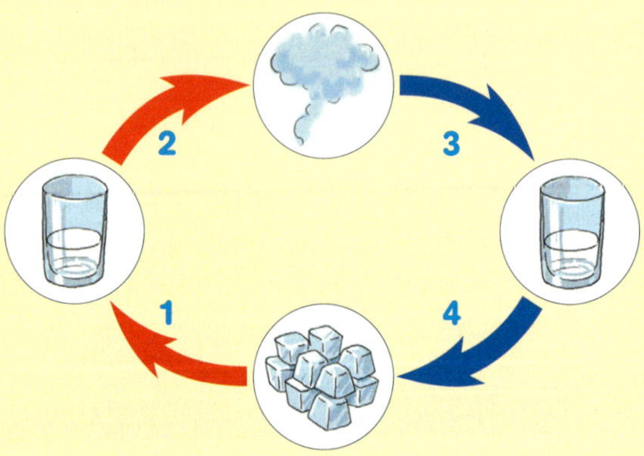

a) Ordne die Begriffe den Pfeilen zu.

erstarren | verdampfen | schmelzen | kondensieren

1: …

b) Beschreibt, wie Wasser seine Form ändert.

c) In welchen Versuchen könnt ihr diese Vorgänge beobachten? Verdampfen: …

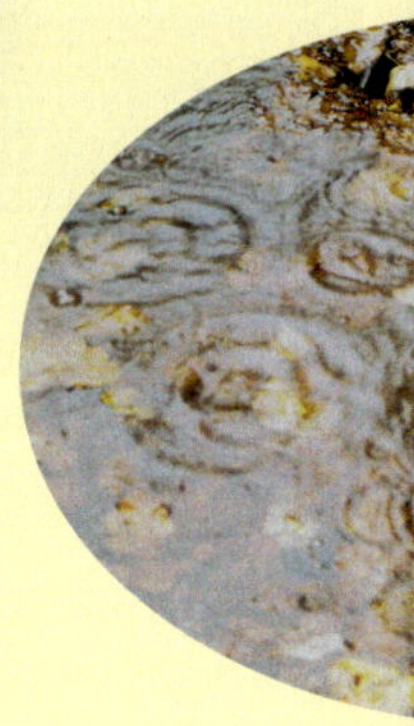

A Wohin verschwindet das Wasser?

Material: Schwamm, Tafel, Föhn

- Malt mit dem feuchten Schwamm ein Bild an die Tafel.
- Messt die Zeit, bis das Bild verschwunden ist.
- Wo ist das Wasser geblieben?
- Wiederholt den Versuch: Föhnt das Bild mit einem Föhn trocken.
- Vergleicht die Zeiten.

D Was geht unter?

Material: hohes Glas, Wasser, Sirup, Speiseöl, 1 Korken, 1 Weintraube, 1 Legostein

- Füllt nacheinander Sirup, Öl und Wasser in das Gefäß (jeweils zwei Daumen hoch).
- Wartet ab: Was passiert?
- Gebt den Korken, die Traube und den Legostein in das Gefäß.
- Was passiert?

- Versuche mit Wasser durchführen und Beobachtungen notieren
- Aggregatzustände des Wassers und ihre Übergänge in der Natur und in Experimenten beschreiben
- die Beobachtungen zu erklären versuchen

Wo bleibt das kochende Wasser?

B

Material: Wasserkocher, Küchenhandschuh, Glas

- Bringt Wasser zum Kochen.
- Haltet ein Glas sehr vorsichtig in den Wasserdampf.
- Was seht ihr nach kurzer Zeit an dem Glas?

Was passiert im Eisfach?

C

Material: mehrere Plastik-Gefäße mit Deckel (z.B. Flasche, Dose, ...), Plastiktüte

- Füllt die Gefäße randvoll mit Wasser. Verschließt sie.
- Stellt sie in eine Tüte. Legt sie dann in das Gefrierfach.
- Wartet einen Tag ab, bevor ihr nachseht.

Was geschieht mit eiskalten Sachen?

E

Material: dichte, leere Kaffeedose, Eiswürfel

- Gebt Eiswürfel in die Dose.
- Verschließt die Dose.
- Wartet drei Minuten ab. Was passiert?
- Sucht eine Erklärung.

Wie viel passt in ein volles Glas?

F

Material: Glas, Wasser, Münzen

- Füllt das Glas bis zum Rand mit Wasser.
- Schätzt vorher: Wie viele Geldstücke passen in das Glas, ohne dass das Wasser überläuft?
- Lasst die Geldstücke ganz vorsichtig in das Wasser gleiten. Was passiert?

Methodentraining

- Planen – machen – notieren
- Forschertagebuch

Blitz und Donner

Gewitter

Der Himmel ist blau
Der Himmel wird grau
Wind fegt herbei
Vogelgeschrei
Wolken fast schwarz
Lauf, weiße Katz!
Blitz durch die Stille
Donnergebrülle
Zwei Tropfen im Staub
Dann Prasseln auf Laub
Regenwand
Verschwommenes Land

1 Donnergrollen

a) Lies das Gedicht von Erwin Moser so, dass man hören kann, wie das Gewitter kommt und geht.

b) Schreibe das Gedicht ab.

2 Stürmisch

Verändere das Gedicht von Erwin Moser. Nimm dazu das abgeschriebene Gedicht aus Aufgabe 1 oder eine Kopie.
Auf welche Wörter willst du verzichten? Übermale sie.

Gewitter
Himmel blau
Himmel grau
Vogelgeschrei
Wolken schwarz
Blitz Stille
Donnergebrülle ...

Himmel ist blau
Himmel wird grau
Wind fegt herbei
Lauf, weiße Katz!
Donner ...

3 Klingendes Wasser

a) Welche Verben im Gedicht beschreiben den Klang des Regens?
Schreibe sie heraus.

b) Welche Verben passen zu den Fotos?

plätschern spritzen zischen tropfen
tröpfeln klatschen prasseln gurgeln
gluckern rauschen ...

Wasser-Verben
WÖRTERKISTE

A = rauschen, ...

c) Denk dir Sätze zu den Fotos aus.
Der Regen prasselt auf die Steine.

- ein Gedicht lautmalerisch umsetzen
- ein Gedicht produktiv verändern
- lautmalerische Verben zum Wortfeld „Wasser“ sammeln

Blitze tollen
Donner rollen
Es plitschert und platscht
Es trommelt und klatscht
Es rauscht und klopft
Es braust und tropft
Eine Stunde lang
Herrlich bang
Dann Donner schon fern
Kaum noch zu hör'n
Regen ganz fein
Luft frisch und rein
Himmel noch grau
Himmel bald blau!

Erwin Moser

B

D

F

4 Plitsch – platsch!

a) Macht selbst Regen-Geräusche mit
- euren Händen,
- Instrumenten,
- Wasser, …

Nehmt eure Geräusche auf Tonband auf.

b) Macht ein Ratespiel daraus.

5 Wasserwörter

Leitung Schlauch Ball Dampf Regen Fluss Hahn **Wasser** **wasser** Mineral Quelle Melone Strahl Bad Flasche

a) Finde Wasserwörter. Markiere wie im Beispiel in zwei Farben. Was fällt dir auf?

das Wasser + der Schlauch = der Wasserschlauch

b) Welcher Teil eines zusammengesetzten Nomens bestimmt den Begleiter?

c) Übe weiter mit der Werkstatt-Karte 5.

Seite 146 Grammatik-werkstatt

6 Gesucht: Wörter mit tz

a) Finde zu jedem Nomen möglichst viele Reimwörter.

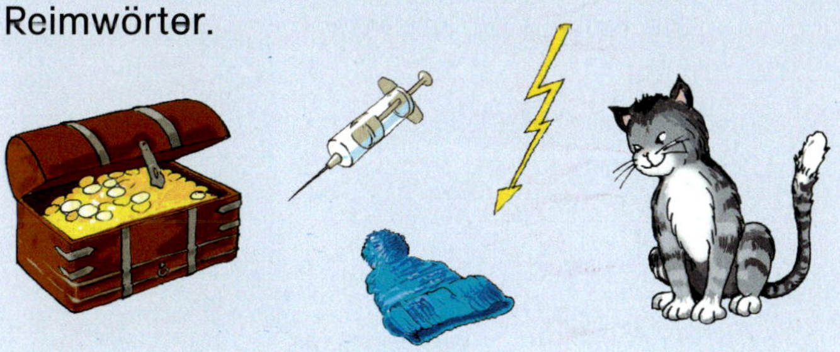

Katze, Tatze …

b) Markiere alle **tz**. Kennzeiche kurze Selbstlaute vor **tz** mit einem Punkt.

c) Finde zu diesen Verben möglichst viele Reimwörter. Markiere auch hier alle tz.

sitzen | platzen | hetzen

d) Sammle weitere Wörter mit tz. tz

Schmutziges Wasser

1 Ein Fall für Drei

a) Erzählt zu den Bildern.

b) Sammelt Stichworte zu den Bildern.

c) Welchen Geschichten-Anfang findest du spannend? Warum?

Zuerst machten wir eine schöne Fahrradtour. Aber dann wurde daraus ein spannendes Abenteuer …

Ich machte mit Sinan und Julia eine Fahrradtour. Da fuhren wir durch den Wald …

Am Wochenende habe ich mit Julia und Nils eine Fahrradtour gemacht. Plötzlich sahen wir einen verdächtigen …

d) Denk dir selbst einen spannenden Krimianfang aus. Erzähle mithilfe der Stichworte.

e) Schreibe deinen Krimi auf.

f) Überarbeite deinen Krimi mit der Werkstatt-Karte 8. TEXTWERKSTATT Seite 159

2 Kriminalgeschichten

Welche Krimis für Kinder kennt ihr?
Stellt euch gegenseitig Bücher vor.

Titel:

Autor/Autorin:

Täter/Täterin:

Tat:

Opfer:

Detektiv/
Detektivin:

…

• zu Bildern eine Geschichte erzählen und aufschreiben
• die Textsorte Kriminalgeschichte kennenlernen

3

Gefahr im Hafenbecken

Es war schon fast Mitternacht. Kommissarin Gerda Grün und ihr Assistent Willi Fisch kauerten im Gebüsch zwischen der Fabrik Bitterchemie und dem Hafenbecken. Gerda sagte: „Gleich haben wir sie." „Soll ich mich von der anderen Seite anschleichen?", flüsterte Willi. Gerda nickte. „Sie kippen einfach ihre giftigen Abfälle ins Wasser. Kein Wunder, dass die Fische das nicht überleben", schimpfte sie vor sich hin. Entschlossen stand sie auf. „Hier spricht Gerda Grün von der Polizei. Hören Sie sofort auf damit!", befahl sie den Arbeitern. Da spürte sie einen kalten Hauch im Nacken. …

a) Erzähle, wie die Geschichte weitergehen könnte.

b) Schreibe die Sätze mit wörtlicher Rede auf. Unterstreiche den Begleitsatz blau und den Redesatz orange.

c) Wo stehen die Begleitsätze? 

4 **Wer spricht?**

Was machen Sie da?

Wir baden unseren Frosch.

Halt, bleiben Sie stehen!

Schreibe die wörtliche Rede mit den richtigen Satzzeichen auf. Probiere dabei mehrere Möglichkeiten für den Begleitsatz aus:

a) vor der wörtlichen Rede: [:] [„ ."]

b) hinter der wörtlichen Rede: [„ "], [.]
[„ !"], [.]
[„ ?"], [.]

5 Lernplakat: **Wörtliche Rede**

Der **Begleitsatz** kann v… oder hinter der wörtlichen Rede stehen.

…

Meeres-Geschichten

1

> In der Tiefe des Meeres gibt es Wunder und Geheimnisse, von denen die Menschen nichts ahnen. Auf dem Meeresgrund wachsen seltsame Bäume, Pflanzen und Blumen. Bunte Fische huschen durch das klare, blau schimmernde Wasser. Das Meer ist so tief, dass man viele Kirchtürme übereinander bauen müsste, damit die oberste Spitze aus dem Wasser herausragt …

> Nichts wünscht sich die kleine Meerjungfrau sehnlicher, als in der Welt über Wasser zu leben und ihrem geliebten Prinzen nahe zu sein. Und so lässt sie sich von der bösen Hexe ihren Fischschwanz weghexen. Doch die Hexe verlangt einen hohen Preis: Sie will die wunderschöne Stimme der kleinen Meerjungfrau für sich …

Mit diesen Sätzen beginnt das Märchen „Die kleine Meerjungfrau" von Hans Christian Andersen.

a) Welche Geschichten über Wunder und Geheimnisse im Meer kennt ihr? Erzählt sie.

b) Wie könnten die Geschichten von der kleinen Meerjungfrau und von Onnu Orkus weitergehen? Denkt euch Fortsetzungen aus.

2 **Tief unter dem Meer**

a) Über welchen Meeresbewohner möchtest du ein eigenes Meeresabenteuer erzählen?

Riesenkrake | Wassermann | Nixe | Tintenfisch | Muschel | …

Cluster: Seite 40

b) Schreibe deine Geschichte auf.

c) Überarbeite deine Geschichte mit der Werkstatt-Karte 8. TEXTWERKSTATT Seite 159

3 isse | esse | asse | ss

l___n   M___r   T___   f___n

m___n   K___   b___r   B___n

S___l   r___ln   W___r

pr___ln   K___n   fr___n   K___l

a) Was passt in die Lücken?

b) Finde Reimwörter. Welches Wort bleibt übrig?

• ein Meeresabenteuer schreiben
• mit den Signalgruppen -isse, -esse und -asse Wörter bilden

Der kleine Onnu Orkus, der in einem Schiffswrack auf dem Meeresgrund lebt, ist ein ganz besonderer Klabautermann. Nicht nur, dass er zwei verschiedene Augen hat – eines ist grün und das andere ist blau – er kann auch von seinem ersten Lebenstag an sprechen, sich unsichtbar machen und klabautern! Aber wie die meisten Klabautermänner ist er auch immer zu Streichen aufgelegt. Das größte Abenteuer erlebt er jedoch, als sich Onnus Schwester Onni in den Kopf setzt, auch klabautern zu wollen …

4 Redensarten

1 kein Wässerchen trüben können

2 jemandem das Wasser nicht reichen können

3 jemandem steht das Wasser bis zum Hals

4 reden wie ein Wasserfall

5 mit allen Wassern gewaschen sein

6 jemandem läuft das Wasser im Munde zusammen

7 auch nur mit Wasser kochen

E auf etwas Appetit haben

M nichts Böses tun können

L etwas nicht besser machen können als andere

U jemandem unterlegen sein

C schnell reden

S in Not sein

H gerissen sein

a) Was bedeuten diese Redensarten? In der richtigen Reihenfolge ergeben die Buchstaben ein Lösungswort.
1 = M, 2 = …

b) Suche dir 3 Redensarten aus. Male ein passendes Bild dazu.

c) Suche dir eine Redensart aus. Schreibe ein Erlebnis dazu auf.

Wasser dreht sich im Kreis

1 Der Wasserkreislauf in der Natur

a) Schreibe diese Wörter auf Kärtchen und lege sie ins Bild.

abkühlen | verdunsten | erwärmen | zusammenfließen | kondensieren | hervorsprudeln | versickern | regnen

Wurzeln | Quelle | Wolken | Sonne | Boden | Grundwasser

b) Beschreibe den Kreislauf des Wassers.

2 Nie wieder Blumen gießen?

***TIPP!**
Als Pflanzen eignen sich Usambara-Veilchen, Grünlilien, Bogenhanf.

- Notiere deine Beobachtungen im Forschertagebuch.

3 Es regnet

Erkläre mithilfe des Bildes und der Wörter aus Aufgabe 1, wie Regen entsteht.

4 Was wäre, wenn …

Was würde sich im Kreislauf des Wassers ändern, wenn…

… der Boden hart wie Stein wäre?

… die Sonne nicht mehr schiene?

… es keine Quellen gäbe?

… ?

- den Wasserkreislauf in der Natur kennenlernen und beschreiben
- Experimente durchführen: den Wasserkreislauf der Natur im Glas nachvollziehen und beschreiben
- über Naturphänomene nachdenken

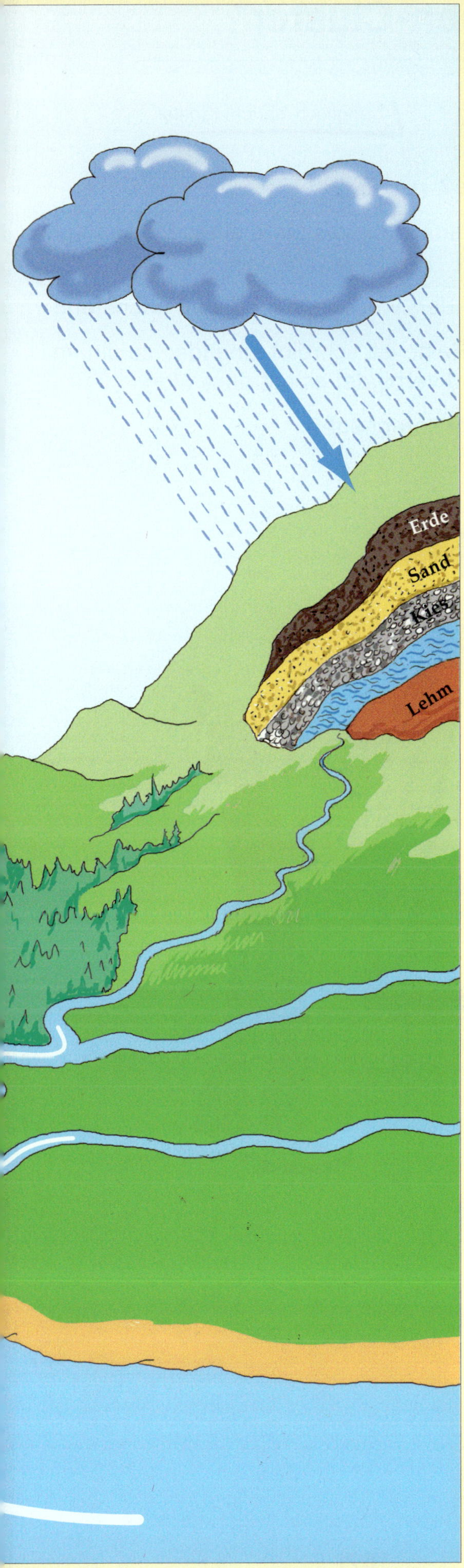

5 

Sauberes Wasser?!

a) Mischt Wasser mit:

…

b) Welches Schmutzwasser lässt sich reinigen? Schreibt eure Vermutungen auf.

c) Bildet Gruppen. Jede Gruppe sucht sich eine Sorte Schmutzwasser aus: zum Beispiel Wasser + Zeitung.

Gruppenarbeit: Seite 28

d)

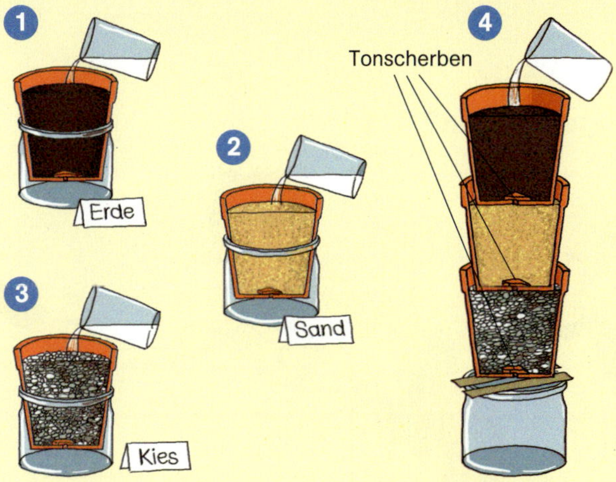

- Versucht, den Schmutz herauszufiltern. Schüttet dazu das Schmutzwasser mehrmals durch die Filter. Notiert eure Beobachtungen im Forschertagebuch.

Wasser + Zeitung

Filter	sauber	fast sauber	nicht sauber
Erde	X		
Sand			
…			

e) Vergleicht eure Ergebnisse nach dem vierten Reinigungsversuch.

	sauber	fast sauber	nicht sauber
Wasser + Öl			
Wasser + …			

f) Erkläre, was geschieht, wenn Wasser in der Natur versickert. Das Bild links hilft dir dabei.

6

Schmutzwasser

a) Wo entsteht bei dir zu Hause schmutziges Wasser? Wo bleibt es?

b) Plant den Besuch einer Kläranlage.

Methodentraining
- Planen – machen – notieren
- Gruppenarbeit
- Forschertagebuch

- Versickerung von Schmutzwasser und dessen Reinigung nachvollziehen
- Verfahren der Abwasserreinigung kennenlernen

Methodentraining

Wir erstellen einen Gruppen-Cluster*

Wozu?

- mit einem Cluster könnt ihr viele Ideen sammeln:
  - für einen Vortrag
  - zum Schreiben
  - um Geschichten zu erzählen
  - für ein Theaterstück
  - um mehr zu erfahren
  - um ein Bild zu malen …

* englisch, sprich: Klaster

Wie geht das?

- Begriff/Thema wird in die Mitte eines Blattes geschrieben
- ein Stift wandert von einem Kind zum nächsten
- wer an der Reihe ist, schreibt eine Idee zu einem Wort auf und verbindet es mit dem Wort
- wichtig: nicht sprechen!

Wie fangen wir an?

Worauf kommt es an?

- groß genug schreiben

Wie geht es weiter?

- Suche dir aus, was du mit eurem Cluster tun möchtest:
  - eine Geschichte schreiben oder erzählen
  - ein Theaterstück einüben …

TIPP!
Du kannst auch deine eigenen Ideen in einem Cluster sammeln.

Reiseträume

- Warum haben Raumfahrer der Erde den Namen „der blaue Planet" gegeben?
- Male ein Bild vom blauen Planeten.*

*TIPP!
mit Zuckerkreide auf schwarzes Tonpapier malen

Rund um die Welt

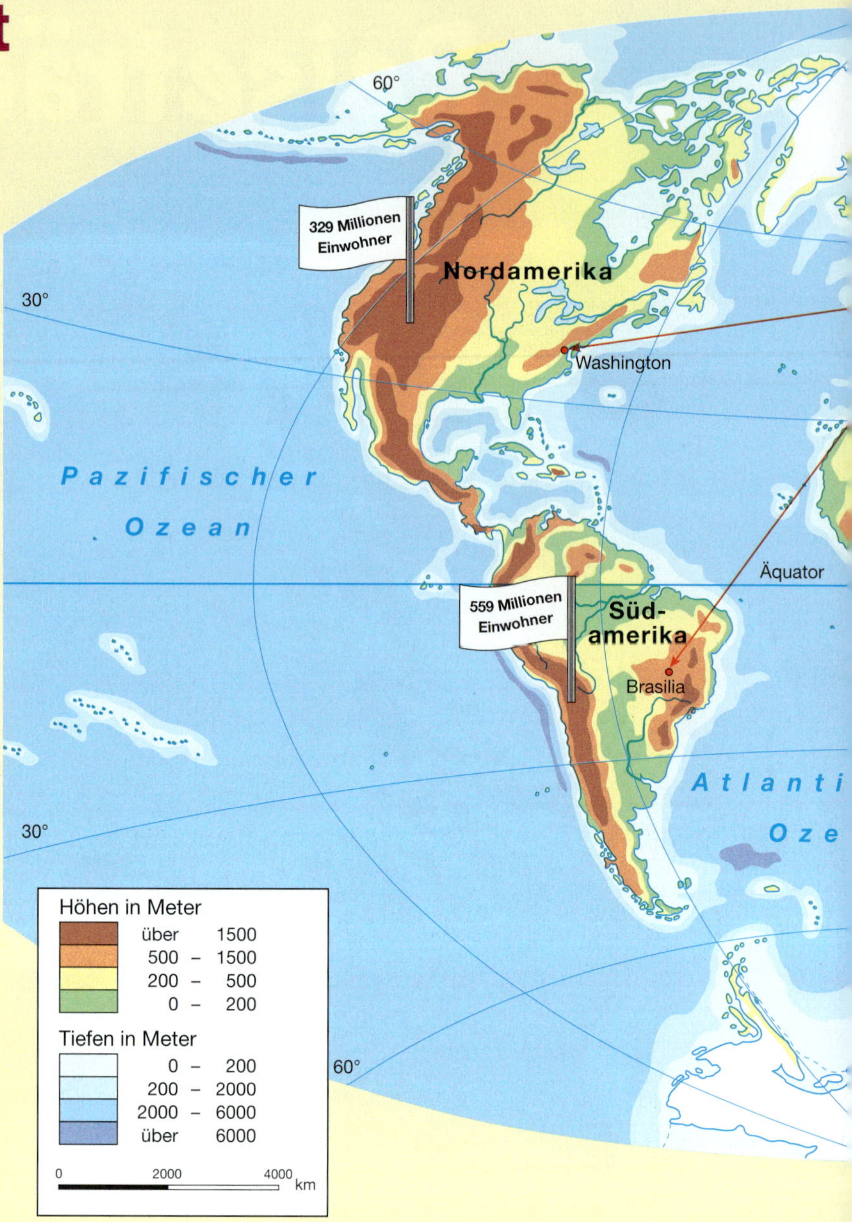

Die Kontinente

Das Wort Kontinent kommt aus dem Lateinischen und bedeutet zusammenhängend. Als Kontinent werden die Erdteile bezeichnet: Asien, Australien, Afrika, Europa, Nord- und Süd-Amerika und die Antarktis.
Die meisten Kontinente sind durch Ozeane oder Kanäle voneinander getrennt. Eine Ausnahme sind Europa und Asien. Sie trennt der Ural, ein großes Gebirge.

1 Aus aller Welt

a) Finde die Kontinente auf der Weltkarte.

b) Auf welchem Kontinent lebst du?

c) Auf welchen Kontinenten leben die Tiere auf den Fotos?* Manchmal gibt es sie in mehreren Erdteilen.

*TIPP!
Internet

2 Hoch und tief

Schau dir die Weltkarte und die Legende genau an.

a) Wo ist das Meer am tiefsten?
Welcher Ozean ist der größte?

b) Wo sind die größten Gebirge?

- die Bedeutung des Begriffes Kontinent kennenlernen
- eine Legende lesen
- Kontinente auf einer Weltkarte finden
- Tiere Kontinenten zuordnen

3 Weltreise

a) Bildet Expertengruppen.

b) Sammelt Informationen zu den Kontinenten.

c) Gestaltet Leporellos oder Plakate: Einwohner, Tiere, Landschaften, Länder, …

d) Bereitet einen Vortrag über euren Kontinent für die Klasse vor.

4 Kontinente vergleichen

a) Wie viele Menschen wohnen jeweils auf den Kontinenten? Stellt die Einwohnerzahlen in einem Balkendiagramm dar.

b) Die Karte zeigt Städte auf jedem Kontinent. Wie weit sind sie ungefähr von Berlin entfernt? Lies das Diagramm auf Seite 52.

Diagramm: Seite 52

Methodentraining
- Internetsuche
- Vortrag
- Diagramm

In dieser Minute

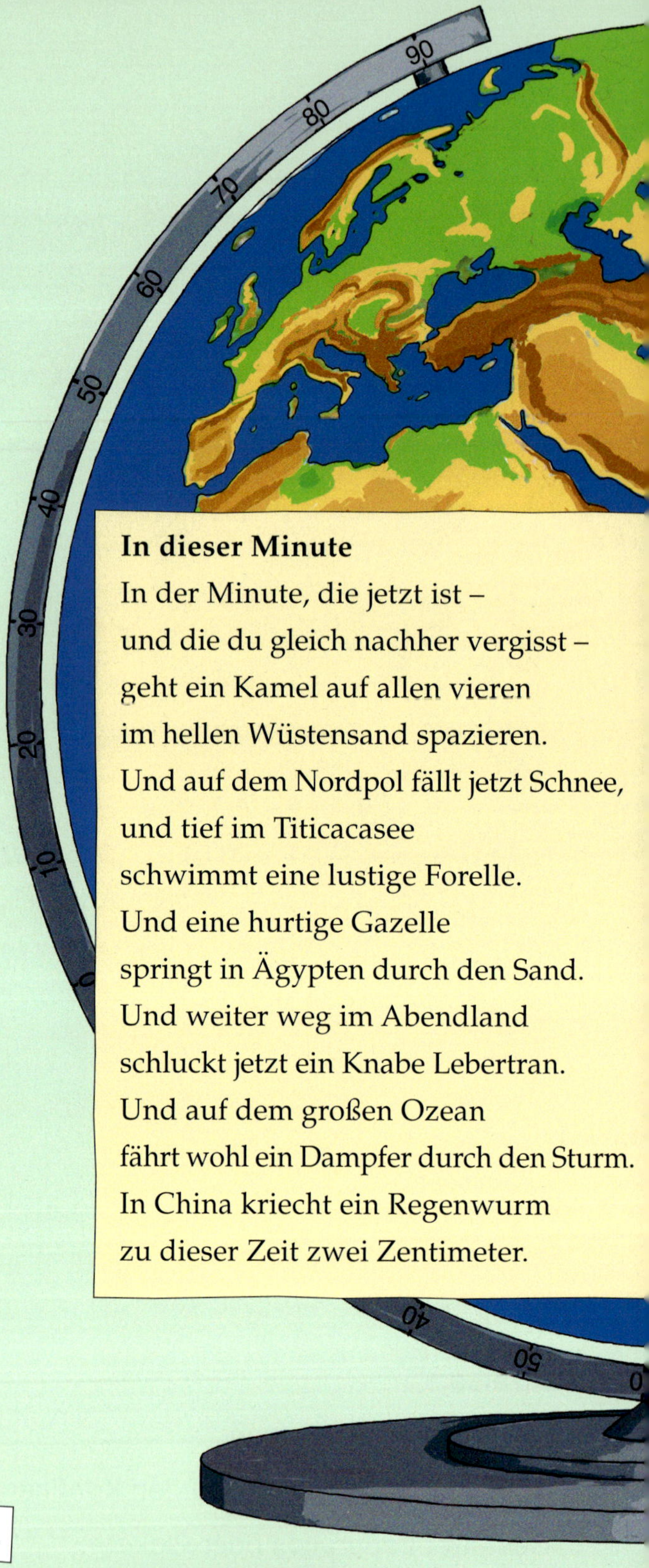

1 In der Minute, die jetzt ist

Lies das Gedicht.

a) Welche Wörter in dem Gedicht kennst du nicht? Schreibe drei davon auf und finde heraus, was sie bedeuten.

b) Welcher Satz gefällt dir am besten? Schreibe ihn ab und male ein Bild dazu.

c) Schreibe einige Zeilen ab. Ersetze Nomen durch Bilder.

d) Hängt eure Bilder um eine Weltkarte.

In dieser Minute

In der Minute, die jetzt ist –
und die du gleich nachher vergisst –
geht ein Kamel auf allen vieren
im hellen Wüstensand spazieren.
Und auf dem Nordpol fällt jetzt Schnee,
und tief im Titicacasee
schwimmt eine lustige Forelle.
Und eine hurtige Gazelle
springt in Ägypten durch den Sand.
Und weiter weg im Abendland
schluckt jetzt ein Knabe Lebertran.
Und auf dem großen Ozean
fährt wohl ein Dampfer durch den Sturm.
In China kriecht ein Regenwurm
zu dieser Zeit zwei Zentimeter.

2 Hier und irgendwo

a) Stellt euch vor, was in dieser Minute in eurer Schule passieren könnte.

b) Dreht einen Globus.
- Zeigt mit geschlossenen Augen auf einen Ort.
- Was könnte dort gerade geschehen?

c) Schreibt eure Ideen so auf:
Ich stelle mir vor, dass in Kapstadt gerade ein Kind ins Meer springt.
Ich weiß, dass es in New York jetzt gerade … Uhr ist.

d) Sammelt weitere Verben, nach denen ein **dass** folgt. dass

3 Lernplakat: **dass**

Vor dem Bindewort **dass** stehen oft Verben, die Wünsche, Gefühle und Meinungen ausdrücken.

steht ein Komma.

4 Kleines Welttheater

a) Bastelt Stabpuppen zu dem Gedicht. Malt als Kulisse die verschiedenen Landschaften und Orte auf einen langen Papierstreifen.

b) Plant eine Aufführung des Gedichts.

- sich kreativ mit einem Gedicht auseinandersetzen
- die Konjunktion „dass“ und Regeln ihrer Anwendung kennenlernen
- eine Aufführung mit Stabpuppen durchführen

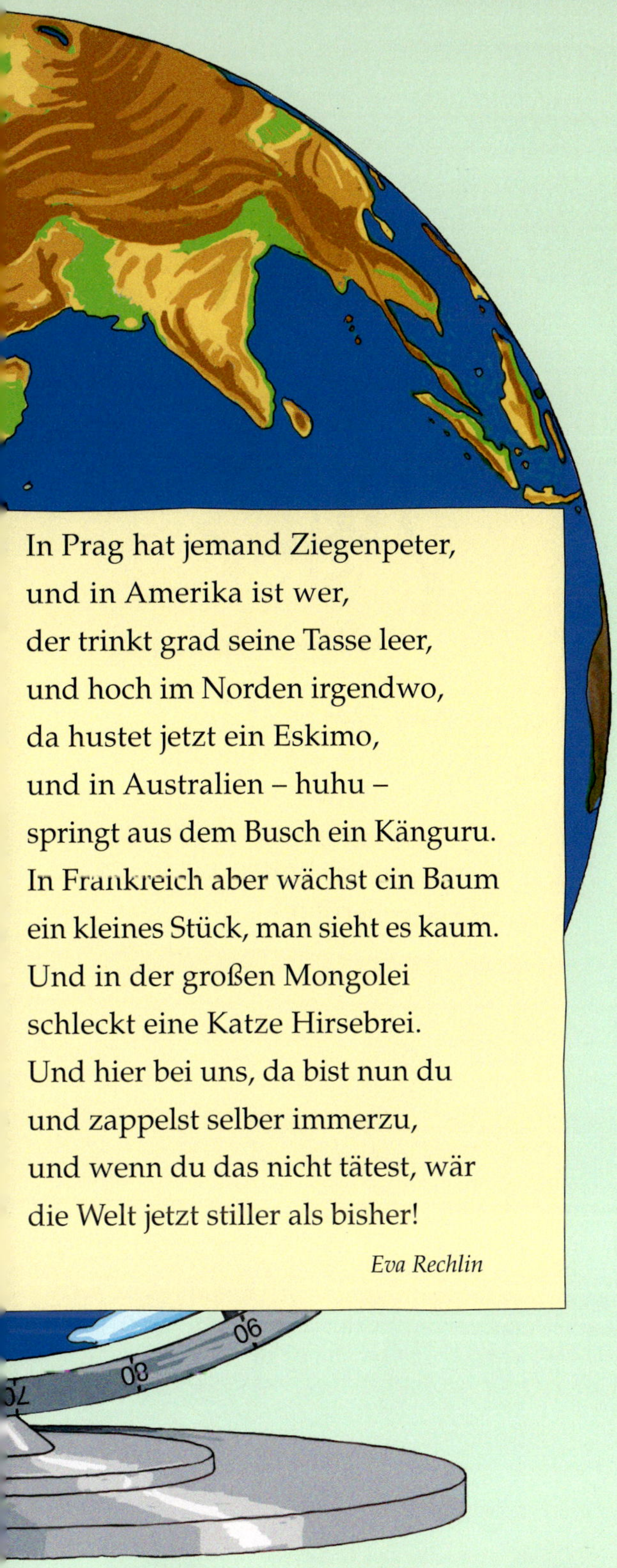

In Prag hat jemand Ziegenpeter,
und in Amerika ist wer,
der trinkt grad seine Tasse leer,
und hoch im Norden irgendwo,
da hustet jetzt ein Eskimo,
und in Australien – huhu –
springt aus dem Busch ein Känguru.
In Frankreich aber wächst ein Baum
ein kleines Stück, man sieht es kaum.
Und in der großen Mongolei
schleckt eine Katze Hirsebrei.
Und hier bei uns, da bist nun du
und zappelst selber immerzu,
und wenn du das nicht tätest, wär
die Welt jetzt stiller als bisher!

Eva Rechlin

5 Und im Outback*, ...

* sprich *„Autbäck“*

... im Landesinneren von Australien, schläft John jetzt gerade gemütlich in seinem Bett. Aber in ungefähr acht Stunden wird auch er Unterricht haben. Dann spricht er über Funk mit seiner Lehrerin. Sie wird fragen, ob er seine Aufgaben erledigt hat oder ob noch etwas erklärt werden muss. Danach bespricht sie mit ihm Neues und gibt ihm Arbeitsaufträge bis zur nächsten Unterrichtsstunde. Diese Lehrerin unterrichtet noch mehr Kinder so wie John, weil im Outback nur sehr wenig Menschen wohnen. Der Schulweg ist so weit, dass die Schüler nur einige Male im Jahr in der Schule zusammenkommen.

a) Stellt euch vor, wie es ist, in einer Funkschule unterrichtet zu werden.
   – Wann trefft ihr eure Mitschüler?
   – Was sieht der Lehrer im Unterricht?
   Sammelt Vor- und Nachteile in einer Tabelle.

☺	☹

b) Schreibe den Text ab.

c) In zwei Sätzen stehen Verben in der Zukunftsform.
   Welche Wörter zeigen dir das?
   Unterstreiche sie gelb.

d) Schreibe einen eigenen Text.
   In 24 Stunden werde ich ...

e) Arbeite weiter mit der Werkstatt-Karte 11. Seite 149 Grammatik-werkstatt

- Vor- und Nachteile einer Funkschule benennen
- die Zeitstufen der Gegenwart und Zukunft und deren Merkmale in einem Text erkennen
- einen eigenen Text in der Zeitstufe Zukunft verfassen

Von Ort zu Ort

1 Reisende gesucht

Schreibe einen Text zu einem der Reisenden.

Wo kannst du mehr über sie oder ihn erfahren?

2

Berühmte Reisende

Christoph Kolumbus segelte 1492 nach Amerika. Den Weg nach Indien, den er eigentlich suchte, fand er nicht.

1497 segelte Vasco da Gama an der Ostküste Afrikas entlang. Er wollte den Seeweg nach Indien finden.

Der britische Arzt David Livingston gewann viele Freunde, als er von 1841 bis 1873 in Afrika lebte. Sein Kampf gegen die Sklaverei war nicht erfolgreich.

Die Französin Alexandra David-Néel konnte 1921 als erste europäische Frau Tibet bereisen. Sie beherrschte die Sprache und kannte Sitten und Gebräuche dort.

a) Verbinde immer zwei Sätze mit **aber** oder **weil**.

Achte auf Veränderungen bei der Reihenfolge der Wörter im neuen Satz:

Christoph Columbus segelte 1492 nach Amerika, aber den Weg …
1497 segelte Vasco da Gama an der Ostküste Afrikas entlang, weil er den …

b) Bilde zu den Personen in der Bildmitte weitere Sätze mit **weil**.

Marco Polo wurde sehr berühmt, weil er …

Marco Polo, 1254–1324

Kaufmannssohn aus Venedig,
reiste mit 17 Jahren nach Asien,
war dort 24 Jahre unterwegs,
schrieb seine Erlebnisse auf,
wurde sehr berühmt

Maria Sibylla Merian, 1647–1717

aus Frankfurt,
arbeitete als Malerin, Insekten- und Pflanzenforscherin,
beobachtete und zeichnete schon mit 13 Jahren die Entwicklung vom Ei zum Schmetterling,
reiste nach Südamerika,
erforschte exotische Pflanzen und Tiere

• zu Stichworten einen Text schreiben
• Sätze mit den Konjunktionen „aber“ und „weil“ verbinden

Alexander von Humboldt, 1769–1859
Wissenschaftler aus Berlin,
forschte in Mittel- und Südamerika,
Russland und Mexiko,
entwickelte genaue Forschungsmethoden mit unzähligen Proben,
Zeichnungen und Notizen

Amelia Earhart, 1897–1937
Pilotin aus den USA,
überquerte als erste Frau den Atlantik,
stellte zahlreiche Flugrekorde auf,
setzte sich für die Rechte der Frauen ein,
versuchte, die Erde zu umfliegen,
dabei spurlos verschollen

3 Straßenabenteuer

Die Forscher erreichten die ⊛ Häfen in Pferdekutschen. Auf ⊛ Straßen fuhren sie in ⊛ Kutschen über ⊛ Berge. Manche Strecken schlängelten sich durch ⊛ Wälder. Oft hatten die ⊛ Fahrzeuge eine Panne. Dann mussten alle aussteigen und ⊛ warten, bis die ⊛ Fahrt weitergehen konnte.

holprig | überfüllt | groß | eng | hoch | alt | einsam | … | geduldig | klapprig | abenteuerlich

a) Schreibe auf, wie früher gereist wurde. Setze dabei die Adjektive passend ein.

b) Vergleicht eure Texte.

c) Zu welchen Adjektiven kannst du Nomen bilden? Schreibe die Paare auf:
überfüllt – die Überfüllung, …

d) Übe weiter mit der Werkstatt-Karte 4.

Seite 145 Grammatikwerkstatt

4 Hin und weg

ab, vor, hin, weg, aus, **fahren**, auf, be, ver, an, nach, er

a) Setze die Wortbausteine vor das Verb. Schreibe die neuen Verben auf.
abfahren, …

b) Suche fünf von den neuen Verben aus und schreibe damit passende Sätze.

5 Traumreise

Wohin möchtest du reisen?
Was möchtest du erforschen?
Male und schreibe dazu.

Methodentraining
- Informationen suchen

- einen Text mit passenden Adjektiven ausbauen
- aus Adjektiven Nomen bilden
- Komposita zum Verb „fahren“ bilden
- eine fiktive Forschungsreise beschreiben

Geschichten aus aller Welt

1

Wie die Geschichten auf die Welt kamen

Es war einmal eine alte Frau, die langweilte sich. Darum ging sie in das Meer zu dem Delfin, damit er ihr Geschichten erzählte. Der Delfin kannte zwar auch keine Geschichten, aber er brachte sie zu dem Meerkönig. Der schenkte ihr eine Muschel. Da war die Frau sehr glücklich, denn die Muschel konnte ihr so viele Geschichten erzählen, wie sie hören wollte. Die Frau erzählte die Geschichten ihren Kindern. Diese haben die Geschichten dann ihren eigenen Kindern weitererzählt. Und so werden auch heute noch Geschichten auf der ganzen Welt verbreitet.

(Märchen aus Afrika)

a) Welche Geschichten hat die Muschel erzählt?

b) Wo soll eure Geschichte spielen? Sucht euch ein Foto aus. Sammelt für eure Erzählschachteln:

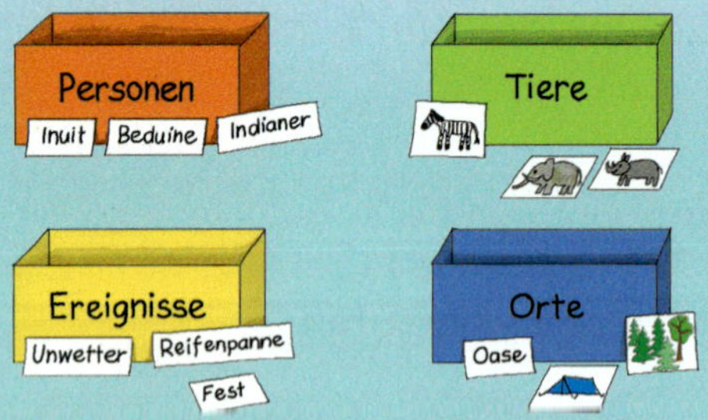

2 Muschelgeschichten

a) Eine Muschel wandert im Sitzkreis.
- Einigt euch auf einen Ort für eine Geschichte.
- Wer die Muschel hat, zieht eine Karte aus einer Erzählschachtel und erzählt die Geschichte weiter.

b) Schreibe eine Geschichte auf.

3 Schreibkonferenz

Überarbeitet eure Geschichten mit der Werkstatt-Karte 8. TEXTWERKSTATT Seite 159

- Textkarten und Bilder für Erzählschachteln sammeln
- einen Text mithilfe von Erzählschachteln in der Gruppe erzählen
- eine eigene Geschichte schreiben

4 Orte beschreiben

öde | steinig | sonnig | sandig | kalt
heiß | einsam | trocken | flach | hügelig

- Mit Adjektiven kannst du Orte genauer beschreiben. Zähle mindestens drei Adjektive auf, die zu einer Landschaft passen. Im Beispiel siehst du, wie das Komma bei Aufzählungen gesetzt werden muss. Mach es genauso.

Das Grasland ist einsam, heiß und trocken.
Die Wüste ist sandig, ...

5

Unterwegs im Eis

Weit im Norden Amerikas beginnt die Arktis. Da ist es so kalt, dass das Meer fast immer eine Eisdecke hat. Die Menschen dort nennt man Inuit. Sie lebten früher davon, dass sie Walrosse, Robben, Eisbären, Karibus und Fische jagten. Die Felle benötigten sie als Kleidung oder tauschten sie gegen andere Waren. Das Fleisch der Tiere aßen sie. Heute leben die Inuit nicht mehr wie in den alten Zeiten. Meist ersetzen die schnelleren Motorschlitten die Hundeschlitten. Auch ihre Nahrung können die Inuit nicht mehr jagen, weil die großen Fischereiflotten den größten Teil der Fische fangen.

- Sortiere die Verben aus dem Text in eine Tabelle. Ergänze die fehlende Zeitform.

Vergangenheitsform (Präteritum)	Gegenwartsform (Präsens)
begann	beginnt
war	ist
...	...

6 Ein Tag in der Arktis

Stell dir vor, du besuchst ein Inuit-Kind. Schreibe auf, wie ihr den Tag verbringt und wem ihr begegnet.

Methodentraining
- Schreibkonferenz

- Adjektive zur Beschreibung von Orten benutzen
- Regeln zur Zeichensetzung bei der Aufzählung von Adjektiven kennenlernen
- fehlende Zeitformen von Verben in einer Tabelle ergänzen
- einen Tag im Leben eines Inuit-Kindes beschreiben

Lebensräume

❶ 

Schwertwal
Er liebt eisiges Wasser, nur zur Geburt seiner Jungen zieht er in wärmere Gebiete. Sein Hunger ist so groß, dass er ständig auf der Jagd nach Fischen, Seehunden und sogar anderen Walen ist.

❷ 

Antilope
Sie läuft gerne schnell über weite Grasflächen. Dort findet sie Gräser und die Blätter von Büschen als Nahrung. Mit ihren Hufen und Hörnern kann sie sich auch gegen Löwen verteidigen.

❸ 

Skorpion
Dieses Spinnentier liebt es heiß und trocken, aber es kommt auch mit Kälte zurecht. Es ist sehr genügsam und braucht nicht viel Wasser, weil es sich von dem Blut seiner Opfer ernährt. Der Stich mancher Arten kann für Menschen tödlich sein.

❹ 

Steinbock
Der König der Felsen ist ein richtiger Kletterkünstler. Auch auf rutschigem Geröll bewegt er sich sicher und geschickt. Er mag es kalt und verträgt Temperaturen bis -30 °C. Seine Nahrung besteht nur aus Pflanzen und ist nicht sehr abwechslungsreich.

❺ 

Papagei
Beim Essen liebt er Abwechslung. Seine Nahrung besteht aus vielen verschiedenen Früchten und Nüssen. Sein buntes Gefieder ist in einer üppigen Pflanzenwelt eine gute Tarnung. Papageien sind gerne in Gesellschaft und mögen es feucht und warm.

1 Tiere suchen ein Zuhause

- Wo können diese Tiere leben? Ordne sie den Landschaften zu. Du erhältst ein Lösungswort.
- Findet weitere Tiere zu den Landschaften.

2 Wie sieht es bei euch aus?

Beschreibt die Gegend, in der ihr wohnt:
- Welche Tiere leben dort in der freien Natur?
- Welche Pflanzen wachsen dort?
- Wie warm war es am heißesten Tag im letzten Jahr?
- Wie kalt war der kälteste Tag im letzten Jahr?

• mithilfe von Informationen aus Sachtexten Tiere ihren Lebensräumen zuordnen
• die eigene natürliche Umgebung bewusst wahrnehmen und beschreiben

N **Polargebiet**

Der größte Teil des Polargebietes besteht aus eisigem Wasser und ewigem Eis. Meist ist es hier sehr kalt (bis -89 °C). Der Sommer ist kurz. Nur dann wachsen einige Pflanzen in den Gebieten, in denen das Eis getaut ist.

U **Hochgebirge**

Je höher man kommt, desto kälter wird es. Auf den hohen Gipfeln tauen Eis und Schnee auch im Sommer nicht. Unterhalb der Schneegrenze wachsen Pflanzen, die kräftige Wurzeln haben, mit denen sie in dem steinigen Boden und im Geröll Halt finden können.

A **Grasland, z.B. Savanne**

Sie besteht meist aus Gras, Büschen und wenigen niedrigen Bäumen. Es gibt nur zwei Jahreszeiten. Während der Regenzeit ist es heiß, in der Trockenzeit warm.

T **Wüste**

Manchmal regnet es jahrelang nicht. Am Tag ist es sehr heiß (bis 60 °C), in der Nacht ist es sehr kalt (bis -12 °C). Hier können nur Pflanzen und Tiere überleben, die mit wenig Wasser auskommen.

R **Wald, z.B. Regenwald**

Um den Äquator herum wächst Regenwald. Hier gibt es keine Jahreszeiten. Das ganze Jahr über ist es warm (ca. 30 °C) und feucht. Tausende verschiedener Pflanzen- und Tierarten leben dicht beieinander.

3 Rekordhalter

a) Auf welchem Kontinent findet ihr
- die größte Wüste,
- die größte Savanne,
- den längsten Gebirgszug?

b) Wie heißen die Polargebiete?

c) Schreibt Lernkärtchen.

4 Mini-Landschaft

Suche dir eine der Landschaften aus. Baue in einem Schuhkarton ein Modell.

Wir vergleichen mit Diagrammen

Wozu?

- Mit Diagrammen kannst du Mengen anschaulich darstellen.
- Du kannst Mengen auf einen Blick miteinander vergleichen.

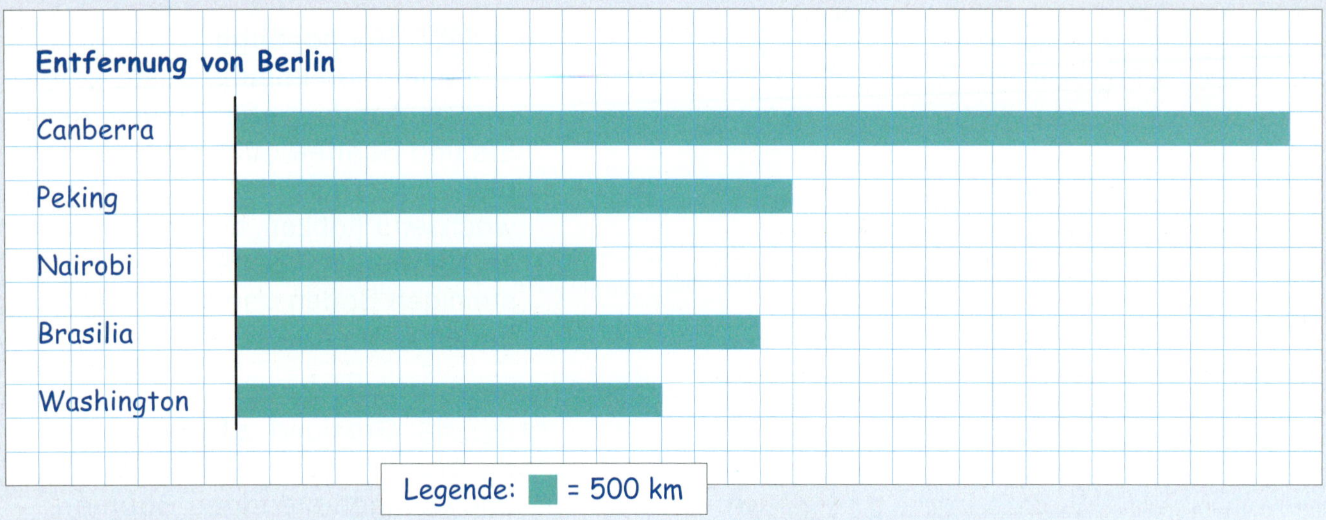

Wie geht das?

- Zeichen vereinbaren (z.B. ■, 🚶, …)
- eine Linie als Anfangspunkt für die Balken zeichnen
- Balken mit den vereinbarten Zeichen zeichnen

Worauf kommt es an?

- eine Legende zu dem Diagramm zeichnen
- dem Diagramm eine Überschrift geben
- bei großen Zahlen Einheit festlegen, damit der Platz ausreicht (z.B. 🚶 = 30 Millionen Einwohner, ■ = 500 km)

Wie fange ich an?

- Lies das Diagramm oben auf dieser Seite.
- Was siehst du auf den ersten Blick?

Wenn du es genauer wissen willst:

- Kästchen zählen und Entfernung ausrechnen

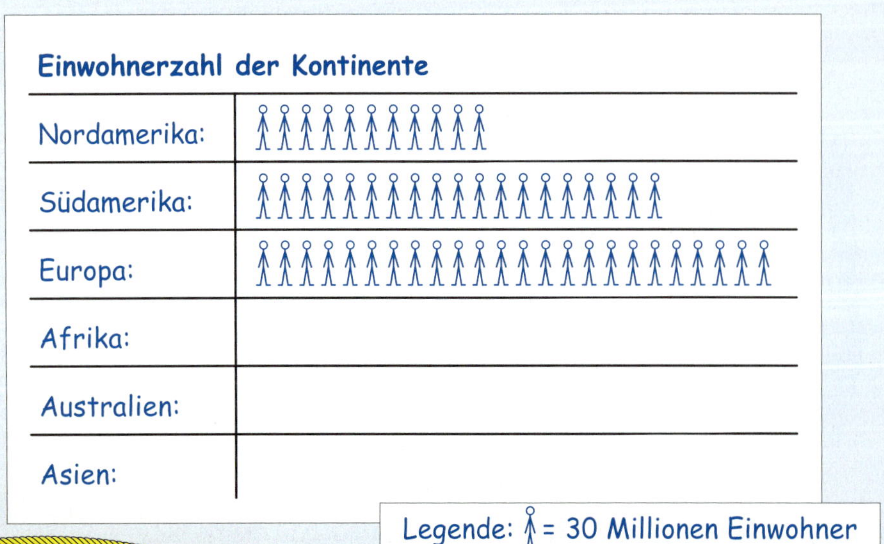

Wie kann es weitergehen?

Zeichnet ein Diagramm zur Einwohnerzahl der Kontinente:

- Sucht die Zahlen aus der Karte auf den Seiten 42 und 43.
- Legt die Zeichen oder Rechenkästchen fest.
- Schätzt die Länge der Balken ab.
- Zeichnet das Diagramm.

Merry Christmas – Frohe Weihnacht

Musik: Reinhard Horn • Text: Eckart Bücken • Kontakte Musikverlag, Ute Horn, 59557 Lippstadt

Strophe 2
Kiko dort in Afrika
trägt sein bestes Kleid,
bunte Farben liebt er sehr,
für das Fest ist er bereit.

Strophe 3
Auch Chandini geht es gut,
sie ist sehr gespannt,
immer mit von der Partie
ist ihr braver Elefant.

Strophe 4
Anna mag den Nikolaus,
sie sagt: Santa Claas,
und sie freut sich sehr auf's Fest,
denn es macht ihr großen Spaß.

- Wie wünscht man sich frohe Weihnachten auf Englisch, Lingala (Kongo), Spanisch, Chinesisch, Kisuaheli (Kenia) und Vietnamesisch?
- Schreibt die Weihnachtsgrüße auf Kärtchen und hängt sie neben das passende Land an eine Weltkarte. Bei welchen Sprachen gibt es mehrere Möglichkeiten?
- In welchen weiteren Sprachen kennt ihr Weihnachtsgrüße? Ergänzt eure Weltkarte.

Es klopft bei Wanja in der Nacht

Weit fort in einem kalten Land
steht Wanjas Haus am Waldesrand.
In langen Zapfen hängt das Eis,
und ringsumher ist alles weiß.

Da ist bei Sturm in finstrer Nacht
der Wanja plötzlich aufgewacht.
„Was höre ich da tocken?“,
so fragt er sich erschrocken.

Wer ist’s, wer klopft da an sein Haus?
Ein Hase hockt im Schneesturm drauß’.
Der schreit und jammert kläglich:
„Ich friere so unsäglich.“

Der Wanja sagt: „Komm nur herein,
ich heize gleich im Ofen ein.“
Das Feuer zischt und prasselt laut;
die Wärme dringt bis in die Haut.

Der Has’ streckt sich behaglich aus.
Bald wird es still im ganzen Haus.
Auch Wanja deckt sich wieder zu:
„Gut’ Nacht und angenehme Ruh!“

Doch kaum sind beide eingeschlummert,
da weckt sie Lärm. Es pocht und bummert,
und jemand trommelt an das Tor.
Ein roter Fuchs steht jetzt davor.

Der knurrt: „Erfroren ist mein Zeh.
Ich hab genug von Sturm und Schnee.
Ich kann nicht weiterlaufen,
lass mich bei dir verschnaufen!“

Da schreit der Hase: „Nein, o nein,
lass bloß den Fuchs hier nicht herein!
Er ist darauf versessen,
uns Hasen aufzufressen.“

Der Fuchs mit kalten Gliedern
beeilt sich zu erwidern:
„Ich schwör bei meiner Ehre,
dass ich dich nicht verzehre.“

Der Wanja sagt: „Na gut, komm rein,
doch halte dein Versprechen ein.“

Der Fuchs streckt sich behaglich aus.
Bald wird es still im ganzen Haus.
Auch Wanja deckt sich wieder zu:
„Gut’ Nacht und angenehme Ruh!“

Doch – es ist wirklich unerhört –
schon wieder werden sie gestört.
Es klopft und pocht, es kratzt und kracht.
Ein Bär steht draußen in der Nacht,
und – das muss man erwähnen –
er klappert mit den Zähnen.

Der Wanja starrt den Bären an.
„Was mach ich bloß? O Mann, o Mann.“

Und auch der Fuchs erbleicht vor Graus.
Er denkt: „Nun ist es mit mir aus.
Der Bär hat es gerochen,
dass ich ihm vor zwei Wochen
ein Stückchen Fleisch gestohlen.
Jetzt kommt er, mich zu holen.“

Dem Bären sind die Ohren
vor Kälte steif gefroren,
drum ist ihm alles einerlei.
Er schwört, dass er ganz harmlos sei.

Der Wanja sagt: „Komm rein, schon gut!“,
und wirft ein Holzscheit in die Glut.

Der Bär streckt sich behaglich aus.
Bald wird es still im kleinen Haus.
Auch Wanja deckt sich wieder zu:
„Gut' Nacht und angenehme Ruh!“

Der Schneesturm unterdessen
tobt weiter wie besessen.
Er reißt die stärksten Bäume aus
und rüttelt an dem kleinen Haus.
Doch drinnen schlafen wohlgeborgen
Fuchs, Bär und Hase bis zum Morgen.

Kaum aber fängt es an zu dämmern,
beginnt des Hasen Herz zu hämmern.
„Der Fuchs meint es nicht ehrlich;
er ist und bleibt gefährlich.
Wie kann man sich vertragen?
Dem knurrt ja schon der Magen.
Es ist wohl besser, wenn ich geh'.“
Er hoppelt wieder in den Schnee.

Der Fuchs erwacht aus Schlaf und Traum,
reckt sich, erblickt den Bären kaum,
da fährt ihm auch schon wieder
der Schreck in alle Glieder.
„Wenn das ein gutes Ende nimmt!
Der Bär ist gegen mich ergrimmt.
Er wird mit seinen Tatzen
mich ganz empfindlich kratzen.“
Und eilig, eh der Bär erwacht,
hat sich der Fuchs davongemacht.

Jetzt schnarcht nur noch der Bär im Eck,
schnarcht laut und rührt sich nicht vom Fleck.
Er ist nicht mehr durchgefroren
und hat auch warme Ohren.
Und auch sein Pelz ist nicht mehr nass.
Dann brummt er, blinzelt und wird blass;
denn was er sieht, bedrängt ihn sehr:
Am Nagel hängt ein Schießgewehr.

„Verflixt, das ist ein Jägerhaus!
Ganz heimlich schleiche ich mich raus.
Die Sonne steht schon überm Wald.
Heut' wird's bestimmt nicht mehr so kalt.“
Er tappt, so leise er vermag,
hinaus in einen neuen Tag.

Der Wanja – noch vom Schlaf umfangen –
begreift nicht, was hier vorgegangen.
Er blickt umher im leeren Raum.
War denn alles nur ein Traum?

Doch draußen sieht er von den Tieren
die Spuren sich im Schnee verlieren.

Der Wanja schaut und nickt und lacht:
„Wir haben wirklich diese Nacht
gemeinsam friedlich zugebracht. –
Was so ein Schneesturm alles macht!“

Tilde Michels, Reinhard Michl

- Lest das Gedicht mit verteilten Rollen.
- Plant eine Aufführung für eure Weihnachtsfeier. Ideen dazu findet ihr auf der nächsten Seite.

Weihnachtsaufführung

- Entscheidet euch, wie ihr die Geschichte von Wanja aufführen möchtet.

A Schattentheater

Material: Pappe, Tageslichtprojektor

- Tierfiguren, Haus usw. aus Pappe ausschneiden
- Klasse abdunkeln
- Geschichte vorlesen und passende Figuren auf den Tageslichtprojektor legen

B Schauspiel

Mürbeplätzchen

Zutaten:

für den Teig: 200 g kalte Butter, 400 g Mehl, 150 g Zucker, 1 Prise Salz, 1 Ei

zum Verzieren: Kuvertüre

- Butter in kleine Stücke schneiden
- andere Zutaten für den Teig dazugeben und erst mit den Knethaken des Handrührgerätes, dann mit den Händen verkneten
- Teig in Klarsichtfolie wickeln und mindestens 1 Stunde kalt stellen
- Teig ausrollen
- Figuren aus der Wanja-Geschichte ausstechen oder ausschneiden*
- Plätzchen bei 200 °C etwa 10 Minuten im vorgeheizten Backofen backen
- Kuvertüre nach Packungsanweisung erhitzen
- Plätzchen nach dem Abkühlen mit Lebensmittelfarbe und Kuvertüre verzieren

***TIPP!**
Schablonen aus Pappe oder Backpapier anfertigen und Figuren mit einem Messer ausschneiden

Von Bürgern, Bauern und Burgfräulein

Ich zôch mir einen valken
mêre danne ein jâr.
Dô ich in gezamete
als ich in wollte han
und ich im sîn gevidere
mit golde wol bewant,
er huop sich ûf vil hôhe
und fluog in anderiu lant.

zôch	= zog	mêre	= länger	dô	= als
valken	= Falken	gevidere	= Gefieder	bewant	= umwickelt
huop	= hob	vil hôhe	= sehr hoch		

Diese Gedichtstrophe schrieb der Ritter von Kürenberg im 12. Jahrhundert.

- Lies das Gedicht laut oder lass es dir vorlesen.*
- Wie alt ist dieses Gedicht?
- Übertrage das Gedicht in die heutige Sprache. Wovon berichtet es?
- Gestalte ein Schmuckblatt mit dem Gedicht.

***TIPP!**
Die Selbstlaute mit dem ^ werden lang gesprochen.

Das Leben rund um die Burg

1 Küche
2 Kemenate
3 Palas mit Rittersaal
4 Kapelle
5 Tor mit Zugbrücke und Burggraben
6 Brunnen
7 Gesindehäuser
8 Wehrtürme, Wehrgang, Wehrmauer
9 Schmiede und Ställe
10 Bergfried, Vorratshaus

1 In einer Burg

a) Habt ihr schon einmal eine Burg besichtigt? Wie sah sie aus?

b) Suche zu jedem Teil der Burg den passenden Text. Du erhältst ein Lösungswort:
1 = R, 2 =

c) Schreibt zu den Teilen der Burg Lernkärtchen.

d) Denkt euch zu dem Spielplan Spielregeln aus. Erprobt sie.

Wie heißt das höchste Gebäude der Burg?

e) Wo gibt es in eurer Umgebung eine Burg? Welche Bauten könnt ihr dort entdecken?

Die Bediensteten und deren Familien wohnten dort. Das Gebäude war unbeheizt und kalt. Hier lebten auch Kleintiere wie Katzen, Hunde und Kaninchen. b

In diesem Raum wurde über einem großen Feuer das Essen zubereitet. An Festtagen oder bei Turnieren wurden ganze Ochsen an Spießen gebraten. R

- die wichtigsten Teile einer Burg und Elemente des Burglebens kennenlernen
- in Texten Informationen finden
- Wissen im Spiel vertiefen und dazu Spielregeln entwickeln

Hier war das Zimmer für die Burgherrin, ihre Töchter und andere Frauen der Familie. Seinen Namen erhielt es, weil dort oft der einzige Kamin der ganzen Burg stand. i

Es ist das höchste Gebäude mit den dicksten Mauern. Hier hinein flüchteten die Burgbewohner, wenn Angreifer in die Burg eingedrungen waren. g

Hier befanden sich die Wohnräume der Ritterfamilie. Im größten Raum wurde gegessen und gefeiert. Das Essen wurde auf Tischplatten hereingetragen. t

Der einzige Zugang zur Burg war gut bewacht und konnte mit Fallgittern versperrt werden. e

Von hier konnten die Burgwächter die Burg nach allen Seiten verteidigen. u

Vor allem bei Belagerungen war es wichtig, ausreichend Trinkwasser in der Burg zu haben. r

Die Menschen im Mittelalter waren sehr gläubig. Sie gingen in dieses Gebäude, um zu beten. t

Hier wurden nicht nur Pferde beschlagen. Auch Waffen, Rüstungen, Kettenhemden und Arbeitsgeräte wurden dort hergestellt oder repariert. r

Methodentraining
- überfliegendes Lesen
- Lernkärtchen

Alltag im Mittelalter

1 Stell dir vor, du wärst ein Kind im Mittelalter.
Suche dir ein Bild aus und lies den Text dazu.
Was würde dir daran gefallen und was nicht?

2

Vom Pagen zum Ritter

Der Ritter Löwenherz hat zwei Kinder. Sein Sohn heißt Otto. Mit sieben Jahren kommt Otto auf die Burg **des Ritters** von Falkenstein. Er dient **dem Ritter** als Page. Mit 14 Jahren wird er Knappe und begleitet **den Ritter** zu Fuß in mehrere Kriege bis nach Spanien. Mit 21 Jahren erhält Otto den Ritterschlag.

a) Suche die Antworten zu diesen Fragen im Text:

Wer hat zwei Kinder? — **Der Ritter** hat …
Wessen Burg ist es? — … die Burg **des Ritters** …
Wem dient Otto? — …
Wen begleitet Otto?

b) Ordne die Fragewörter und die entsprechenden Nomen aus dem Text in einer Tabelle.

Wer?	der Ritter
Wessen?	des …
Wem?	…
Wen?	

Page und Knappe

3

Vom Burgfräulein zur Burgherrin

Ottos Schwester Ursula soll mit zwölf Jahren heiraten. Bis dahin muss sie noch viel lernen: **Die Burgherrin** beaufsichtigt die Küche. Es ist auch die Aufgabe **der Burgherrin**, Kleidung herzustellen und Krankheiten der Burgbewohner zu behandeln. Viele Mägde und Knechte dienen **der Burgherrin**. Ist der Ritter im Krieg, greifen Feinde gerne **die Burgherrin** an. Dann muss sie sich auch um die Verteidigung der Burg kümmern.

a) Suche die Antworten zu diesen Fragen im Text:

Wer beaufsichtigt die Küche? — **Die Burgherrin** …
Wessen Aufgabe ist die Krankenpflege? — …
Wem dienen die Mägde und Knechte? — …
Wen greifen die Feinde an? — …

b) Ordne die Fragewörter und die entsprechenden Nomen aus dem Text in einer Tabelle wie in Aufgabe 2.

Burgfräulein

- aus Texten und Bildern Unterschiede der Lebensbedingungen in der mittelalterlichen Gesellschaft entnehmen
- Veränderungen der Nomen durch unterschiedliche Fallsetzung im Satz kennenlernen

Bauernjunge

Magd

4

Leben als Bauer

Auch **der Bauer** Willibald dient einem Burgherrn. Das Land **des Bauern** ist nicht sein Eigentum. Grundherr ist der Ritter. Der gibt **dem Bauern** leihweise das Land. Dafür muss **der Bauer** an drei Tagen in der Woche auf der Burg arbeiten und einen Teil seiner Ernte abliefern. Bei schlechten Ernten muss die Familie **des Bauern** hungern und er ist froh, wenn eins seiner Kinder als Knecht oder Magd auf der Burg dienen darf. Weil der Burgherr auch der oberste Richter ist, kann er **den Bauern** auch verurteilen und bestrafen.

- Stelle Fragen wie in den Aufgaben 2 und 3 und beantworte sie.

5 Lernplakat: **Nomen**

Im Satz können Nomen in 4 verschiedenen Fällen stehen.

Wer-oder-was-Fall	der Bauer
Wessen-Fall	des B...
Wem-Fall	...
Wen-oder-was-Fall	

6

Leben als Magd

Das Mädchen Maria ist zehn Jahre alt. Es wächst in einer Hütte auf. Die Eltern **des Mädchens** sind arme Unfreie. Sie dienen einem reichen Grundherrn. Im Mittelalter gilt die Kindheit mit sieben Jahren als beendet. Deshalb muss Maria schon früh in der Küche und auf dem Feld helfen. Der Grundherr kann **dem Mädchen** das Heiraten verbieten oder erlauben. Er darf **das Mädchen** oder seine Eltern sogar verschenken, verkaufen oder tauschen.

a) Mach dir eine Tabelle zu den 4 Fällen.

Wer-oder-was-Fall	das Mädchen
Wessen-Fall	des ...
Wem-Fall	...
Wen-oder-was-Fall	

b) Untersuche diese Nomen genauso: das Kind, das Pferd, das Spiel.

- Bezeichnungen für die 4 Fälle bei Nomen kennenlernen
- Analogien in den Fallbildungen abhängig vom Genus bemerken

Gut gerüstet

1

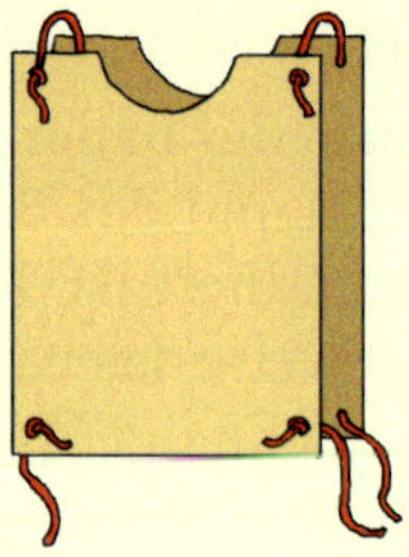

Der Brustpanzer

Material:
2 Pappen, je 50 cm lang
und 40 cm breit,
6 Bänder, je 20 cm lang,
dicke Stricknadel, Stift,
Schere

- Male eine Rundung für den Halsausschnitt auf ________ (Wen/was?).
- Schneide dann ________ (Wen/was?) aus.
- Zeichne auf jede Pappe ________ (Wen/was?). Lass dabei 3 cm Abstand zum Rand.
- Stich anschließend mit einer Stricknadel ________ (Wen/was?) in die Punkte.
- Verbinde die Schulterteile mit zwei Bändern.
- Probiere ________ (Wen/was?) an.
- Lass ________ (Wen/was?) von einem anderen Kind so verknoten, dass dein Panzer gut passt.
- Ziehe durch jedes der unteren Löcher ________ (Wen/was?) und verknote es.
- Binde zum Schluss Vorderteil und Rückenteil mit einer Schleife fest.

die Pappen | vier Punkte | Löcher | die Rundung | die Bänder | den Brustpanzer | ein Band

a) Schreibe die Bastelanleitung ab. Setze die fehlenden Wörter ein.

b) Stellt Brustpanzer her.

c) Die Bilder zeigen euch, was ihr noch basteln könnt.

d) Schreibe zu einem Gegenstand eine Bastelanleitung. Die Werkstatt-Karte 3 hilft dir.
TEXTWERKSTATT Seite 158

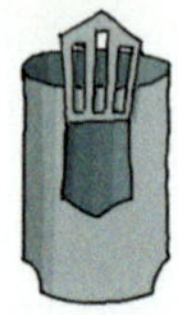

Der Helm

Material: Pappe, Stift, Schere, Locher
2 Bänder, graue Farbe, Klebstoff

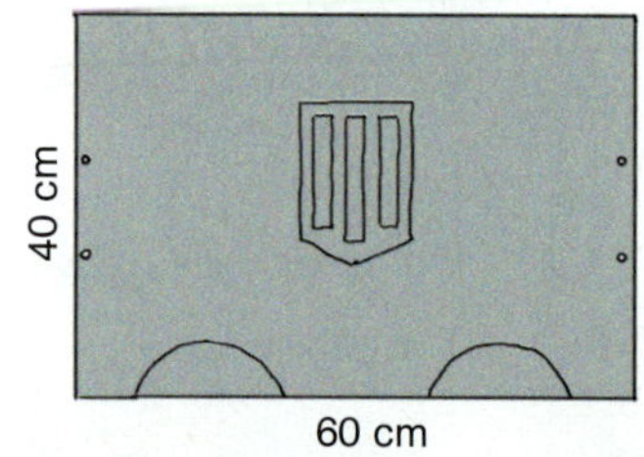

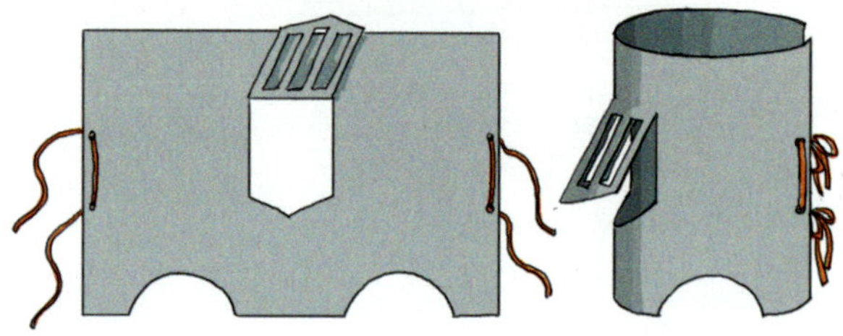

aufmalen, ausschneiden, lochen,
durchziehen, verknoten, aufklappen

Der Schild

Material: Pappe, Stift, Schere, Farbe,
dicke Stricknadel

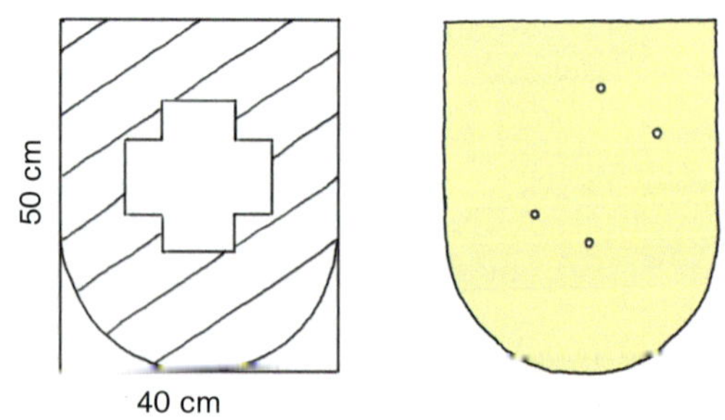

aufzeichnen,
ausschneiden,
bemalen,
durchstechen,
zusammenbinden

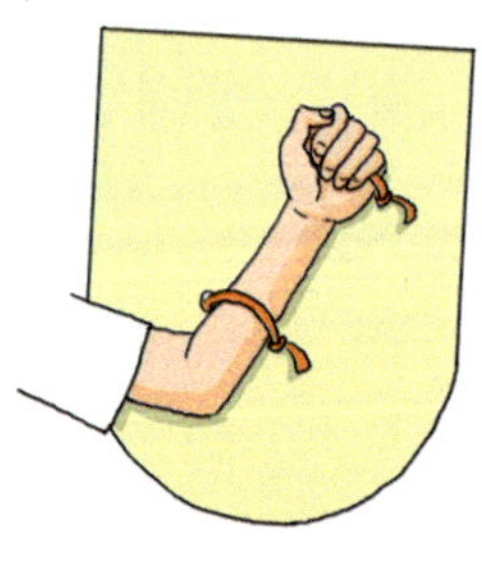

- in einem Lückentext Akkusative ergänzen
- Bastelanleitungen verstehen und umsetzen
- eigene Bastelanleitungen schreiben

Die Gürteltasche

Material: Schnittmuster aus Papier, Stoffreste, 2 Kordeln, Nadel, Nähgarn, Locher, Schere

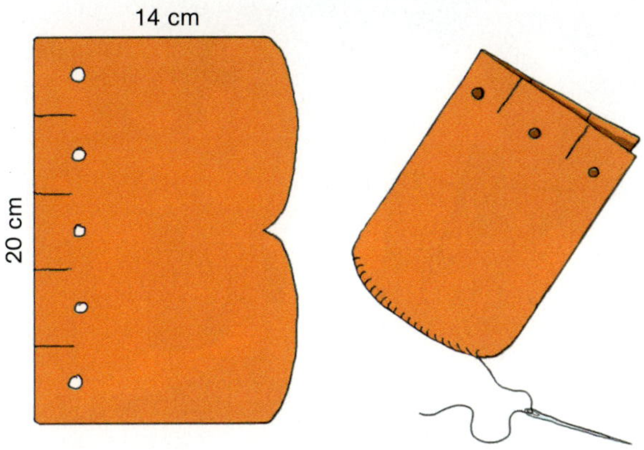

abmessen, ausschneiden, aufzeichnen, zuschneiden, doppelt legen und lochen, nähen, durchziehen, verknoten

Der Hennin

Material: Pappe, Krepppapierstreifen, Stift, Klebstoff, Schere

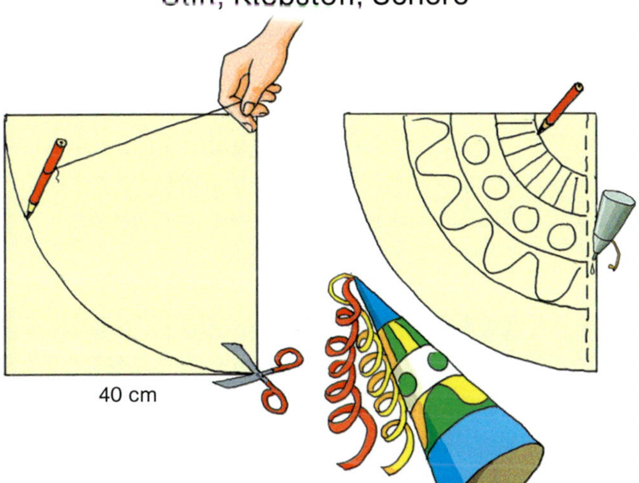

aufzeichnen, ausschneiden, bemalen, verzieren, zusammenkleben

2 Wen oder was holst du? Ich hole …

Wer-oder-was-Fall Nominativ	Wen-oder-was-Fall Akkusativ
der Panzer	den Panzer
der Stoff	
der Gürtel	
der Helm	
der Junge	
der Hund	

a) Schreibe die Tabelle ab und ergänze sie. Markiere, was sich bei den Wörtern im Wen-oder-was-Fall (Akkusativ) ändert.

b) Schreibe auch diese Wörter im Wen-oder-was-Fall (Akkusativ) auf. Was fällt dir auf?

das Schwert · die Bäuerin · das Band · die Schere · die Kleidung · das Pferd

3 Ritter-Wörterbuch

Redensart	Bedeutung früher
1 Pech haben	als Angreifer mit heißem Pech begossen werden
2 im Stich lassen	einen Freund im Bereich feindlicher Lanzen zurücklassen
3 umsatteln	auf ein anderes Pferd steigen
4 etwas im Schilde führen	das Familienwappen auf dem Schild abbilden
5 auf großem Fuße leben	sich teure Lederschuhe mit langen Spitzen leisten können
6 die Tafel aufheben	die Bretter und Böcke des Esstisches wegräumen

p kein Glück haben · r das Essen beenden · n den Beruf wechseln · a allein lassen · e viel Geld ausgeben · z etwas vorhaben

- Was bedeuten diese Redensarten heute? Ordne die Kärtchen richtig zu, dann erhältst du ein Lösungswort: 1 = P, 2 = …

- zu Nomen den Akkusativ finden
- Abhängigkeit der Akkusativbildung vom Genus entdecken
- Redensarten und ihre Bedeutungen kennenlernen

Methodentraining
- Planen – machen – notieren

Essen wie im Mittelalter

1 Ein Festessen bei den Bauern

a) Schaut euch das Bild ganz genau an:
Wie sind die Leute gekleidet?
Was tun sie gerade?
Welche Gegenstände sind zu sehen? …

b) Versucht, die Bild-Szene nachzustellen:
- Was braucht ihr an Material?
- Stellt euch genauso auf, wie die Figuren im Bild und fotografiert euch.

c) Vergleicht euer Foto mit dem Bild von Pieter Breughel.

Dieses Bild heißt „Das Hochzeitsessen“. Es wurde von Pieter Breughel dem Älteren 1568 gemalt.

2 Wer sitzt neben wem?

a) Stellt euch gegenseitig Suchaufgaben:
Neben wem sitzt das Kind mit dem blauen Kleid? Neben wem …

Ich sitze neben …

Wer-oder-was-Fall Nominativ	Wem-Fall Dativ
der Mann	dem Mann
der Hund	
der Stuhl	
der Herr	
der Junge	

b) Schreibe die Tabelle ab und ergänze sie. Markiere, was sich bei den Wörtern im Wem-Fall (Dativ) ändert.

c) Schreibe auch diese Wörter im Wem-Fall (Dativ) auf. Was fällt dir auf?

das Kind | die Kanne | das Brett | die Frau | das Kissen | die Bank

3 Wer isst was?

a) Schreibe auf, welche Nahrungsmittel auf dem Tisch der Reichen fehlten. Welche fehlten bei den Armen? Wer ernährte sich gesünder?

b) Wie unterschieden sich die gedeckten Tische der Bauern von denen der Reichen im Mittelalter? Fertige ein Schaubild an.

Schaubild: Seite 68

Ernährung im Mittelalter

Reiche Burgherren aßen selten Obst und Gemüse. Dafür gab es reichlich Brot, Fleisch von Haustieren oder Wild und Fisch. Sie verwendeten teure Gewürze wie Salz, Pfeffer, Muskat oder Safran.
Wohlhabende Bürger aßen ähnliche Gerichte wie die Ritter. Es fehlte aber das Wild, da nur dem Adel das Jagen erlaubt war.
Die Bauern ernährten sich hauptsächlich von Brot, Milchprodukten, Hülsenfrüchten, Hafer- und Gerstenbrei.

- ein Kunstwerk genau betrachten und in ein szenisches Bild umsetzen
- zu Nomen den Dativ finden
- Abhängigkeit der Dativbildung vom Genus entdecken

4 Tischregeln aus der Ritterzeit

- Wasch dir die Hände vor dem Essen.
- Fang nicht vor den anderen an zu essen.
- Puste nicht in die heiße Schüssel.
- Fass nicht mit beiden Händen in die Schüssel.
- Stopfe kein zu großes Stück in den Mund.
- Trink oder sprich nicht mit vollem Mund.
- Schmatz nicht.
- Kratze dich nicht am Leib oder Kopf.
- Achte darauf, dass keine sechsfüßigen Tierchen an dir herumkrabbeln.
- Wisch dir den Mund ab, wenn du den Becher nimmst.
- Putz dir die Nase nicht am Tischtuch ab.
- Nimm deinem Tischnachbarn kein Stück weg, auch wenn es dir besonders gut gefällt.
- Stütz die Ellbogen nicht auf den Tisch.
- Lege keine angebissenen Stücke oder abgenagten Knochen in die Schüssel zurück.

a) Welche Regeln hast du schon von deinen Eltern gehört? Schreibe sie auf.

b) Unterstreiche die Verben.

c) Bilde die Grundform und schreibe so auf:
wasch – waschen, ...

d) Suche zu diesen Aufforderungen die Grundform.
iss – essen

iss · nimm · gib · lies · friss · miss · triff · sprich · sieh · hilf

Arme Ritter

Zutaten für 4 Personen:
2 ältere Brotscheiben, 1/8 l Milch,
2 Eier, 1 EL Zucker, 1 Prise Salz,
Butter, Zimt oder Apfelmus

- Milch, Eier, Zucker, Salz verrühren
- Brot in die Eiermilch legen und vollsaugen lassen
- Butter in die Pfanne geben und Brot von beiden Seiten leicht braun anbraten
- den fertigen Ritter mit Zimt oder Apfelmus bestreichen

5 Rezepte schreiben

a) Schreibe das Rezept für Arme Ritter in ganzen Sätzen auf.
Verrühre Milch, Eier, ...

b) Schreibe das Rezept auf ein Schmuckblatt.

c) Probiere das Rezept aus.

Methodentraining
- Schaubild

- Besonderheiten der Imperativform bei Verben entdecken
- ein Rezept mit Aufforderungssätzen schreiben

Reise in die Vergangenheit

1 Spuren der Vergangenheit

Wo findest du in deiner Stadt Spuren aus dem Mittelalter? Suche Hinweise:

- Gebäude, Straßennamen, Stadtplan, …
- Gegenstände, Kleidung, Kunstwerke, Urkunden, … (Heimatmuseum, Stadtarchiv)
- Geschichten, Sagen, Fotos, Sachbücher, … (Bücherei, Internet)

Stadtansicht

2 Städte im Mittelalter

a) Schau dir die Bilder an. Welche Bauten wurden für die Sicherheit der Stadt angelegt?

b) Fertige ein Schaubild an.

Schaubild: Seite 68

Stadtplan

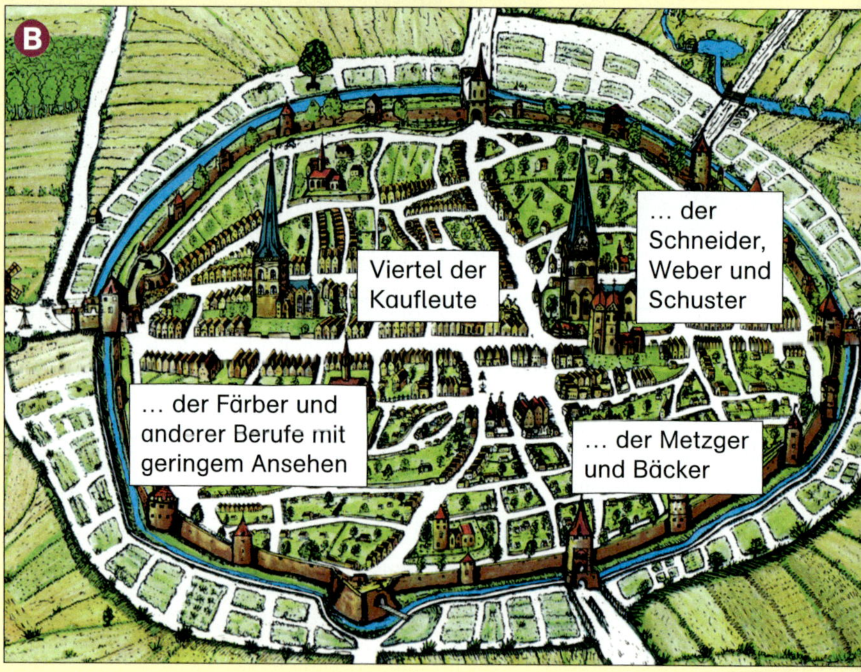

3 In der Stadt

Viele Städte entstanden in der Nähe einer Burg. Andere wurden dort gegründet, wo sich zwei Handelswege kreuzten.

a) Welche Gebäude gab es in einer Stadt im Mittelalter? Ergänzt euer Schaubild.

b) Welche Berufe hatten die Stadtbewohner? Schau auf den Stadtplan. Finde weitere Berufe im Mittelalter.

c) Sucht alte Handelsstraßen in eurem Ort.

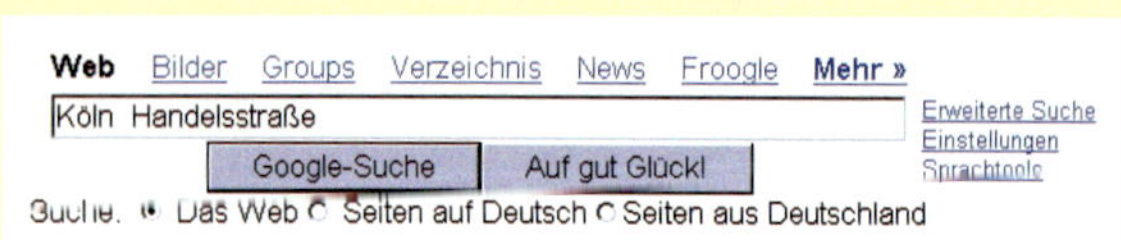

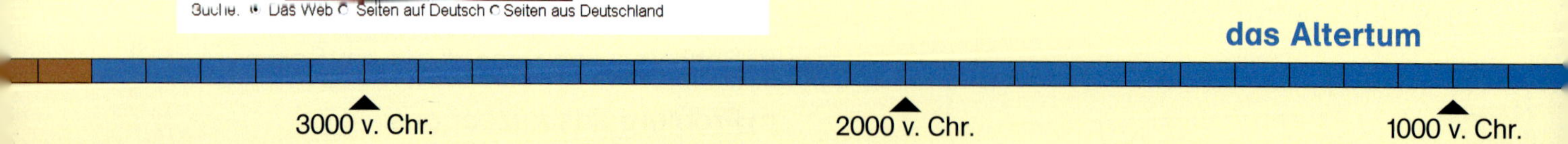

- Spuren aus dem Mittelalter im eigenen Ort entdecken
- aus Bildern und Sachtexten Informationen entnehmen und diese auswerten

Bau eines Fachwerkhauses

1. Balken spalten
2. Balken glätten
3. Lehmmischung herstellen
4. Stäbe in das Gefach setzen
5. Weidenzweige um die Stäbe flechten
6. Wand mit Lehm verputzen

Feuerordnung

Zum Ersten soll kein Bürger oder Einwohner zu dem Feuer kommen, es sei denn, dass er Leitern und Eimer mit Wasser mitbringt.
Wird einem Bürger oder Einwohner sein Haus bei einem Brand niedergerissen, um so den Brand einzugrenzen oder zu teilen, sollen ihm die anderen Bürger entsprechend der Höhe seines Schadens beim Wiederaufbau des Hauses zuhilfe kommen.

4 Ein Fachwerkhaus entsteht

Früher baute man die Häuser aus Holz oder aus Fachwerk. Das Dach wurde mit Stroh oder Holz gedeckt. Da innerhalb der Stadtmauern wenig Platz war, baute man die Häuser dicht beieinander.

a) Ordne die Tätigkeiten beim Hausbau den Arbeitern im Bild zu.
Du erhältst ein Lösungswort. 1 = ...

b) Fotografiert Fachwerkhäuser in eurem Ort. Notiert, wo sie stehen.

5 Feuer

Viele Städte wurden im Mittelalter mehrfach durch Feuer völlig zerstört.

a) Warum brannte es damals so oft?

b) Woher holte man das Wasser zum Löschen? Zeichne eine Löschkette.

c) Lies die Feuerordnung.
Welche Pflichten hatten die Bürger bei einem Brand?

6 Zeitleiste

Wir richten unsere Zeiteinteilung nach der Geburt von Jesus Christus. Deshalb erhalten alle Jahresangaben den Zusatz **vor Christus (v. Chr.)** oder **nach Christus (n. Chr.)**.

a) Untersuche die Zeitleiste:
Wie lange dauerte das Mittelalter?
Wie lange dauerten das Altertum und die Neuzeit? (▭ = 100 Jahre)

b) Wie alt ist dein Heimatort?
Zeichne eine Zeitleiste und trage es ein.

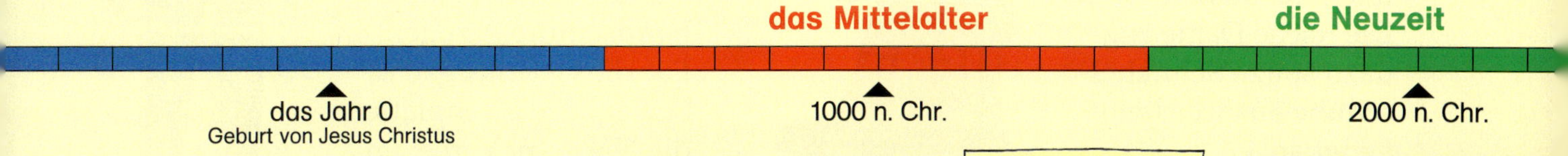

Methodentraining
- Schaubild
- Informationen suchen
- Zeitleiste

Wir gestalten Schaubilder

Wozu?

- Du kannst Begriffe und Daten besser behalten.
- Du kannst Ergebnisse während eines Vortrags darstellen.

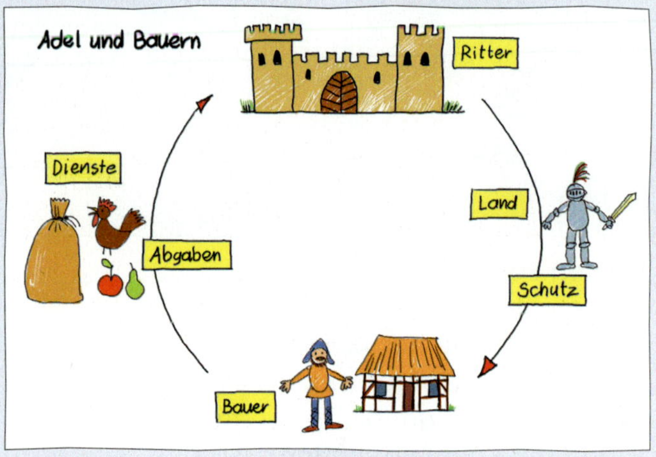

Wie geht das?

- überlegen, welche Informationen gelernt werden sollen
- Gegenstände oder Abläufe zeichnerisch darstellen oder kopieren
- eventuell Bezeichnungen, Pfeile oder Symbole ergänzen
- Bild in Druckschrift beschriften

TIPP!
Schreibe Begriffe auf Karten. Dann kannst du falsch geschriebene Wörter leichter berichtigen.

Worauf kommt es an?

- Bilder möglichst großflächig zeichnen
- farbige Stifte verwenden
- Wörter, Zahlen oder sehr kurze Sätze aufschreiben, die behalten werden sollen

Wie fange ich an?

Lies den Text. Zeichne einen Ritter oder eine Burgherrin. Schreibe die Namen der Kleidungsstücke an die entsprechenden Stellen auf deiner Zeichnung. So erhältst du ein Schaubild.

Frauenkleidung im Mittelalter

Im späten Mittelalter trug die reiche Frau einen **Hennin** auf dem Kopf. An der Spitze hing ein langer **Schleier** herab. Unverheiratete Mädchen durften das Haar offen tragen. Das **Oberkleid** reichte bis zum Boden. Es hatte viele **Falten, weite Ärmel** und oft eine **Schleppe**. Der Kleiderstoff war leuchtend bunt und mit **Pelz, Goldplättchen** und **Edelsteinen** verziert. Die reiche Dame zog dazu spitze **Schnabelschuhe** aus weichem Leder an.

Die Rüstung

Unter seiner **Rüstung** trug der Ritter gepolsterte Kleidung. Sie schützte ihn gegen Kälte und die harten Eisenteile. Das Beinzeug bestand aus eisernen **Röhren** für die Oberschenkel und **Beinschienen**. Die Füße steckten in **Eisenschuhen**. Die **Brustplatte** war aus Metall und schützte den Oberkörper. Das **Armzeug** wurde an Ober- und Unterarm geschnallt. Über die Hände wurden **Eisenhandschuhe** gezogen. Für die Gelenke gab es bewegliche Eisenplatten, die **Kacheln**. Vorne am **Helm** saß ein klappbares **Visier** mit Sehschlitzen.

Küchen-Experimente

Dieses Bild hat der Künstler Paul Cézanne gemalt.
Er hat gerne Bilder von Dingen gemalt, die sich nicht bewegen.
Solche Bilder werden „Stillleben“ genannt.

- Cézanne war der Meinung, dass alles auf der Welt aus rundlichen Formen entstanden ist. Welche rundlichen Formen entdeckst du auf dem Bild?
- Sammelt Lebensmittel und Dinge aus dem Haushalt. Stellt sie für ein Stillleben zusammen. Welche Formen haben sie?
- Malt ein eigenes Stillleben.

Bunt gemischt

Notiere alle Beobachtungen, die du bei den Versuchen machst, in deinem Forschertagebuch.

1 Alles schon gemischt?

a) Vergleicht Zucker und Brausepulver miteinander. Erkennt ihr Unterschiede mit dem bloßen Auge? Untersucht sie mit einer Lupe. Was könnt ihr nun erkennen?

b) Welcher Stoff ist ein Reinstoff? Welcher eine Mischung?

c) Ordnet diese Stoffe in einer Tabelle:

Reinstoff	Mischung

Salz Essig Öl Vogelfutter
Kräuterbutter Studentenfutter Salatsoße
Zucker Müsli Mehl

2 Was löst sich in Wasser?

Material: kleine Plastikbecher, Rührstab, Wasser, Messer oder Spatel, verschiedene Stoffe

- eine Messerspitze eines Stoffes in einen Becher geben
- etwas Wasser dazugießen
- mit dem Stab umrühren
- beobachten: Welche Stoffe lösen sich auf, welche nicht?
- Ergebnisse in einer Tabelle notieren

Hinweis!
Wenn ein Stoff sich im Wasser auflöst, so entsteht eine Lösung.

Brausepulver (für 10 Personen)

Zutaten: 5 EL Zucker, 1 Päckchen Vanillezucker, 2 EL Natron, 3 EL Zitronensäure (aus der Apotheke)

- alle Zutaten mischen
- jeweils 2 – 3 TL Pulver in einem Glas Wasser auflösen
- beobachten, was passiert

Welche Zutaten im Brausepulver sorgen für das Prickeln?

Zutaten nicht mischen, mehrere Versuche in unterschiedlicher Reihenfolge durchführen:

- erst Zucker, dann Zitronensäure und Natron
- erst Zitronensäure, dann … ins Wasser geben

Buntes Papier

Material: mehrere Plastikbecher, Öl, Plakatfarbe, dickes Papier, 1 große, flache Schale mit Wasser, Pinsel, Zeitung

- etwas Farbe mit etwas Öl vermischen
- die Farb-Öl-Mischung tropfenweise auf dem Wasser verteilen
- ebenso mit anderen Farbtönen verfahren

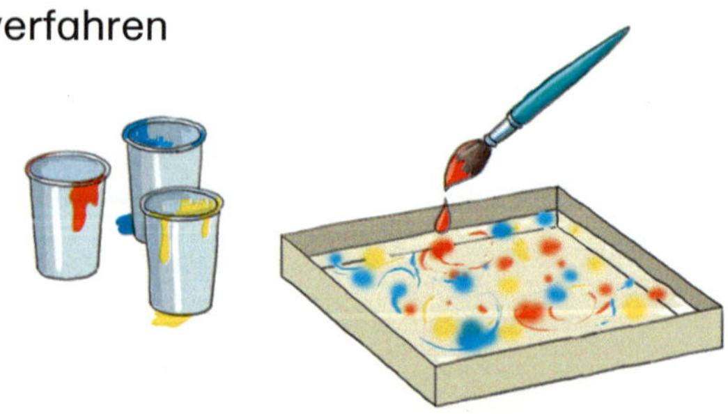

Kandiszucker selbstgemacht

Zutaten: 200 ml heißes Wasser, Zucker, 1 Einmachglas, 1 Bleistift, Baumwollfäden

- möglichst viel Zucker im heißen Wasser auflösen
- die Fäden wie im Bild in das Zuckerwasser hängen
- das Glas für mehrere Tage an einen warmen Ort stellen
- beobachten, was passiert

Vermute:
Wie ist der Kandiszucker entstanden?

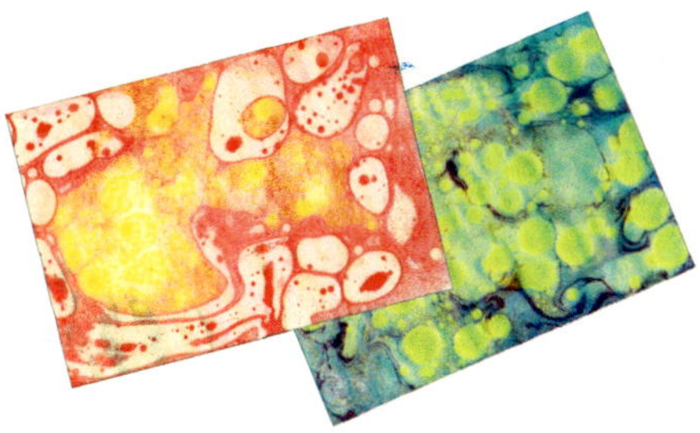

- eventuell das Muster auf dem Wasser vorsichtig mit einem Stab verändern
- Papier vorsichtig auf die Wasser-oberfläche legen
- das Papier abheben
- auf Zeitung trocknen lassen

Vermute:
Warum entsteht ein besonderes Muster auf dem Papier?

3 Geschickt getrennt

1. sortieren

2. sieben

3. absetzen lassen

4. abgießen

5. filtrieren

6. kristallisieren durch Verdunstung

- Probiere aus.
  Was erhältst du beim Trennen?

4 Kleine Küchenprobleme

Du hast für die Salatsoße zu viel Essig ins Öl gegossen.

Du magst nur grüne Gummibärchen essen.

Du hast anstelle von Salz Mehl ins Wasser gegeben.

Du hast aus Versehen kaltes Wasser über den Früchtetee gegossen.

Du hast eine Zitrone ausgepresst. Du brauchst aber nur den Saft ohne das Fruchtfleisch.

- Wie kannst du diese Mischungen und Lösungen trennen? Probiere aus.

Löffel, Gabel, Messer

1 Klirrendes Besteck

a) Lies das Gedicht
- laut und leise,
- schnell und langsam,
- mit Lesepausen an bestimmten Stellen,
- mit einem Partner oder einer Partnerin, die Besteck in einen Besteck-Kasten ordnet …

b) Führt eure Strophen in der Klasse vor.
Oder:
Nehmt eure Strophen auf Kassette auf.

c) Was könnt ihr noch aufräumen?
Sammelt eure Ideen und schreibt ein Gedicht.
Nach der Reise
Und Schuh zu Schuh in den Schuhschrank
Und Buch zu Buch in den Bücherschrank
Und …

Nach dem Spülen

Und Löffel zu Löffel ins Löffelfach
Und Gabel zu Gabel ins Gabelfach
Und Messer zu Messer ins Messerfach

Ach, was fürn Krach!

Wenn ich will, bin ich still.

Und Löffel zu Löffel ins Löffelfach
Und Gabel zu Gabel ins Gabelfach
Und Messer zu Messer ins Messerfach

Wenn ich will, bin ich still.

Manchmal, wenn ich lustig bin,
werf ich alles lustig hin:

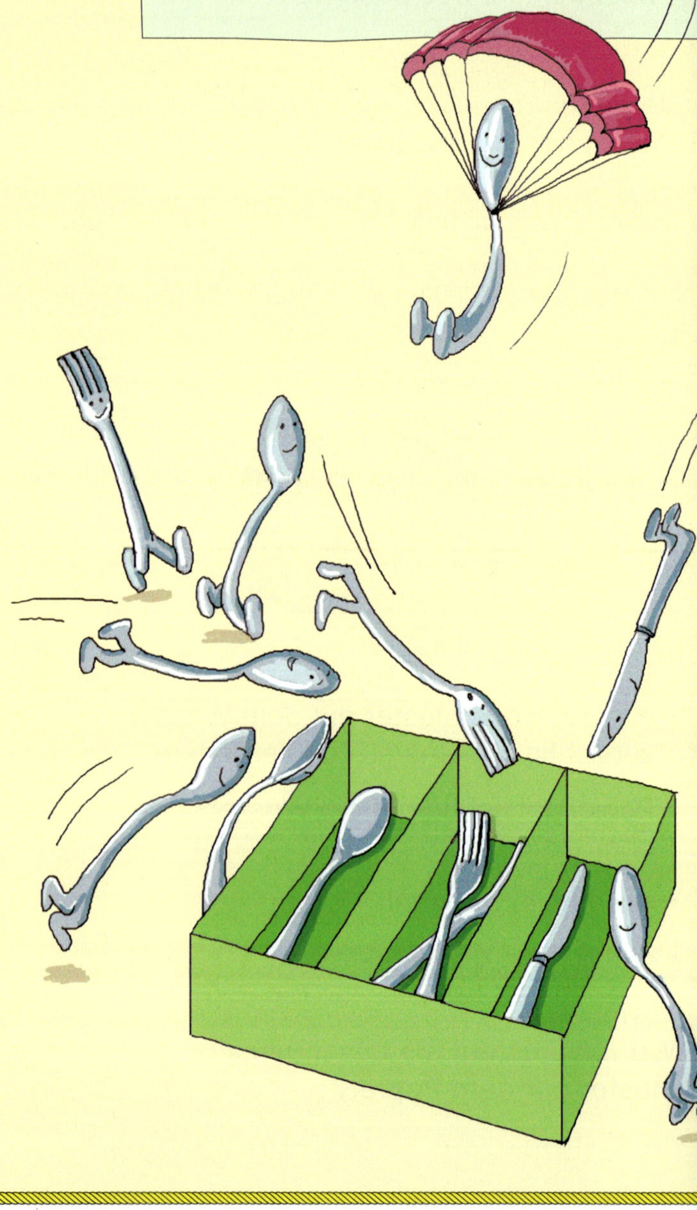

2 Kurz oder lang?

a) Suche die Wörter in der Wörterliste. Schreibe sie auf.

b) Kennzeichne: kurzer Selbstlaut = •
langer Selbstlaut = –
Löffel, …

c) Ordne die Wörter in einer Tabelle.

•	–

d) Schreibe die Wörter nach Silben getrennt auf.
Löf-fel, …

e) Nach welchen Selbstlauten stehen zwei Mitlaute?

f) Sammle Wörter mit doppelten Mitlauten.

- ein Gedicht stimmlich und szenisch umsetzen
- kurze und lange Selbstlaute unterscheiden
- Wörter nach Silben getrennt aufschreiben

Und Löffel zu Löffel ins Löffelfach
Und Gabel zu Gabel ins Gabelfach
Und Messer zu Messer ins Messerfach

Manchmal, wenn ich lustig bin,
werf ich alles lustig hin.

Manchmal geht es mir so gut,
da packt mich der Übermut:

Und Löffel zu Gabel ins Löffelfach
Und Gabel zu Messer ins Gabelfach
Und Messer zu Löffel ins Messerfach

Wenn ich will –
bin ich still.

Erwin Grosche

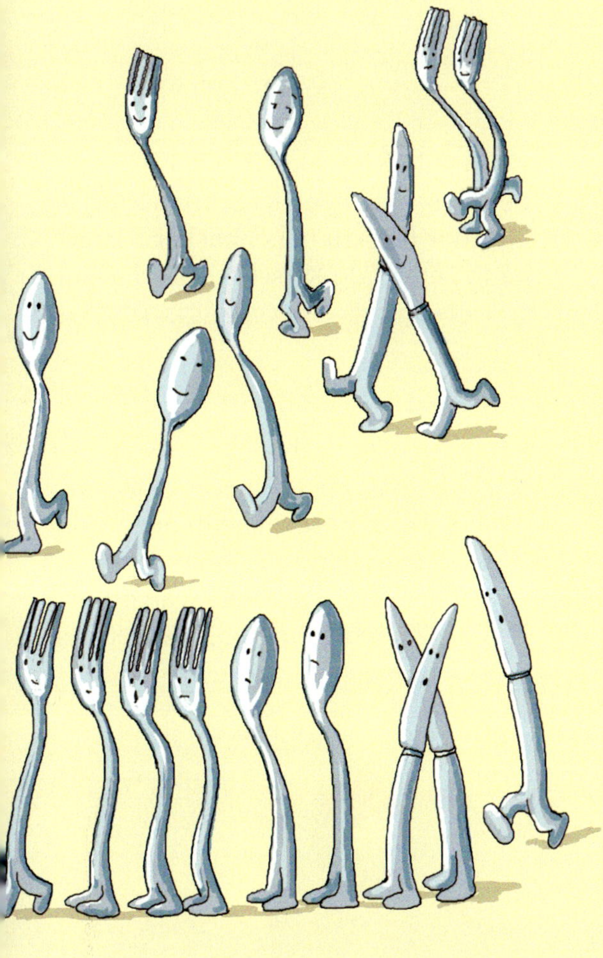

3 Tip-Fehler

(p ↓ Tip-Fehler)

Riesenpfütze

Nach dem Esen räumen Anna und Ina den Tisch ab. Anna trägt die Teler in die Küche. Ina hilft ihr. Sie schnappt sich die Meser und Gabeln. Zum Schlus holt Anna noch das leere Glas von Ina. Ales kommt in die Spülmaschine. Anna stelt die Knöpfe der Maschine richtig ein. Die Maschine sumt. Prima, das hat geklapt! Die beiden gehen Fußbal spielen. Sie hören nicht mehr, dass …

a) Suche in jeder Zeile den Tippfehler. Schreibe die Wörter richtig auf.

b) Schreibe den ganzen Text richtig ab.

c) Schreibe Fragen zum Text auf.

Wer oder was?	Wessen?	Wem?	Wen oder was?

Wer räumt nach dem Essen …?

d) Tauscht eure Fragen untereinander. Beantwortet sie in ganzen Sätzen.

4 Wer spült was?

a) Schreibe die Tabelle ab und ergänze sie. Was fällt dir auf?

Ich spüle …

Wer-oder-was-Fall Nominativ	Wen-oder-was-Fall Akkusativ
der Teller	den Teller
das Glas	…
die Tasse	
die Gabel	
der Löffel	
das Messer	
das Besteck	
der Topf	
die Pfanne	

b) Übe weiter mit der Werkstatt-Karte 6.

Seite 146 Grammatikwerkstatt

- Rechtschreibfehler finden und verbessern
- zu den vier Fällen Fragen überlegen und aufschreiben
- zu Nomen den Akkusativ finden

Zungenbrecher

1 Knoten in der Zunge

a) Lies die Zungenbrecher laut vor:
- langsam und deutlich,
- so schnell wie möglich,
- mit wenigen Fehlern,
- ganz ohne Fehler.

b) Was macht es so schwierig, die Sätze ohne Fehler zu lesen? Bei welchen Wörtern macht ihr häufig Fehler? Vermutet, warum das so ist.

2 Vor und zurück

a) Welche Bezeichnungen für Spielfiguren kennt ihr? Was können Spielfiguren alles tun? Welche Felder kann es geben? Sammelt Beispiele.
Spielfiguren heißen auch: Püppchen, ...
Spielfiguren können: überspringen, ...
Felder: Ereignisfelder, ...

b) Bilde Sätze und schreibe sie auf.
Wer auf ein besetztes Feld kommt, darf den Gegner ...

Wer auf ein besetztes Feld kommt,
Wer auf ein Nummernfeld kommt,
Wer rausgeworfen wird,
Wer einen Zungenbrecher ohne Fehler vorliest,
Wer einen Zungenbrecher mit Fehlern vorliest,

darf / muss / kann / soll

zwei Felder vorziehen.
den Gegner rauswerfen.
stehen bleiben.
zwei Felder zurückgehen.
den Gegner überspringen.
einen Zungenbrecher vorlesen.
zurück zum Start gehen.
...

- Zungenbrecher kennenlernen und üben
- typische Begriffe und Formulierungen einer Spielanleitung kennenlernen

3 Spielanleitung

a) Denkt euch für das Spiel in der Mitte Spielregeln aus und erprobt sie.

b) Schreibt eine Spielanleitung.

> **Name des Spiels:** Knoten in der …
>
> **Material:** Würfel, …
>
> **Spielregeln:** Wer eine Sechs würfelt, fängt an. …
>
> **Ziel des Spiels:** Gewonnen hat, …

c) Überarbeitet eure Spielanleitung mit der Werkstatt-Karte 5.

TEXTWERKSTATT Seite 159

4 Wem hilft Anna?

a) Bilde Sätze.
Anna hilft dem Mädchen.

Wem hilft Anna?

b) Unterstreiche den Wem-Fall (Dativ).
Anna hilft <u>dem Mädchen</u>.

c) Beschreibe, was dir auffällt.

d) Denk dir zu diesen Verben Sätze aus und schreibe sie auf:

schenken | geben | helfen | begegnen

e) Überlege dir die passende Frage dazu und unterstreiche den Wem-Fall (Dativ).

Wem schenke ich …?

- eine Spielanleitung schreiben
- Sätze mit Dativ-Objekt bilden
- nach dem Dativ fragen

Knall, bumm, peng!

Asterix

Miraculix

1 Der gefährliche Zaubertrank

a) Spielt den Comic nach.

b) Welches Wortspiel meint Miraculix? Erklärt es.

c) Was unterscheidet einen Comic von anderen Texten?

d) Schreibe die Geschichte so auf, dass andere sie auch ohne Bilder verstehen können.*

*TIPP! wörtliche Rede

2 Struppi & Co.

a) Welche Comic-Figuren kennt ihr noch? Bringt sie mit und stellt sie vor.

b) Beschreibe eine Comic-Figur ganz genau. Benutze dazu treffende Adjektive.

Asterix

Aussehen: weiße Flügel am Helm ...

Eigenschaften: clever, ...

Fähigkeiten: kann gut ...

Vorlieben: ...

c) Macht mit euren Steckbriefen ein Ratespiel: Welche Comic-Figur ist es?

3 Xa-Landofix

Viele Namen in den Asterix-Comics haben die gleiche Endung und beschreiben, was jemand gut oder nicht so gut kann oder woran der Name erinnern soll.

a) Was könnten diese Namen bedeuten?

Quellmix | Verleihnix | Lügfix | Teefax

b) Denke dir auch solche Namen aus und beschreibe, was der Name bedeuten soll.

Hörnix tut manchmal so, als ob er nicht so gut hören kann. Vor allem, wenn ...

- die Textsorte Comic kennenlernen
- Adjektive zur genauen Beschreibung von Comic-Figuren einsetzen
- sich über Namensgebungen Gedanken machen und kreativ damit umgehen

4 Miraculix, ein Spezialist für Zaubertränke

a) Schreibe ein Rezept für einen Zaubertrank:
- Zutaten auflisten
- genaue Reihenfolge bei der Zubereitung beschreiben
- Wirkung und Nebenwirkungen aufzählen

b) Überarbeite deinen Text mit der Werkstatt-Karte 3. TEXTWERKSTATT Seite 158

5

Das rennende Essen

Asterix und Obelix gehen mit Idefix in den Wald. Sie wollen Wildschweine jagen. „Sieh mal“, ruft Obelix, „Idefix hat schon eine Fährte erschnuppert.“ „Okay“, sagt Asterix, „gehen wir ihm nach.“
Doch da kommt Idefix ängstlich angeflitzt – gejagt von vielen Wildschweinen. Obelix und Asterix springen erschrocken beiseite. Die Wildschweine rasen an ihnen vorbei. „Oh nein“, schluchzt Obelix, „da läuft mein Mittagessen.“

a) Schreibe den Text ab.

b) Unterstreiche die Begleitsätze hellblau und die wörtliche Rede orange.

c) Kreise alle Kommas gelb ein. An welchen Stellen stehen sie?

6 Lernplakat: **Wörtliche Rede**

Ein **Begleitsatz** kann auch … im Satz stehen.
Er wird dann durch ein … a abgetrennt

„ “, , „ .“

7 Comic-Zeichner

Denk dir einen eigenen Comic aus.
Oder:
Zeichne einen Comic zu Aufgabe 5.

Comic: Seite 80

Methodentraining
- Comic

- ein Zaubertrankrezept aufschreiben und überarbeiten
- Zeichensetzung bei eingeschobenem Begleitsatz der wörtlichen Rede kennenlernen

Sauer macht lustig

Notiere alle Beobachtungen, die du bei den Versuchen machst, in deinem Forschertagebuch.

1 Spürnasen gesucht!

a) In jedem Haushalt findet ihr unterschiedliche Stoffe: Lebensmittel, Putzmittel, Waschmittel, Kosmetik, … Ordnet sie.

Achtung! Manche Stoffe im Haushalt sind unverträglich oder giftig. Welche sind das? Sucht Hinweise auf der Verpackung.

b) Welche Stoffe riechen sauer? Testet so:

Beschreibt den Geruch. Ratet, was ihr riecht.

Hinweis: Sauer riechende Stoffe enthalten Säuren. In vielen Lebensmitteln sind ungefährliche oder gesunde Säuren. Andere Säuren, z.B. in Putz- und Reinigungsmitteln, sind gefährlich.

2 Nachweis von Säuren

A Material: Rotkohlsaft*, kleines Glas, Essig, Esslöffel, Rührstab, Sieb

- etwas Rotkohlsaft in ein Glas geben
- einen Löffel Essig hinzufügen, dabei beobachten, was passiert

***TIPP!**
Rotkohl kleinschneiden, im Mörser zerreiben, Wasser hinzufügen, noch einmal zerreiben, durch ein Sieb geben

Versuchsstoffe

3 Im Säuren-Versuchslabor

A Was macht die Säure mit der Milch?

Material: 250 ml Milch, 80 ml Essig, 1 großes Glas, Löffel, Filterpapier, Filter

- Milch und Essig in das Glas geben
- umrühren
- beobachten, was passiert
- alles in den Filter gießen
- jetzt darf probiert werden

B Was macht die Säure mit den Münzen?

Material: Zitronensaft, Essig, Schale, angelaufene Cent-Münzen

- Zitronensaft in die Schale gießen
- Münzen hinzufügen
- mindestens fünf Minuten abwarten
- beobachten, was passiert
- Versuch auch mit Essig ausprobieren

- Haushaltsstoffe auf ihre Eigenschaften untersuchen
- die Eigenschaften von Säuren kennenlernen

B Material: Rotkohlsaft, Versuchsstoffe (Lebensmittel, z.B. Getränke, Obst, Gemüse, und Putz-/ Reinigungsmittel), kleine Gläser, Spatel, Löffel, Rührstäbe, Klebeschilder, Stift

- nacheinander die Stoffe mit Rotkohlsaft testen
- Testergebnisse nach Farben ordnen:

Lebensmittel*

der Saft färbt sich ...	der Saft bleibt ...	der Saft färbt sich ...
Essig		

***TIPP!**
Lege für Putz- und Reinigungsmittel eine eigene Tabelle an!

C

Ist sauer das Gegenteil von süß?

Saft aus Rotkohl hat eine ▯ Farbe. Er ist ein neutraler Stoff. Manche Stoffe sind Säuren. Sie färben Rotkohlsaft ▯. Andere Stoffe färben Rotkohlsaft ▯. Sie werden Basen genannt.

- Schreibe den Text ab.
  Setze diese Wörter ein:

violett | hellrote | grün

- In welcher Spalte deiner Tabelle stehen die Säuren?
  In welcher Spalte stehen Basen?

C Was macht die Säure mit dem Ei?

Material: gekochte braune Eier, Wasser, Essig, Knete, 1 großes Glas

- Eier mit Mustern aus Knete verzieren
- Essig mit Wasser verdünnen
- verzierte Eier hineinlegen
- beobachten, was passiert
- Eier nach 25 Minuten herausnehmen
- die Knete entfernen
- erneut beobachten, was passiert ist

D Was macht die Säure mit dem Tee?

Material: 1 Beutel schwarzer Tee, kochendes Wasser, Becher, Zitronensaft

- den Teebeutel mit kochendem Wasser übergießen
- 5 Minuten ziehen lassen
- Zitronensaft hinzufügen
- beobachten, was passiert

Methodentraining
Wir zeichnen einen Comic

Die Pausenüberraschung

Es klingelt zur Pause. Toni hat großen Hunger. Eilig sucht sie in ihrer Tasche nach dem Pausenbrot. Doch was ist das? Toni schaut genauer in die Tasche. Da sitzt ein Frosch auf ihrer Brotdose. Schnell zieht Toni ihre Hand aus der Tasche. Doch der Frosch …

Wie geht das?

- eine geeignete Geschichte aussuchen oder selbst ausdenken
- 4–6 Bilder überlegen
- in Stichworten sammeln, was gemalt werden soll
- Sprechblasen und Denkblasen ausdenken und aufschreiben
- Bilder zeichnen

Worauf kommt es an?

- nur die wichtigsten Informationen aus der Geschichte malen
- möglichst einfach malen
- auch Geräusche, Bewegungen und Gefühle in Bilder umsetzen

Wie fange ich an?

Mitten in der Nacht wird Willi wach, weil sein Magen fürchterlich knurrt. Verschlafen schleicht er zur Speisekammer. Im Dunkeln sucht er nach den Keksen. Doch plötzlich spürt er einen höllischen Schmerz. Sein Finger steckt in einer Mausefalle. Schreiend springt er durch die Speisekammer. Laut polternd fallen Marmeladengläser und Erbsendosen aus dem Regal. Da kommt Rettung! Seine Frau Martha steht in der Tür …

- Zeichne zu dieser Geschichte einen Comic.

Comic-Zeichen-Trickkiste

Gesichter

fröhlich | traurig | erschrocken | wütend

Geräusche

Bewegungen

laufen | zittern | schleichen | springen

Welt der Gefühle

Dieses Bild hat der Künstler Keith Haring gemalt.
Es hat keinen Titel.

- Wie würdest du dieses Bild nennen?
- Sammle weitere Bilder, die zu deinem Titel passen, oder male eigene Bilder.

Pubertät, was ist das?

1 Wir verändern uns

Wir werden als Mädchen oder Jungen geboren. Wir alle werden zu Frauen oder Männern. Das kann manchmal schwierig sein, aber auch wunderbar und aufregend.

a) Manchmal fällt es schwer, darüber zu sprechen. Schreibt deshalb eure Fragen zur Pubertät* ohne Namen auf Kärtchen.

***TIPP!** Lies im Lexikon unten nach.

b) Sucht Antworten auf eure Fragen auf diesen Seiten.

c) Ordne die Sätze neben den Bildern.
Veränderungen bei Mädchen:
Veränderungen bei Jungen:
Veränderungen bei beiden:

Die Hüften werden runder.

Weil die Haut fettiger wird, können Pickel entstehen.

Die Samenzellen reifen und es kann zu einem Samenerguss kommen.

Haare wachsen unter den Armen in den Achseln.

Schamhaare wachsen.

Brusthaare wachsen.

Hormone: Wie winzige kleine Briefchen wandern die Hormone über das Blut zu anderen Körperteilen und beeinflussen sie. Sie teilen z.B. mit: Jetzt beginnt die Pubertät. Die Schamhaare sollen wachsen oder die Stimme der Jungen soll tiefer werden oder die Brüste der Mädchen sollen größer werden.

Menstruation: Etwa alle 28 Tage wandert eine Eizelle aus den Eierstöcken zur Gebärmutter. Dort wächst in dieser Zeit eine Schleimhaut. Falls eine Eizelle durch eine Samenzelle befruchtet wird, nistet sie sich in dieser Schleimhaut ein. Eine Schwangerschaft beginnt. Meistens ist das aber nicht der Fall. Die Gebärmutterschleimhaut wird nicht benötigt und mit etwas Blut durch die Scheide ausgeschieden.

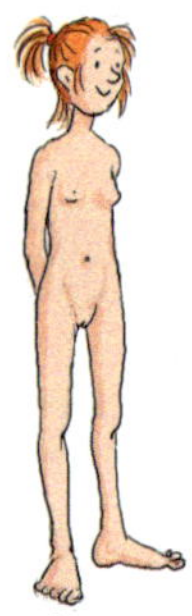

Das dauert etwa 3–6 Tage. Viele Mädchen haben Angst, dabei viel Blut zu verlieren. Das ist aber nicht so. Es sind ungefähr 4 Schnapsgläschen mit Flüssigkeit. Die Hälfte davon ist Blut. Diese Monatsblutung nennt man auch Periode, Regelblutung oder die Tage.

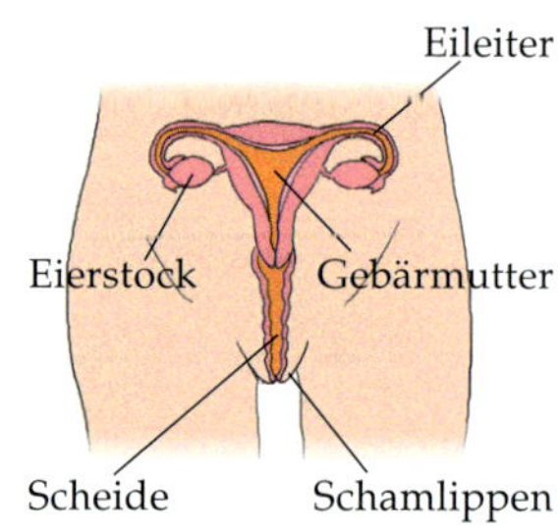

Pubertät: Es ist der Zeitraum, in dem ein Junge oder ein Mädchen langsam erwachsen wird. Wann das anfängt, wird durch Hormone bestimmt und ist bei jedem Kind unterschiedlich. Die körperlichen Veränderungen können bei Mädchen etwa ab 10 Jahren beginnen, bei Jungen 1–2 Jahre später.

• Kenntnisse über die körperliche Veränderung vom Kind zum Erwachsenen gewinnen

Die Stimme kommt in den Stimmbruch.

Die Brüste beginnen zu wachsen.

Die Haut schwitzt häufiger.

Penis und Hoden werden größer.

Im Gesicht wachsen Barthaare.

Einmal im Monat reift eine Eizelle heran und die Menstruation setzt ein.

Der Körper wächst schneller.

2 Noch Fragen?

Wer kann dir deine Fragen beantworten?
Wo kannst du dich informieren?

Weitere Bücher zu diesem Thema findest du in einer Bücherei.

Bücherei: Seite 92

Samenerguss: Die Hoden produzieren jeden Tag Samenzellen. Diese werden in den Nebenhoden gesammelt. Aber irgendwann werden es zu viele. Ganz automatisch schafft der Körper Platz für neue. Vor allem im Schlaf kann dann der Penis steif werden. Mit einer weißlichen Flüssigkeit werden die Samenzellen hinausbefördert. Viele Jungen denken dann, sie hätten „ins Bett gemacht". Das ist aber unmöglich. Beim Samenerguss wird der Ablauf der Harnblase so fest verschlossen, dass kein Urin abfließen kann.

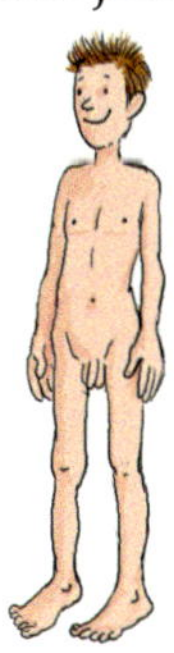

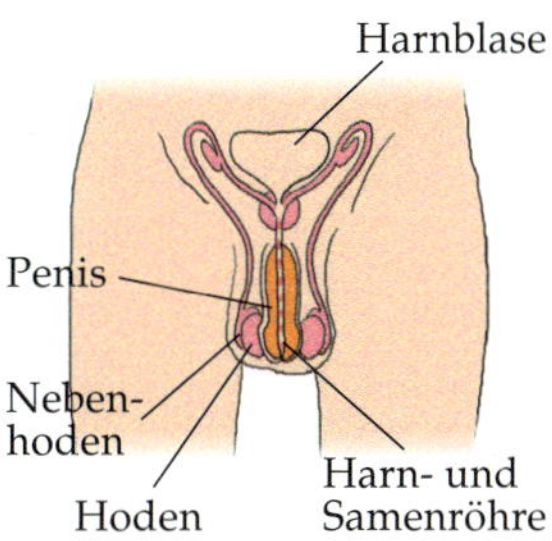

Schamhaare: Bei Mädchen wachsen Haare an den äußeren Schamlippen, bei Jungen um den Hodensack und den Penis herum.

Stimmbruch: Bei Jungen lassen die Hormone den Kehlkopf im Hals größer werden als bei Mädchen. Die Stimmbänder werden länger. Die Stimme verändert sich. Sie wird tiefer und rauer.
Weil die Stimmbänder nicht gleichmäßig wachsen, kann die Stimme manchmal etwas quieken oder heiser werden.

Weißfluss: Aus der Scheide fließt etwas weißliche Flüssigkeit aus. Sechs bis zwölf Monate danach tritt die erste Regel ein. In diesem Ausfluss leben viele nützliche Bakterien. Sie verhindern, dass Krankheitskeime in die Scheide eindringen.

Methodentraining
- Bücherei nutzen

Kann jeder sein, wie er will?

1 Mädchen-Briefe, Jungen-Briefe?

Robins Klasse schreibt einer anderen vierten Klasse Briefe. Als die Briefe ankommen, gibt die Lehrerin den Jungen Briefe von Jungen und den Mädchen Briefe von Mädchen.

a) Würdet ihr die Briefe auch so verteilen? Begründet eure Meinung.

b) Alex bekommt Robins Brief. Alex' Hobbys sind Fußball und Elektronik. Er möchte lieber ein anderes Kind als Brieffreund. Lest Robins Brief und erklärt, warum.

2 Das Schicksal

Als Alex für drei Tage zu Robin zu Besuch kommt, merken die Brieffreunde, dass Robin ein Mädchen und Alex ein Junge ist:

> Alex guckt sie an. Du kannst ja eigentlich nichts dafür, dass du ein Mädchen bist, sagt er dann. Irgendwie. Robin schüttelt den Kopf. Nee, das ist Schicksal, sagt sie. Du kannst ja auch nichts dafür, dass du ein Junge bist.

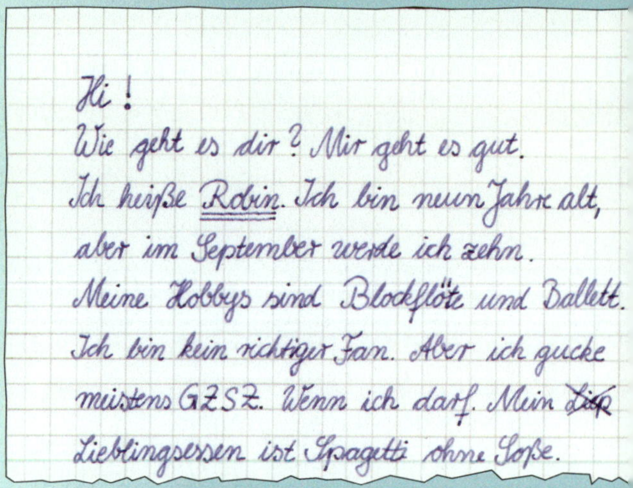
Hi!
Wie geht es dir? Mir geht es gut.
Ich heiße Robin. Ich bin neun Jahre alt,
aber im September werde ich zehn.
Meine Hobbys sind Blockflöte und Ballett.
Ich bin kein richtiger Fan. Aber ich gucke
meistens GZSZ. Wenn ich darf. Mein ~~Lieb~~
Lieblingsessen ist Spagetti ohne Soße.

a) Kannst du dir vorstellen, wie Alex' Besuch bei Robin weitergeht?

b) Schreibe das Gespräch ab.

c) Unterstreiche die wörtliche Rede orange und die Begleitsätze hellblau. Setze dann die Redezeichen.

3 Wer spielt mit?

Robin und Alex haben verschiedene Hobbys. Robin weiß darum nicht, was sie mit Alex anfangen soll, als er sie besucht.

- Was machen die Mädchen in eurer Klasse gerne? Was tun die Jungen? Was machen alle gerne?

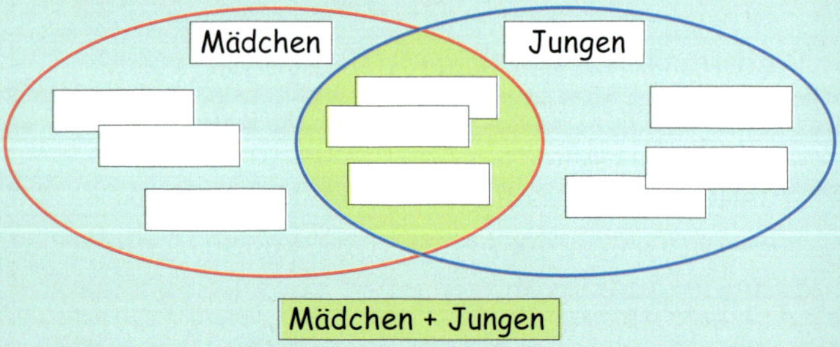

- Klischees über die Geschlechterrollen thematisieren und hinterfragen
- Interpunktion bei wörtlicher Rede mit nachgestelltem Begleitsatz wiederholen

4 Ich bin gerne ein ...

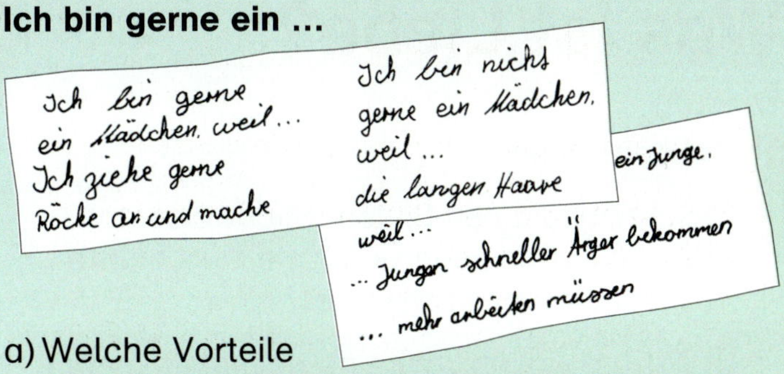

a) Welche Vorteile oder Nachteile hat es für dich, ein Junge oder ein Mädchen zu sein? Schreibe sie auf.

b) Worin unterscheiden sich eure Meinungen? Wo findet ihr Gemeinsamkeiten?

c) Stelle dir dein Leben als erwachsene Frau oder als erwachsener Mann vor. Male und schreibe.

5 Was Robin mag

Robin mag. Robin tanzt.

a) Welcher Satz klingt merkwürdig? Erkläre, was fehlt.

b) Schreibe auf, wen oder was Robin mögen könnte. Wie klingt der Satz jetzt?

△ Robin ○ mag Wen oder was? ...

c) Suche 5 andere Verben, die auch in diesen Satz-Bauplan passen. Bilde Sätze und kennzeichne den Satzteil im Wen-oder-was-Fall.

d) Übe weiter mit der Werkstatt-Karte 19. Seite 153 Grammatikwerkstatt

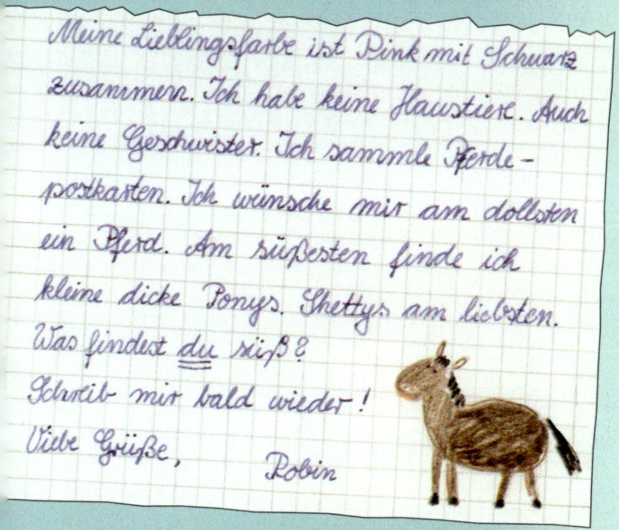
Meine Lieblingsfarbe ist Pink mit Schwarz zusammen. Ich habe keine Haustiere. Auch keine Geschwister. Ich sammle Pferde-postkarten. Ich wünsche mir am dollsten ein Pferd. Am süßesten finde ich kleine dicke Ponys. Shettys am liebsten. Was findest du süß?
Schreib mir bald wieder!
Viele Grüße, Robin

6 Lernplakat: **Satzteile**

...

Es hängt vom Prädikat ab, wie viele Sa... eile der ganze Satz mindestens haben muss.

Der Satzteil im Wen-... as-Fall heißt Wen-oder-was-Ergänzung.

7 Wem folgt Alex?

a) Welcher Satzteil fehlt hier? Schreibe 5 vollständige Sätze. Kennzeichne die Satzteile.

△ Alex ○ folgt ...

b) Finde einen Namen für den fehlenden Satzteil. 

Was ist Liebe?

1 Kai liebt Jana

a) Schreibe zu den Bildern Stichworte auf. Erzählt euch gegenseitig die Geschichte mithilfe eurer Stichworte.

b) Warum wollen Jana und Kai nichts mehr miteinander zu tun haben? Hast du schon einmal etwas Ähnliches erlebt?

c) Mit welcher Absicht hat jemand „Kai liebt Jana“ an die Tafel geschrieben?

d) Wie könnten Jana und Kai sich anders verhalten? Was könnte die Klasse tun?

2 Wörter für Gefühle

Angst ängstlich Ärger ärgerlich aufgeregt böse Bosheit fröhlich froh Durst durstig Zorn zornig heiter erleichtert Erleichterung freundlich Freundlichkeit Freude Mut mutig Lust lustig Glück glücklich Hunger hungrig nervös niedergeschlagen wütend Wut traurig Trauer überrascht verwirrt ungeduldig Ungeduld vergnügt verzweifelt enttäuscht Geduld geduldig gespannt

a) Gefühle sind oft schwer zu beschreiben. Welches dieser Gefühle kennst du?

b) Beschreibe, wie Kai und Jana sich fühlen.

c) Erweitert eure Wörterkiste. Gefühle WÖRTERKISTE

3 Liebesgeschichten

Schreibe die Bildergeschichte auf. Wie könnte sie enden?

Achte auf eine passende Überschrift und treffende Gefühlsworte. Die Werkstatt-Karten 6 und 10 helfen dir. TEXTWERKSTATT Seite 159 TEXTWERKSTATT Seite 160

- eine Bildergeschichte mithilfe eigener Stichworte erzählen und aufschreiben
- Handlungsabsichten hinterfragen und beurteilen
- Wortschatzerweiterung: Gefühle

4 Nomen oder Adjektive?

Ich habe ...
Ich bekomme ...
Ich spüre ...
...

Ich bin ...
Ich war ...
...

a) Welche Wortarten passen zu diesen Satzanfängen? Ordne die Wörter für Gefühle aus Aufgabe 2 zu. Was fällt dir auf?

b) Bei manchen Wörtern erkennst du an den Endungen, ob sie ein Nomen oder ein Adjektiv sind. Suche 16 solcher Wörter in Aufgabe 2. Ordne sie nach ihren Endungen.*

Seite 145 Grammatikwerkstatt

***TIPP!**
Die Werkstatt-Karte 4 hilft dir.

5 Das mag ich

**bewundern Sehnsucht auslachen
Liebe Verachtung Freundschaft
beleidigen kuscheln verspotten
schmusen anhimmeln Eifersucht
Hass hänseln Trost winken Kuss
anlachen quälen lächeln Neid
schlagen leidenschaftlich streicheln
Umarmung schwärmen Zuneigung**

a) Welche Gefühle drücken diese Wörter aus? Ordne sie in einer Tabelle:

☺	☹

b) Suche dir zwei Wörter aus. Bilde Wortfamilien.

6 Starke Gefühle

a) Suche dir aus Aufgabe 5 ein Wort aus. Welches Erlebnis fällt dir dazu ein? Was ist genau passiert? Wie hast du dich dabei gefühlt? Schreibe es auf.*

b) Wenn ihr möchtet, könnt ihr die Texte in einem Buch sammeln.

***TIPP!**
Die Wörter aus den Aufgaben 2 und 5 helfen dir.

- Nomen und Adjektive nach ihren Endungen unterscheiden
- Wortfamilien bilden
- eigene Gefühlserlebnisse verschriftlichen

Heißgeliebte Bücher

1 In Büchern Antworten finden

Ron möchte mehr über seinen Körper erfahren. Deshalb ist er in die Bücherei gegangen. Er muss nicht lange suchen, weil die Bücher dort geordnet sind.

a) Welche Bücher könnten Antworten auf Rons Fragen geben? Begründe deinen Vorschlag.

b) Wie würdest du die Bücher in der Mitte ordnen? Begründe.

c) Wie sind die Bücher in eurer Bücherei geordnet?

Bücherei: Seite 92

2 Dein Buchtipp

a) Stelle dein Lieblingsbuch so vor, dass andere darauf neugierig werden.

b) Schreibe einen Buch-Steckbrief.

c) Ergänzt euren Steckbrief:
- Dieses Wort, dieser Satz, dieses Bild, diese Farbe fällt mir ein, wenn ich an das Buch denke: …
- Es ist mein Lieblingsbuch, weil …

Buch-Steckbrief
Titel:
Autor/Autorin:
Verlag:
Hauptfiguren:
Darum geht es:
Das gefällt mir besonders gut:
...

3 Bücher untersuchen

Schreibe auf, in welchen Büchern du diese Teile findest:
Inhaltsverzeichnis: Ganz schön aufgeklärt!, …
Klappentext: …

Das Inhaltsverzeichnis
gibt an, wie die Kapitel des Buches heißen und auf welchen Seiten sie zu finden sind.

Das Vorwort
erzählt etwas über den Inhalt des Buches, bevor es wirklich losgeht.

Das Glossar
erklärt fremde Wörter, die im Buch vorkommen.

Das Register
heißt auch Sachverzeichnis oder Index. Es sortiert die wichtigsten Begriffe nach dem Alphabet. Dahinter stehen die Seitenangaben.

Der Klappentext
steht meist auf der Rückseite eines Buches. Er teilt mit, worum es in dem Buch geht.

- Ordnungskriterien für Bücher aufstellen und erproben
- Möglichkeiten kennenlernen, sich schnell über den Inhalt eines Buches zu informieren
- einen Buch-Steckbrief schreiben und vorstellen

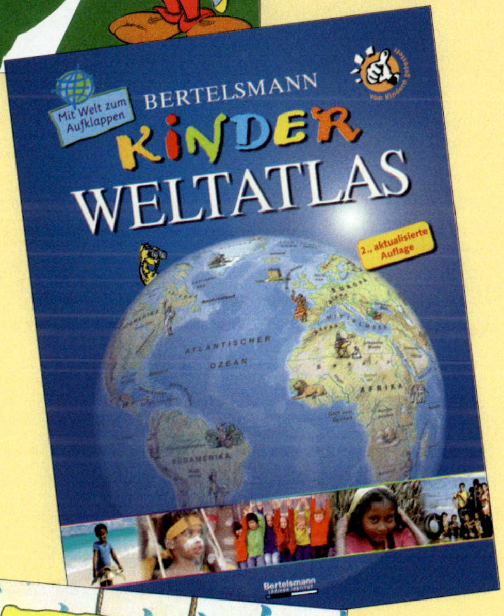

4 Sachbuch oder Geschichtenbuch?

in manchen büchern kannst du viele interessante tatsachen und neuigkeiten zu einer bestimmten sache nachlesen. in anderen büchern findest du zum beispiel tipps und informationen zu deinem hobby.

ES GIBT BÜCHER, IN DENEN ERFUNDENE TEXTE STEHEN. DAZU GEHÖREN KRIMIS, ERZÄHLUNGEN, MÄRCHEN UND ROMANE. DIESE TEXTE HABEN SICH AUTOREN AUSGEDACHT. SIE SIND NICHT WIRKLICH PASSIERT.

a) Berichtige die Texte.
Finde eine passende Überschrift.

b) Ordnet die Bücher aus der Mitte oder eure eigenen Bücher zu:
Sachbuch: ...
Geschichtenbuch: ...

5 Autorensuche

Tim möchte etwas über den Autor Peter Härtling erfahren. Er sucht im Internet.

TIPP!
In einer Biografie wird das Leben eines Menschen erzählt.

a) Informiert euch über eure Lieblingsautorin oder euren Lieblingsautor.
Schreibt dazu einen Autoren-Steckbrief:

Name:
Alter:
Wohnort:
bisher veröffentlichte Bücher:
bekanntestes Buch:
Besonderheiten:

b) Stellt euch gegenseitig eure Autoren oder Autorinnen vor.

Methodentraining
- Bücherei nutzen
- Vortrag
- Internetsuche

- Sachbücher von Geschichtenbüchern unterscheiden
- Groß- und Kleinschreibung korrigieren
- sich über Autoren und Autorinnen informieren und Steckbriefe schreiben

Tipps für deine Körperpflege

1 Den Körper pflegen

a) Beschreibe, wie die Kinder auf den Bildern ihren Körper pflegen.

b) Was ist dir wichtig bei deiner Körperpflege?

c) Was brauchst du für deine Körperpflege?

2 Fragen rund um die Körperpflege

a) Sammelt Fragen zur Körperpflege. FRAGEKISTE
Einige Antworten könnt ihr auf den Zetteln auf diesen Seiten finden.
Antworten für:
Jungen
Mädchen
für Jungen und Mädchen

b) Wo könnt ihr euch noch informieren? Wen könnt ihr fragen?

Wie reinigst du als Junge deinen Intimbereich?

Bei Jungen nennt man den gesamten Unterleib von der Darmöffnung am Po bis zu den Hoden und dem Penis Intimbereich.
Hodensack und Penis solltest du mit warmem Wasser waschen. Zieh die Vorhaut vom Penis vorsichtig zurück. Darunter kann sich ein weiß-gelber Belag aus Samenflüssigkeit bilden, der unangenehm riecht.

Warum solltest du möglichst auf Seife verzichten?

Seife zerstört den natürlichen Schutz der Haut. Sie kann die Haut so reizen, dass sie juckt und brennt. Nimm besser eine milde Lotion.

Wie oft solltest du dich täglich unter den Armen und zwischen den Beinen waschen?

Wasch dich zweimal täglich.

Was sind Mitesser und Akne?

In der Pubertät wird die Haut fettiger. Dadurch können kleine gelbliche Pickel mit einem schwarzen Punkt entstehen. Das sind Mitesser. Aus entzündeten Mitessern entstehen dicke rote Pickel, die sich mit Eiter füllen. Das ist Akne.

• in Texten Informationen über Körperpflege und Körperhygiene finden

Wie reinigst du als Mädchen deinen Intimbereich?

Bei Mädchen nennt man den gesamten Unterleib von der Darmöffnung am Po bis zur Scheide Intimbereich. Du solltest die Schamlippen sowie die Gegend um den Darmausgang mit warmem Wasser waschen, und zwar immer von der Scheide zur Darmöffnung hin. So können keine Bakterien vom Darm in die Scheide kommen und dort Entzündungen hervorrufen.

Warum solltest du dich in der Pubertät besonders gründlich waschen?

In der Pubertät produziert die Haut mehr Fett und Schweiß. Wer sich zu wenig wäscht, riecht unangenehm.

Womit solltest du den Intimbereich reinigen?

Lauwarmes Wasser und höchstens eine milde Waschlotion reichen aus.

Warum darf man auf entzündeten Pickeln nicht herumdrücken?

Durch das Ausdrücken von Pickeln können bleibende Narben entstehen.

Was ist eine Binde?

Eine Hygienebinde wird als Einlage in den Slip gelegt und verhindert, dass dieser während der Monatsblutung verschmutzt wird.

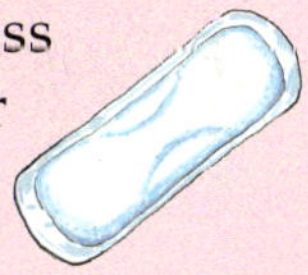

Was ist ein Tampon?

Der Tampon ist ein Zäpfchen aus Watte. Er wird während der Regelblutung in die Scheide geschoben. Dort saugt er das Blut auf.

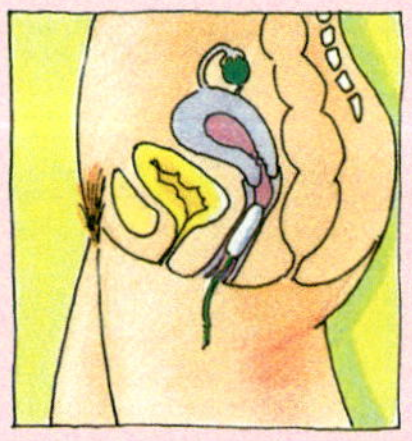

An einem Rückholfaden zieht man ihn wieder heraus.

Methodentraining

Wir informieren uns in der Bücherei

Wozu?

- Du findest dort Bücher, Spiele, CDs und vieles mehr.
- Du kannst sie dort ausleihen und musst sie nicht kaufen.

Wie geht das?

- herausfinden, wo es die nächste Bücherei gibt* und wie man dort hinkommt
- Informationen über die Bücherei sammeln

Adresse der Bücherei
Telefonnummer
Internet-Adresse
Öffnungszeiten
Ausleihfristen
Gebühren

***TIPP!**
in eine Internet-Suchmaschine
Bücherei + Namen deiner Stadt eingeben

- Für die Anmeldung ein Formular besorgen und ausgefüllt abgeben:

Nachname des Benutzers: ____________________

Vorname des Benutzers: ____________________

Geburtsdatum: ____________________

Schule: ____________________

Adresse: ____________________

Ich bin damit einverstanden, dass mein Sohn/
meine Tochter Mitglied der Stadtbücherei wird.

Datum, Unterschrift Erziehungsberechtigte/r

- -

- Ausweis gut aufbewahren und bei jeder Ausleihe vorzeigen

Wie fange ich an?

Besuche eine Bücherei. Schaue dich um und versuche, folgende Fragen zu beantworten:

1. Welche Dinge kannst du dir in deiner Bücherei ausleihen?
2. Wie sind die Bücher geordnet?
3. Wie kannst du ein bestimmtes Buch finden?
4. Wen kannst du fragen, wenn du etwas nicht findest?
5. Gibt es dort einen Internetzugang, den du benutzen kannst?

6. Suche in deiner Bücherei nach folgenden Dingen:
   - Peter Härtling: Ben liebt Anna
   - Jörg Müller: Ganz schön aufgeklärt!
   - Astrid Lindgren: Ronja Räubertochter
   - Kinderlexikon
   - Asterix bei den Galliern
   - Der kleine Ritter Rost
   - Das Dschungelbuch
   - Löwenzahn

Unsere Zeitung

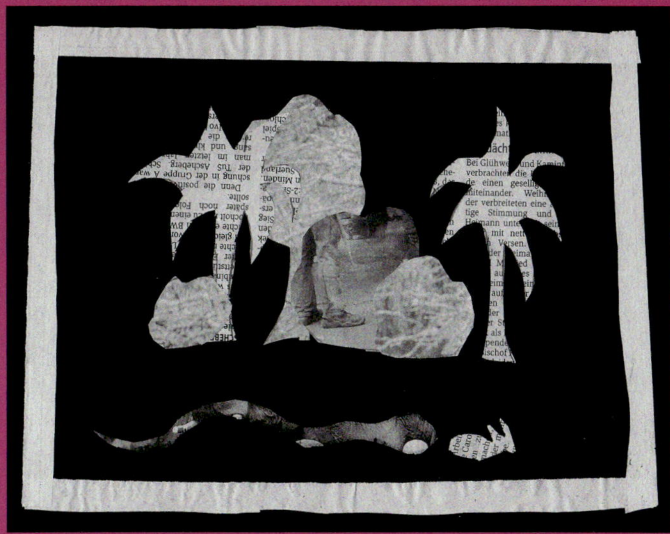

Diese Zeitungscollagen haben Kinder einer vierten Klasse hergestellt.

- Welche Bild-Ideen habt ihr für eine Zeitungscollage?
  Reißt oder schneidet kleine Stücke aus Zeitungen aus und klebt sie auf.
- Was kannst du sonst noch mit einem Zeitungsblatt machen?

Was steht heute in der Zeitung?

1 Nachrichten

a) Was habt ihr schon einmal in einer Zeitung gelesen? Erzählt.

b) Sammelt Zeitungen und bringt sie mit. Untersucht sie in Gruppen.
- Was sind für euch die wichtigsten Artikel? Schneidet sie aus und klebt sie auf ein Plakat.
- Vergleicht eure Plakate und begründet eure Auswahl.

2 Seitenköpfe

a) Findet heraus, wie Zeitungen aufgebaut sind. Schneidet dazu die Seitenköpfe aus. Klebt sie in der richtigen Reihenfolge auf.

b) Vergleicht die Reihenfolge an verschiedenen Wochentagen. Was fällt euch auf? Warum ist das so?

c) Auf welchen Seiten könnten diese Schlagzeilen stehen? Schreibt sie neben die entsprechenden Seitenköpfe.

Bürgermeister Holz eröffnet Schwimmbad

Bundeskanzlerin besucht Frankreich

Unser Wetter

Burghausen schlägt Bayern München

Fernsehprogramm des Tages

Schwere Sturmflut an der Nordsee

Keith-Haring-Ausstellung in Berlin eröffnet

3 Das lesen wir gerne

a) Welche Kinderzeitschriften kennt ihr? Stellt sie euch gegenseitig vor.

b) Schreibt Steckbriefe für eine Zeitschriften-Ausstellung.

Titel: Geolino
Preis:
Themen:
für Leser ab ... Jahren

Name der Zeitung

Anzeigen sind Werbungen oder kurze Mitteilungen.

Spalten sind leserfreundlich, weil sie die Zeilen verkürzen.

Eine **Meldung** ist ein kurzer Hinweis auf ein Ereignis ohne eigenen Kommentar.

Im **Impressum** steht die Adresse der Zeitung und wer für den Inhalt verantwortlich ist.

Ein **Artikel** ist jeder zusammenhängende Text in der Zeitung.

- verschiedene Zeitungen kennenlernen und auf eigene Interessensgebiete hin auswerten
- Aufbau von Zeitungen untersuchen
- Kinderzeitschriften kennenlernen und bewerten

Im **Seitenkopf** steht die Überschrift der Seite.

Schlagzeilen sollen zum Lesen anreizen.

Unterzeilen liefern erste Informationen.

Ein **Bericht** ist eine ausführliche Meldung ohne Stellungnahme.

Rubriken sind feststehende, immer wiederkehrende Überschriften.

Der **Kommentar** ist die persönliche Stellungnahme zu einer Nachricht in der Zeitung.

Bildunterzeilen geben Erklärungen zum Bild.

4 Kleines Zeitungslexikon

Abonnement
Anzeige
Artikel
Bericht
Grafik
Impressum
Interview
Journalist – Journalistin
Kommentar
Layout
Leserbrief
Meldung
Nachricht
Presse
Redaktion
Reportage
Rubrik
Schlagzeile
Spalte
Zusteller – Zustellerin

a) Welche Wörter kennt ihr nicht? Schlagt sie nach.

b) Schreibt die Begriffe auf ein Plakat. Erklärt sie oder klebt passende Zeitungsausschnitte dazu.

5 Unsere Klassenzeitung

a) Wie soll eure Zeitung heißen?

b) Sammelt Themen für eure Klassenzeitung:

Interviews
Rätsel
Klassenfahrt
Comic
besondere Ereignisse
Witze
Fotos und Bilder
Basteln
Berichte, Reportagen, Meldungen
Ausflüge

c) Macht einen Arbeitsplan:
- Wer entwirft die Titelseite?
- Wer schreibt welchen Artikel?

d) Sammelt Informationen und Bilder für eure Texte. Einige Schreibhilfen findet ihr auf den folgenden Seiten.

e) Überarbeitet eure Texte in Schreibkonferenzen.

f) Entscheidet, welcher Artikel auf welche Seite kommt.

g) Gestaltet eure Seiten mit dem Computer.

Layout: Seite 104

Berichte vom Tage

1 Was steht in der Zeitung?

a) Vergleicht die Zeitungsmeldung mit Laras Text aus der Geschichtenmappe.

b) Zu einem vollständigen Bericht in der Zeitung gehören diese Informationen. Sucht sie im Zeitungstext und in Laras Text.

> **Was** geschah?
> **Wo** und **wann** geschah es?
> **Wer** war beteiligt?
> **Wie** geschah es?
> **Warum** kam es zu dem Ereignis?

c) Welche Teile in Laras Text passen nicht zu einem Zeitungsbericht?

d) Schreibt eigene Berichte für eure Klassenzeitung.

Layout: Seite 104

Köln (prp). Starke Sturmböen sind am Sonntagnachmittag über Köln gezogen. Bäume stürzten auf Autos, versperrten Hauseingänge und beschädigten Dächer. Die Feuerwehr rückte zu rund 20 Einsätzen aus, vier Personen wurden verletzt.

Das schwere Unwetter hat im gesamten Stadtgebiet Schäden angerichtet. Zahlreiche Bäume wurden umgeknickt, parkende Autos beschädigt und Dächer abgedeckt. Die Bahn unterbrach ihren Verkehr für eine halbe Stunde, weil Bäume auf Schienen und Oberleitungen gefallen waren. Für die Aufräumarbeiten mussten zahlreiche Straßen gesperrt werden.

2 Schlagzeilen

a) Dem Zeitungstext fehlt noch die Schlagzeile. Welche dieser Schlagzeilen sind interessant? Welche sind langweilig? Findet Gründe dafür.

Sturm wütet in Köln

Der Sturm am Nachmittag

Innenstadt lahmgelegt

Feuerwehr im Dauereinsatz

Die Feuerwehr berichtet von ihrer Arbeit

b) Sammelt interessante Schlagzeilen aus Zeitungen. Klebt sie auf oder mixt aus mehreren Schlagzeilen lustige neue.*

Osterhase überfällt Tankstelle

Räuber bringt Ostereier

c) Schreibt interessante Schlagzeilen für eure Zeitungsberichte.

***TIPP!**
Mixt auch Teile von Zeitungsberichten.

- Textsorten Bericht und Erzählung vergleichen: Kriterien für einen Zeitungsbericht kennenlernen
- einen Zeitungsbericht schreiben
- Schlagzeilen beurteilen und verfassen

Wir hatten einen schweren Sturm. Plötzlich krachte es laut auf der Straße. Vor Schreck habe ich meine Tasse fallen lassen. Das gab eine große Milchpfütze auf dem Teppich. Meine Mama und ich wollten draußen nachsehen, was passiert war. Als wir die Haustür öffneten, schrie Mama laut auf. Wir waren im Haus gefangen: Eine riesige Baumkrone versperrte den Eingang.

Lara

3 Eine Reporterin vor Ort

Wann haben Ihre Männer die Straße gesperrt

Wie viele Einsätze hatten Sie heute

Helfen Ihnen die Anwohner beim Räumen der Straße

Wir mussten an zwölf Stellen in der Stadt helfen

Hier packt jeder mit an

Das war gegen 16 Uhr

a) Schreibe die Fragen der Reporterin mit den Antworten des Feuerwehrmanns auf.
Welche Satzzeichen fehlen? Setze sie ein.

b) Die Reporterin spricht den Feuerwehrmann nicht mit **du** an. Welche Anrede benutzt sie stattdessen?

c) Unterstreiche in jedem Satz das Pronomen, das die Reporterin als höfliche Anrede gebraucht.
Was fällt dir auf?

4 Lernplakat Pronomen: **Höflichkeitsformen**

In der höflichen Anrede schreibt man alle Formen von Sie und Ihr gr

5 Ein Einsatzleiter gibt Auskunft

Setze diese Pronomen in die Lücken ein:

Sie | Ihnen | Ihre | Ihren

Ich beantworte ___ gerne alle Fragen.

___ dürfen die Leute bei der Arbeit fotografieren.

Jetzt zeige ich ___ unsere Ausrüstung.

Bitte warnen ___ ___ Leser vor morschen Bäumen.

Vergessen ___ ___ Notizblock nicht.

5 Ab in die Redaktion!

Die Reporterin flitzt zur Redaktion. Dort angekommen merkt sie, dass sie ihre Kamera vergessen hat. Sie muss sie erst holen. Als sie ihren Bericht endlich fertig hat, ist es zu spät: Die Zeitung für den nächsten Tag ist schon im Druck.

a) Schreibe den Text ab. Unterstreiche alle Pronomen.

b) Warum werden die Pronomen in diesem Text kleingeschrieben?

Methodentraining
- Layout

- Satzschlusszeichen im Aussage- und Fragesatz setzen
- Großschreibung von Pronomen in der höflichen Anrede kennenlernen

Zeitschriften für uns

1 Schreib was für die Klassenzeitung!

Was gefällt euch in Kinderzeitschriften besonders gut? Was könnt ihr für eure Klassenzeitung übernehmen?

2 Kreuzworträtsel

a) Überlege dir ein Lösungswort. Schreibe es in Großbuchstaben senkrecht auf Kästchenpapier.

b) Suche passende Wörter für die waagerechten Reihen.

c) Nummeriere jede Reihe.

d) Umschreibe die Rätselwörter.

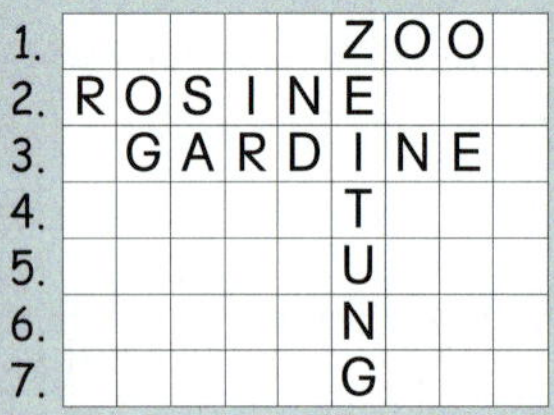

1. Tierpark
2. getrocknete Weintraube
3. ...

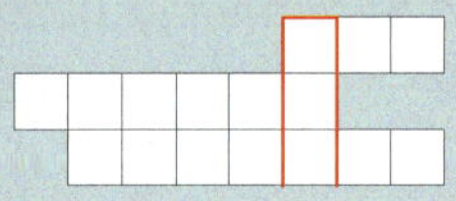

e) Zeichne das passende Kästchenmuster neben deine Umschreibungen. Ziehe einen Rahmen um die Kästchen für das Lösungswort.

f) Löse dein Rätsel zur Kontrolle selbst.

Rätsel

Womit schmückt sich Mücke an Karneval? Lies die Buchstaben in den farbigen Kästchen von oben nach unten. Dann weißt du es.

Schon gewus...

Garantiert ohne Erdbeeren

Erdbeerjogurt steht drauf. Doch die Erdbeeren sind bloß auf den Becher aufgemalt. Aber es schmeckt doch richtig nach Erdbeeren ...

Wenn wirklich überall Erdbeeren drin wären, wo „Erdbeeren" draufsteht, würde die gesamte Erdbeerernte der Welt nicht ausreichen! Für viele Erdbeerpuddings, Erdbeerkrems und für Erdbeereis wird Erdbeergeschmack deshalb „gezaubert". Von Lebensmittelchemikern. Sie haben herausgefunden, dass das Aroma einer reifen Erdbeere aus 320 verschiedenen Geschmacksstoffen besteht. Das sind viele! Aber unsere Zunge lässt sich leicht belügen. Schon ein paar dieser Aromastoffe genügen, um ihr den Erdbeergeschmack vorzugaukeln.

Und die Fruchtstückchen? Eingekochtes Fruchtmus: Es wird mit dem Aromastoff „auf Erdbeere getrimmt".

Übrigens: Testpersonen sollten unter verschiedenen Arten Erdbeergeschmack den echten herausschmecken. Verloren: Die Kunstprodukte schmeckten für die Leute „echter".

Du denkst, das ist Betrug? Unser Lebensmittelgesetz erlaubt das. Wenn du dir die Zutatenliste auf einem der Becher auf dieser Seite durchliest, klingt das rätselhaft. Auf Deutsch heißt das: „Das Erdbeerrosa ist Farbe, der Geschmack hauptsächlich Chemie." Empfindliche Menschen können darauf allergisch reagieren ...

Was tun?

Natürlich gibt es Jogurts, in denen auch die Früchte stecken, die draufgemalt sind. Faustregel für den Einkauf: Je weniger unbekannte Wörter und Buchstaben mit Zahlen auf einer Verpackung stehen, umso natürlicher sind die Zutaten!

Fotos: R. M. Merlin; Zeichnung: C. Faltermayr.

3 Sil-ben-rät-sel

a) Schreibe dein Lösungswort senkrecht auf. Jeder Buchstabe wird der Anfangsbuchstabe eines weiteren Wortes.

b) Nummeriere und umschreibe die Wörter.

1. Schneemassen	LAWINE
2. Schluss	ENDE
3. ...	SARDINE
	E ...
	R ...

c) Zerlege die Lösungswörter in Silben und ordne sie alphabetisch:
DE DI EN LA NE NE SAR WI ...

d) Löse dein Rätsel zur Kontrolle selbst.

e) Schreibe eine kurze Anleitung für die Leser dazu.

- sich durch Kinderzeitschriften zu eigenen Textproduktionen anregen lassen
- Begriffe für Rätsel umschreiben
- Wörter in Silben segmentieren
- eine Anleitung schreiben

Gedicht des Monats

Verblühter Löwenzahn

Wunderbar
stand er da im Silberhaar.

Aber eine Dame,
Annette war ihr Name,
machte ihre Backen dick,
machte ihre Lippen spitz,
blies einmal, blies mit Macht,
blies ihm fort die ganze Pracht.

Und er blieb am Platze
zurück mit einer Glatze.

Josef Guggenmos

Lückenfüller

Die Oma von Lena ist sehr neugierig. Jeden Tag nach der fragt : „ was war denn in der los?" Weil die Lehrerin von nicht persönlich kennt, will sie heute wissen: „Wie sieht denn deine aus?" sagt: „Meine … hatte ein Nachthemd an!" macht große : „Ein in der ? Das darf eine nicht!" meint: „Aber das meiner war sehr schön. Zuerst war es so weiß wie die weiße …" wird blass und ruft: „Eine weiße in der ?"

… auf Seite 21!

Wir hätten lieber einen Tisch ohne „schönen Ausblick"!

4 Rechtschreib-Rätsel

a) Sammle Wörter mit der Endung **-ine**.

-ine

b) Mache daraus ein Rätsel wie in Aufgabe 3.

Apfelsine Mandarine Gardine Maschine
Kusine Turbine Margarine Ruine Kabine

5 Gedichte

Nachrichten aus der 4b

In unserer Klasse ist was los.
Wir sind die Kinder der 4b.
Am Montag gibt's den Klassenrat.
Wir sind die Kinder der 4b.
Dienstags und mittwochs wird gejoggt.
Der Donnerstag macht uns zu Künstlern.
Wir sind die Kinder der 4b.
Jeden Freitag freuen wir uns auf …

a) Diese Gedichtform heißt Rondell. Ein Rondell hat immer 8 Zeilen. Bestimmte Zeilen wiederholen sich. Finde heraus, welche das sind.

b) Schreibt gemeinsam ein Rondell, das zu eurer Klasse passt:
Sammelt mehrere Aussagesätze.
Die wichtigste Aussage sollte sich wiederholen.
Überlegt eine passende Überschrift.

c) Schreibe ein eigenes Rondell.

d) Setzt eure Gedichte in die Klassenzeitung.

6 Bildwörter im Text

Viele jüngere Leser mögen es, wenn Bildwörter im Text stehen.

a) Schreibe eine kurze Geschichte.

b) Welche Nomen kannst du malen?
Ersetze sie durch Bilder.

c) Schreibe eine Legende, die die Bilder erklärt.

7 Steckbriefe

Stellt euch selbst oder andere Personen aus der Schule in Steckbriefen vor.

Wunderbare Werbewelt

1 Werbung für wen?

Diese Werbeanzeigen standen in einer Kinderzeitschrift.

a) Würdest du eines dieser Produkte kaufen? Begründe deine Meinung.

b) Untersuche eine der Anzeigen. Schreibe in Stichworten auf:
- Was zeigt das Bild?
- Wofür wird geworben?
- Was erfährst du über das Produkt?
- Wie lauten die Werbesprüche?
- Was fällt dir sonst noch auf?

c) Schreibe auf, wo du überall Werbung findest.

2 Werbewörter – Werbesprüche

a) Schneidet auffällige Wörter und Sprüche aus Werbeanzeigen aus. Klebt sie auf ein Plakat.

b) Welche Wortarten kommen oft vor? Sammelt die Wörter in einer Tabelle:

Nomen	Adjektive	Verben

c) Welche Wörter aus anderen Sprachen findet ihr? Warum werden sie verwendet? Schreibt sie auf und findet heraus, was sie bedeuten.*

*TIPP!
Beispiele findest du rechts.

Fremdwort	Bedeutung
mega	groß
spezial	besonders
ultra	über das Maß hinaus
super	sehr, äußerst
total	ganz, vollständig
absolut	vollkommen
extrem	zugespitzt, an der Grenze
ideal	vollkommen, vorbildlich
extra	…
fantastisch	…

3 Super-Wörter

süß stark groß sauer neu rot
scharf fruchtig gesund bunt gut
frisch weiß billig lecker saftig
preiswert knusprig schön schnell

a) Steigere diese Adjektive:

Grundform	1. Vergleichsstufe	2. Vergleichsstufe
süß	süßer	am …

b) Erkläre, warum in Werbetexten häufig die Adjektive gesteigert werden.

c) Erfinde neue Super-Wörter: supersüß, megafruchtig, …

- Werbeanzeigen auf ihre Eigenschaften und Wirkungen untersuchen
- Fremdwörter aus der Werbung sammeln und erklären
- Wiederholung: Steigerung von Adjektiven
- neue Zusammensetzungen von Adjektiven für Werbung erfinden

4 Super-Sachen

Jeans | Zeitung | Marmelade | Lineal | Fahrrad

Zähle mindestens 3 Adjektive auf, die zu diesen Nomen passen. Setze Kommas wie im Beispiel:
Das ist die modernste, schönste, bequemste und haltbarste … .

5 Lernplakat: **Komma**

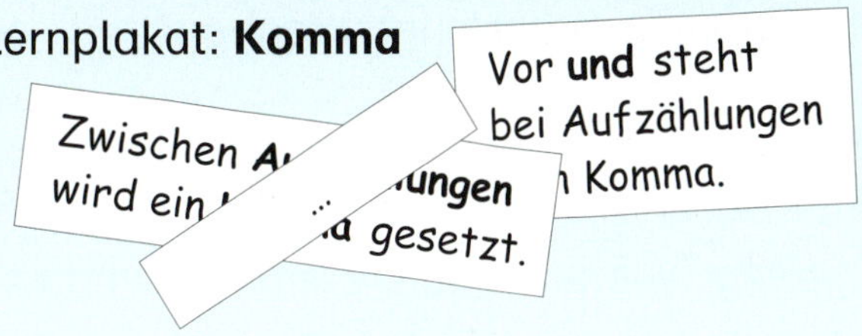

6 Selbst werben

a) Bildet Gruppen und gestaltet eine Werbeanzeige für einen Fußball oder ein Springseil:
- Welche Informationen sind wichtig?
- Wen wollt ihr ansprechen?
- Welche Bilder und Farben braucht ihr?
- Wie soll euer Werbespruch lauten?
- Wie wollt ihr die Schrift gestalten?

Layout: Seite 104

b) Untersucht eure Anzeigen wie in Aufgabe 1. Vergleicht sie miteinander.

Englisch	Bedeutung
body	Körper
dream	Traum
fit	gesund, kräftig
happy	glücklich
cool	kühl, gelassen
play	spielen
power	Kraft, Stärke
taste it	probiere es
…	…

7 Für oder gegen Werbung?

a) Sammelt zuerst in Gruppen möglichst viele Argumente für und gegen Werbung.

b) Bildet dann 2 Mannschaften:
- Jede Mannschaft lost ihre Sprecher-Reihenfolge aus.
- Abwechselnd tragen die Sprecherinnen und Sprecher für ihre Gruppe ein Argument vor. Dabei ist es egal, ob sie für oder gegen Werbung argumentieren.
- Wichtig: Argumente dürfen nicht wiederholt werden!
- Die Gruppe, die als erste kein Argument mehr findet, hat verloren.

Methodentraining
- Gruppenarbeit
- Layout

Eine Zeitung entsteht

1 So wird eine Zeitung gemacht

a) Die Texte und Bilder in der Seitenmitte erklären, wie eine Zeitung hergestellt wird. Macht ein Schaubild dazu. Schaubild: Seite 68

b) Welche Schritte könnt ihr für eure Klassenzeitung übernehmen? Was müsst ihr anders machen?

c) Wer übernimmt welche Aufgaben?

Der Redakteur schreibt zu neuen, wichtigen und interessanten Nachrichten Artikel.

2 Preisfrage

a) Überlegt, wie teuer eure Zeitung sein darf.

b) Schreibt auf, wie viel Geld ihr für Papier und Kopien pro Zeitung ausgeben müsst. Berechnet danach eure Kosten.

c) Zu welchem Preis soll eure Zeitung verkauft werden?

Fertige Seiten werden auf Druckplatten für den Druck vorbereitet.

3 Die Zeitung unter die Leute bringen

a) Wo findet ihr Käufer für eure Zeitung?

b) Wie wollt ihr eure Zeitung bekanntmachen? Entwerft Werbeanzeigen.

Über Transportbänder werden die fertigen Zeitungen zu Stationen gebracht, um z.B. Prospekte einzuschieben.

- sich über den Herstellungsprozess einer Zeitung informieren
- eine eigene Zeitung herstellen, bewerben und vertreiben

In der Redaktionssitzung wird entschieden, welche Artikel in der Zeitung erscheinen.

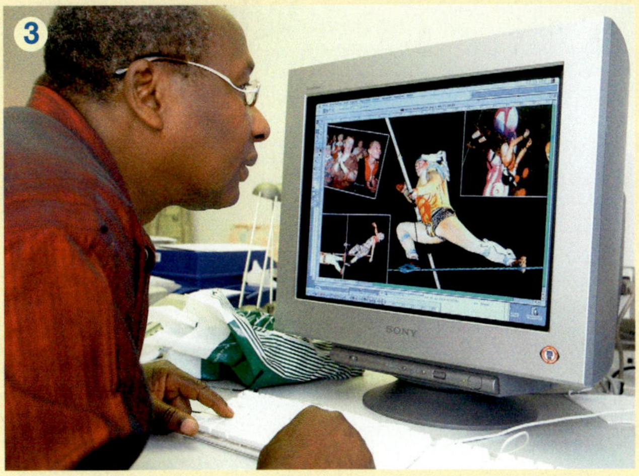

Der Layouter bearbeitet Fotos am Computer und setzt sie dann passend in die Seiten ein.

Die fertigen Druckplatten werden in die Maschine eingespannt. Jetzt kann die Zeitung gedruckt werden.

Zum Schluss werden die Zeitungen über einem Falztrichter geknickt. Danach werden sie geschnitten.

Die fertigen Zeitungen werden mit Folie zu Paketen gerollt und über ein weiteres Förderband für den Versand in Autos verladen.

Zusteller und Zustellerinnen bringen die Zeitungen morgens früh zu Leuten, die sie abonniert haben.

Methodentraining
Wir gestalten ein Layout*

ohne Layout

mit Layout

* englisch, sprich: Läi-aut

Wozu?

- Mit Bildern und Texten gut gestaltete Seiten sehen schön aus.
- Sie werden gern gelesen, weil man sich darauf schnell zurechtfindet.

Wie geht das?

… mit Schere und Kleber

Texte

- Texte mit schwarzem Filzstift abschreiben oder am Computer schreiben
- **Überschriften** hervorheben
- Namen des Autorenkindes daruntersetzen
- Texte für eine Seite auswählen und ausschneiden

Bilder

- Fotos aussuchen oder Bilder malen

Layout

- Texte und Bilder möglichst in Spalten anordnen
- Texte und Bilder so verteilen, dass die Seite nicht zu voll wird
- zum Schluss alles aufkleben

… mit dem Computer

- Schriftart und Schriftgröße für alle Artikel festlegen
- Artikel in Textfelder schreiben und speichern
- **Überschriften** hervorheben
- Texte für eine Seite auswählen und öffnen
- Textfelder kopieren und in die Zeitungsseite einfügen

- Fotos suchen oder Bilder scannen*
- Bilder und Fotos in eigene Textfelder einfügen

- Texte und Bilder möglichst in Spalten anordnen
- Texte und Bilder so verteilen, dass die Seite nicht zu voll wird

INFO!
Das macht man mit einem Scanner*, der Bilder fotografiert und im Computer speichert.
*sprich: Skänner und skännen

Frohe Ostern

Der Winter ist vorüber

Volkslied aus der Schweiz

Der Winter ist vorüber, bald wird es Frühling sein,
der Mai ist schon im Kommen, ich hör den Kuckuck schrein.
Kuckuck, Kuckuck, bald wird es Frühling sein,
der Mai ist schon im Kommen, ich hör den Kuckuck schrein.

Italienisch:
L'inverno è passato, l'aprile non c'è più
è ritornato il maggio col canto del cucù.
Cucù, Cucù, l'aprile non c'è più
è ritornato il maggio col canto del cucù.

Dies ist ein bekanntes Frühlingslied aus der Schweiz.

- Welche Wörter aus dem italienischen Text kannst du verstehen?
- Was heißt April und was heißt Mai auf Italienisch?
- Kennst du noch weitere Monatsnamen in anderen Sprachen?

Zu Ostern isst man in Italien die Colomba, das ist ein Kuchen in Form einer Taube. Dazu erzählt man sich folgende Legende: Der brutale König Alboino hatte die Stadt Pavia nach dreijähriger Belagerung erobert und forderte die 12 schönsten Mädchen der Stadt als Beute. Eins der Mädchen schlug vor, Alboino mit einem besonderen Kuchen zu besänftigen. Sie formten den Kuchen in Form einer Taube als Zeichen des Friedens. Tatsächlich rührte der Kuchen den König so, dass er den Mädchen die Freiheit schenkte und Pavia zur Hauptstadt seines Reiches machte.

Colomba

Zutaten: 300 g Mehl, 1 Tasse lauwarmes Wasser, 15 g Hefe, 100 g Butter, 75 g Orangeat, 75 g Zitronat, 75 g Zucker, 25 g Milch, 3 Eier, geriebene Schale einer unbehandelten Zitrone

- Hefe in lauwarmem Wasser auflösen
- 150 g Mehl in eine Schüssel geben und die Hefemischung hineinrühren
- das restliche Mehl in eine andere Schüssel geben, nacheinander die anderen Zutaten unterrühren
- nach 20 Minuten beide Mischungen zu einem Teig verarbeiten
- den Teig 40 Minuten abgedeckt an einem warmen Ort gehenlassen
- den Teig zu einer Wurst rollen und wie in der Zeichnung zu einer großen Taube oder mehreren kleinen Tauben formen
- eine Rosine als Auge in den Kopf stecken
- die Teigoberfläche mit Eiweiß bepinseln und Zucker darüberstreuen
- ca. 30 Minuten bei 170 °C im Ofen backen

Osterei

In vielen Kulturen gelten Eier als Zeichen für Fruchtbarkeit und für den Frühlingsanfang. Für die Christen sind die Eierschalen auch ein Symbol für das aufgebrochene Grab, aus dem Jesus auferstanden ist. Im Mittelalter mussten Pächter am Gründonnerstag ihrem Lehnsherren den Pachtzins zahlen. Diesen konnte man auch in Form von Eiern abgeben, die damals schon als Ostereier bezeichnet wurden. Da in der Fastenzeit keine Eier gegessen werden durften, die Hühner aber nicht mit dem Legen aufhörten, ließ man zu Ostern die Eier in der Kirche weihen und verschenkte sie.

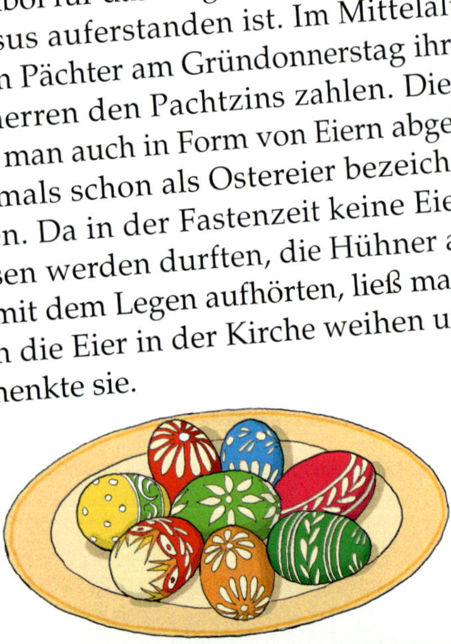

Osterhase

Seit etwa 400 Jahren gilt der Osterhase als der Überbringer bunt bemalter Eier. Es ist nicht genau geklärt, warum das Langohr zum Ostersymbol geworden ist. Der Hase galt schon lange als Zeichen für Fruchtbarkeit. Deswegen passt er gut zum Osterfest.

Übrigens:

Ostern feiern wir nicht immer am gleichen Tag im Jahr. Das Fest findet am Wochenende nach dem ersten Vollmond im Frühling statt.

Von Kopf bis Fuß

Dieses Bild stammt von dem Künstler Paul Klee.
Er hat viele Bilder aus nur einer Linie gemalt.

- Was entdeckst du an und in dieser Figur?
- Stelle selbst Figuren her:
  - aus einer Linie,
  - aus einem aufgeklebten Faden,
  - aus einem gebogenen Draht.

In den Körper geschaut

1 Das Skelett

a) Welche Knochen deines Skeletts kannst du deutlich fühlen? Wie heißen sie?

b) Untersuche das Skelett des Menschen. Welche Knochen findest du …?

einmal	zweimal	mehrfach

c) Stelle dir vor, deine Hände (Arme, Beine, …) hätten nur einen Knochen. Was wäre anders?

Der Körper eines Erwachsenen hat insgesamt **206 Knochen**. Ein Baby hat **350 Knochen**. Sie sind noch weich und wachsen erst später zusammen.

Das **Skelett** eines Erwachsenen wiegt etwa **9 kg**. Der **größte Knochen** ist der Oberschenkelknochen. Der **kleinste Knochen** sitzt im Ohr. Er ist 5 mm lang.

Knochen sind **außen hart** und **innen löchrig**. So können sie nicht so schnell brechen.

Das **Skelett** hält den Körper aufrecht.

Die **Rippen** schützen das Herz und die Lunge.

Das **Becken** verbindet die Wirbelsäule und die Knochen der Oberschenkel miteinander.

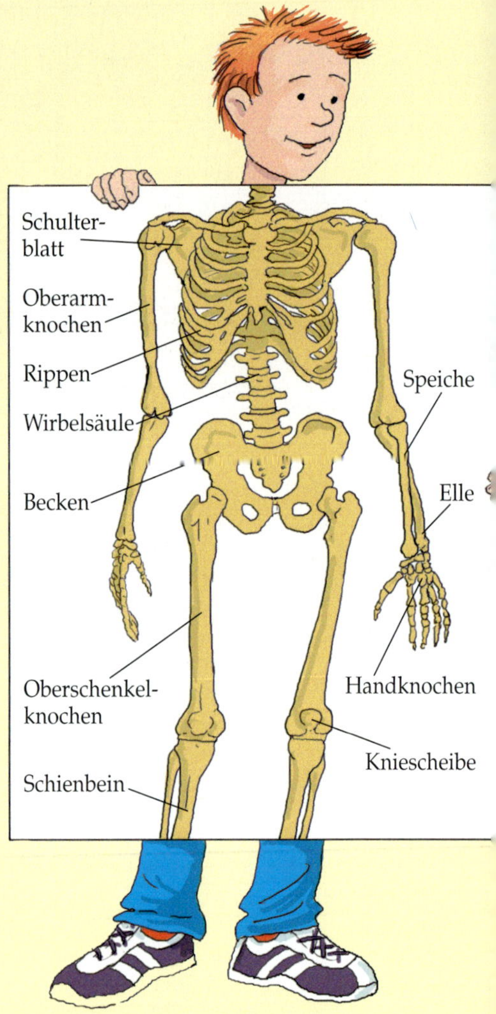

2 Die Wirbelsäule

a) Tastet euch gegenseitig ab. Wo beginnt die Wirbelsäule, wo hört sie auf?

b) Stelle dich hin. Bewege deine Wirbelsäule. In welche Richtung kannst du deinen Oberkörper am besten bewegen?

c) Welche Form hat deine Wirbelsäule? Lege dich flach auf den Boden. Wo kannst du locker deine Hand unter die Wirbelsäule schieben?

d) Baut ein Modell:

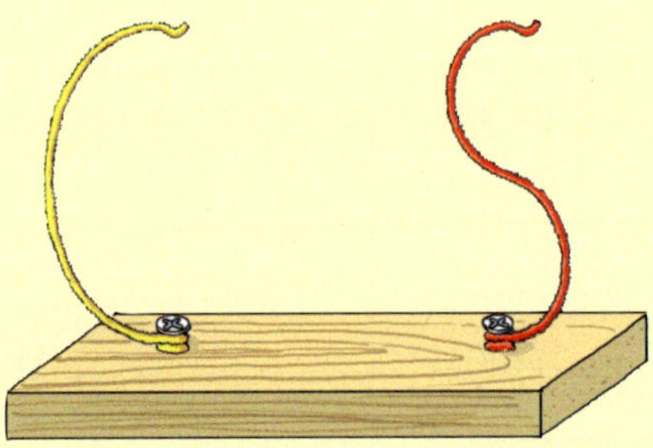

- Hängt Gewichte an die Pfeifenputzer. In welcher Form können sie mehr Gewicht tragen?
- Welche Form gleicht der deiner Wirbelsäule?

Durch das **Körpergewicht** drückt sich tagsüber die Wirbelsäule zusammen. Darum sind die Menschen abends kleiner als morgens.

Die **Wirbelsäule** besteht aus **33 Wirbeln**, die miteinander verbunden sind. Die Wirbelsäule ist biegsam, damit du dich drehen und beugen kannst. Der erste Wirbel trägt den Kopf. Die Gelenke zwischen den Halswirbeln sorgen dafür, dass du nicken und den Kopf schütteln kannst.

• das Skelett des Menschen und seine Funktionen kennenlernen

Der **Körper** braucht das Essen, damit er arbeiten kann.

Im Körper wird die Nahrung in winzige Teile zerlegt. Dieser Vorgang heißt **Verdauung**.

Im **Mund** wird das Essen durch die Zähne zerkleinert. Der **Speichel** macht es nass.

Die **Speiseröhre** schiebt die Nahrung in den Magen.

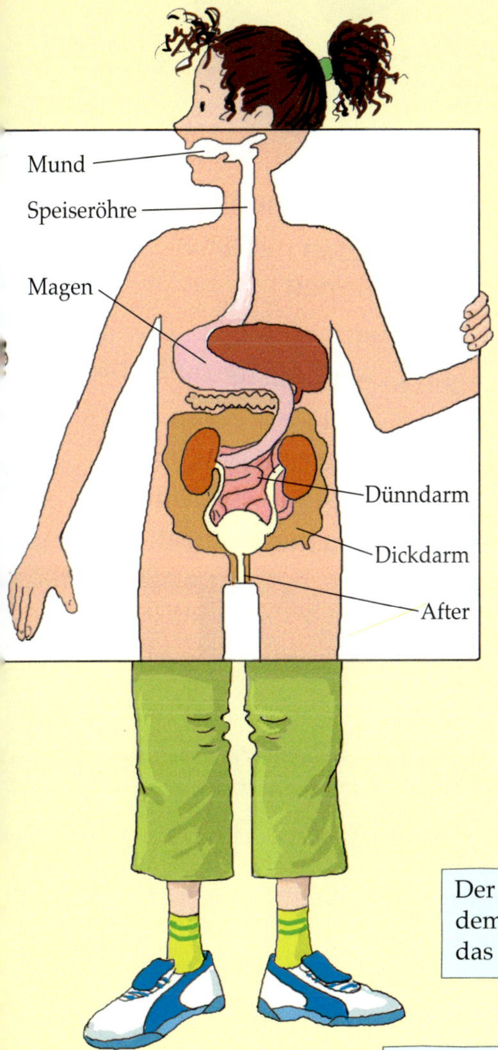

Im **Magen** wird die Nahrung durch die Magensäure zersetzt. Die Magenmuskeln kneten sie durch und schieben sie zum Dünndarm.

Im **Dünndarm** werden die brauchbaren Teile der Nahrung ins Blut aufgenommen. Der Rest wird weitergeschoben.

Der **Dickdarm** entzieht dem Nahrungsbrei das Wasser.

Am **After** werden die unbrauchbaren Reste als Kot ausgeschieden.

Die **Verdauung** einer Mahlzeit dauert etwa 19–36 Stunden.

3 Die Verdauung

a) – Kaue ganz langsam ein Stück Brot. Spüre genau, was passiert.
– Schlucke das Brot anschließend hinunter.
– Beschreibe, was mit dem Brot in deinem Mund geschehen ist.

b) – Welchen Weg nimmt das Brot durch deinen Körper?
– Welche Organe sind an der Verdauung des Brotes beteiligt?
– Welche Aufgaben haben sie?
Die Antworten findest du auf den Karten.

4 Welche Arbeiten leistet der Körper?

Suche Antworten auf den Textkarten und überlege dir eigene Beispiele.

Kopf schütteln | sehen | schlucken | ...

5 Ein Spiel rund um den Körper

Stellt ein eigenes Würfelspiel zu eurem Körper her:
- schreibt Quizfragen
- denkt euch Aktionsaufgaben aus
- bastelt einen Spielplan

Welche Aufgabe hat der Dickdarm bei der Verdauung?

Bewege möglichst viele Körperteile gleichzeitig.

Warum hat ein Baby mehr Knochen als ein Erwachsener?

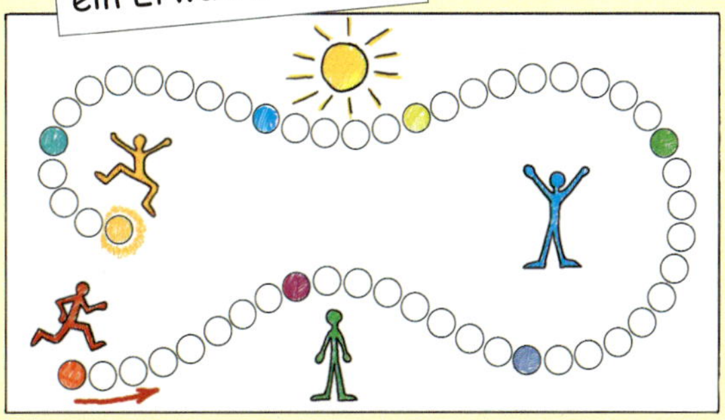

Methodentraining
- Lernkärtchen

- den Vorgang der Verdauung kennenlernen und nachvollziehen
- Funktionen und Leistungen des Körpers erkennen und beschreiben
- ein Spiel zum Körper herstellen

Hilfe in der Not

1 Wie hätte Jans Unfall vermieden werden können? Sammelt Vorschläge.

Jan und Lilli fahren mit ihren Rädern um die Wette. Nur noch eine Kurve, dann haben sie das Schwimmbad erreicht. Beim Abbiegen rutscht Jan auf der sandigen Straße aus und fällt um. Benommen sitzt er auf dem Boden. Aus einer tiefen Wunde an der linken Hand tropft Blut. An seinem linken Knie hat er eine große Schürfwunde …

2 Erste Hilfe

a) Probiert die Erste-Hilfe-Maßnahmen gegenseitig aus. Übt jede Maßnahme.

b) Welche Erste Hilfe braucht Jan?

c) Spielt die Geschichte nach. Leistet Erste Hilfe.

Wunden
- fragen, was passiert ist
- den Verletzten beruhigen und trösten
- bei Bedarf den Verletzten mit einer Jacke oder Decke wärmen
- Handschuhe anziehen
- bei kleinen Wunden ein Pflaster aufkleben
- bei starken Blutungen 112 anrufen, danach einen Druckverband anlegen
- wegen der Infektionsgefahr die Wunde von einem Arzt untersuchen lassen

3 Hilfe rufen 112 … Hilfe!!!

Wenn du bei einem Unfall die Notrufzentrale anrufst, musst du folgende Fragen beantworten:

Wer ruft an?
Wo ist der Unfall passiert?
Was ist passiert?
Wie viele sind verletzt?
Welche Verletzungen gibt es?

Warte ab, ob alles verstanden wurde.

a) Spielt einen Anruf bei der Notrufzentrale.

b) Es gibt viele Stellen, an denen ein Notruf abgegeben werden kann. Sammelt sie.

Achtung!
Niemals einen Notruf ohne ernsthaften Grund abgeben.

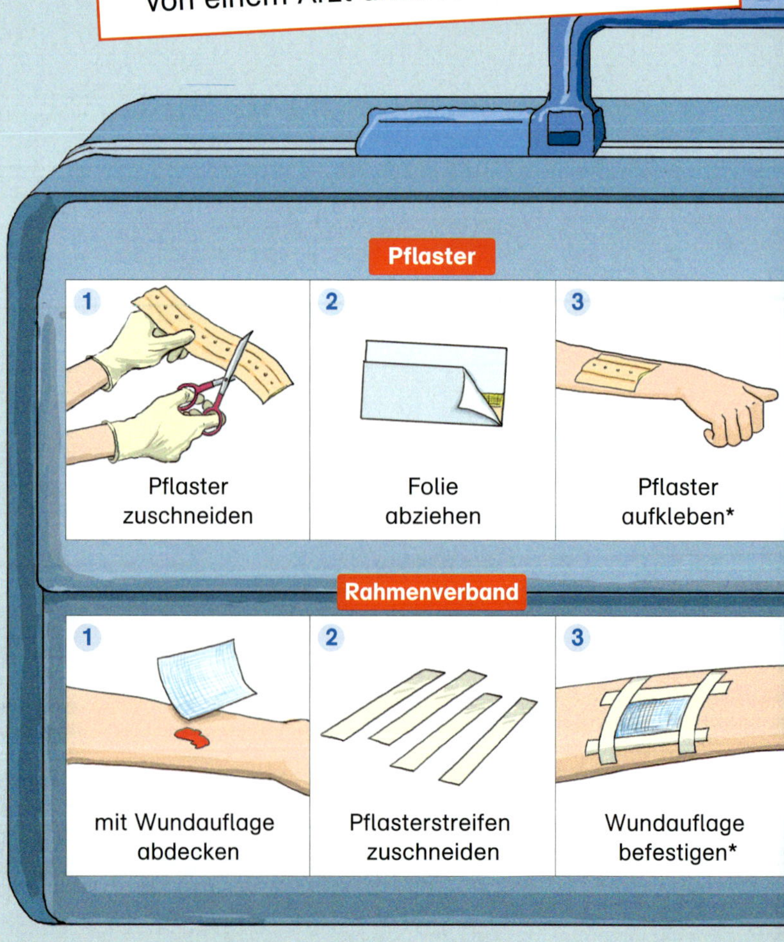

***Hinweis!**
Das Pflaster darf nicht auf der Wunde kleben.

- Maßnahmen zur Unfallverhütung kennenlernen
- Erste-Hilfe-Maßnahmen kennenlernen und ausprobieren
- ein Notrufgespräch führen

Beule am Kopf
- fragen, was passiert ist
- den Verletzten beruhigen und trösten
- den Verletzten bitten, sich hinzulegen
- einen feuchten, kalten Waschlappen auflegen
- den Waschlappen immer wieder mit kaltem Wasser tränken
- bei Kopfschmerzen oder Übelkeit den Verletzten zum Arzt begleiten

Verletzung der Knochen
- fragen, was passiert ist
- den Verletzten beruhigen und trösten
- den schmerzenden Körperteil ruhighalten
- den Körperteil vorsichtig kühlen
- den Verletzten nach Hause oder zum Arzt begleiten

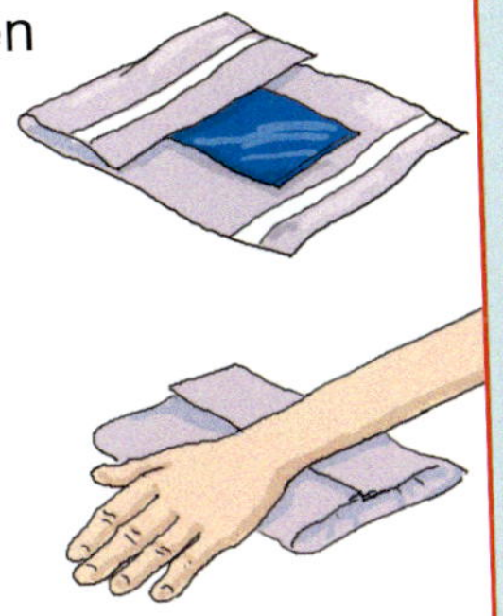

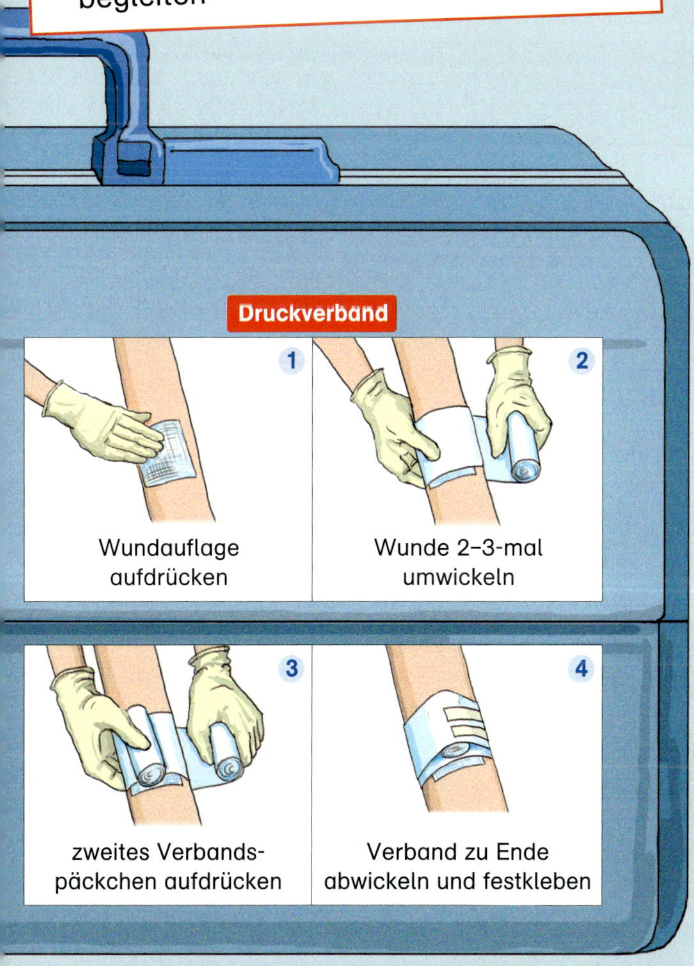

4 Gut versorgt!

Beschreibe mithilfe der Bilder und Stichworte, wie du ein Pflaster oder einen Verband anlegen kannst.
Schreibe dazu eine Anleitung.*
Zuerst schneide ich …

TEXTWERKSTATT Seite 158

***TIPP!** Die Werkstatt-Karte 3 hilft dir.

5 Erste-Hilfe-Fibel

Sammelt Regeln für Erste Hilfe in einem kleinen Buch.

Beule am Kopf
Ich frage, was passiert ist.
Ich beruhige und tröste …
Ich bitte …

6 Satz-Baupläne

winken, geben, schenken, arbeiten, besuchen, helfen, gratulieren, gehorchen, leihen, danken, zeigen

a) Welche Verben passen in diese Baupläne? Baue zu jedem Plan drei Sätze.

A △ ○ ▯

B △ ○ ▯ ▭

b) Erweitere die Wem-Ergänzung in deinen Sätzen.
Ich helfe dem verletzten Kind.

c) Übe weiter mit der Werkstatt-Karte 17. Seite 152 Grammatik-werkstatt

Methodentraining
- Rollenspiel

- den Vorgang beim Pflaster- oder Verbandanlegen beschreiben
- eine Erste-Hilfe-Fibel herstellen
- Verben Satz-Bauplänen zuordnen
- Satzteile erweitern

Atmen

1 Atem-Gedichte

a) Spielt die Gedichte vor. Sprecht dabei sehr deutlich.
Probiert verschiedene Atemmöglichkeiten aus:
- mit Pausen,
- ohne Pausen,
- aufgeregt, …

b) Beschreibt genau, was das Besondere an diesen Gedichten ist.

c) Nehmt die Gedichte auf Kassette auf.

atemgedicht

h (einatmen)
h (ausatmen)
h (einatmen)
h (ausatmen)

h (einatmen)
h (ausatmen)

h (einatmen)
h (ausatmen)
h (einatmen und den atem
gespannt anhalten)

h (erlöst ausatmen)

Gerhard Rühm

2 Mein Atem

a) Werde ganz still und ruhig. Spüre deinen Atem. Lege dazu die Hände auf deinen Bauch.

b) Beschreibe, was du gespürt hast.

c) Zähle deine Atemzüge pro Minute
- nach einer Ruhepause,
- nach 10 Kniebeugen, …

d) Vergleicht eure Ergebnisse und begründet sie.

e) Wozu atmen wir? 

3 Mein Atem-Gedicht

a) Welche Buchstaben kannst du sprechen, während du ein- und ausatmest? Mit welchen Buchstaben geht das nicht so gut?

b) Schreibe ein eigenes Atem-Gedicht. Suche dir einen Buchstaben aus. Beschreibe genau, wie ein- und ausgeatmet werden soll.

f (einatmen)
f (ausatmen)

f (schnell einatmen)
f (schnell ausatmen)
…

c) Schau dir den Hintergrund auf dieser Seite an. Vermute, wie er gemacht wurde.

d) Gestalte den Hintergrund deines Gedichts.

e) Stellt eure Gedichte vor.

- experimentelle Gedichte spielerisch und stimmlich interpretieren
- ein eigenes Atem-Gedicht schreiben und gestalten

Hauch, Hauch, Hauch

H H H H H H H H H
Hauch ich meinen Atem
an die Fensterscheiben
um in meinen Atem
was hineinzuschreiben:

H H H H H H H H H
Hubert, Herbert, Hannelore,
Olga und Beate,
Coca Cola, Maoam,
Uhu und Colgate.

H H H H H H H H H
Hauch in meinen Atem
an die Seitenfenster,
mal ich in meinem Atem
Geister und Gespenster:

H H H H H H H H H
Dracula und Frankenstein,
wilde Drachentiere,
Hexen, Feen, Kobolde,
Zwergen und Vampire.

H H H H H H H H H
Hauch um Hauch hauch
Hauch um Hauch hauch

H H H H H H H H H

Erwin Grosche

4 Redensarten

Auge | Haare | Nase | Fuß | Hals

Da stehen mir ja die  zu Berge!

Das ist mir ein Dorn im .

Ich habe die  voll!

Das hast du aber in den falschen  bekommen.

Heute bin ich mit dem linken  aufgestanden.

a) Schreibe die Redensarten ab und ergänze die fehlenden Wörter. Lass dazwischen immer eine Reihe frei.

b) Was bedeuten die Redensarten wirklich? Ordne zu und schreibe es in die freie Reihe.

Das stört mich sehr. | Ich bin entsetzt! | Heute läuft alles schief. | Das hast du falsch verstanden. | Mir reicht es!

5 Wer atmet wie?

pusten	keuchen	schnauben
prusten	zischen	japsen
hecheln	atmen	schnaufen

a) Bilde Sätze mit dem Satzbauplan △ ○ ⬡.
Schreibe sie auf Papierstreifen.

b) Kennzeichne die Satzteile.

△ Die Pferde | ○ schnauben | ⬡ im Stall.

c) Erweitere die Satzteile:

△ Die Pferde des Bauern Bolte …

d) Übe weiter mit der Werkstatt-Karte 17. Seite 152 Grammatik-werkstatt

Genau beobachtet

1 Kunstvolle Menschen

a) Was erstaunt dich an den Bildern?
Was gefällt dir?
Was gefällt dir nicht?

b) Male zwei Bilder: ein Gesicht von vorne, ein Gesicht von der Seite.
Schneide sie auseinander.
Setze daraus ein neues Gesicht zusammen.

c) Sammelt weitere Gemälde von Menschen.
Schreibe zu einem Gemälde, warum du es dir ausgesucht hast.
Macht damit eine Ausstellung.

2 Wer ist es?

A Seine dunklen Haare sind leicht gewellt. Häufig kämmt er sie zu einem Seitenscheitel. Er lacht gerne. Er ist nicht sehr groß und etwas pummelig. Er kleidet sich gerne mit modischen Anzügen. Diese sitzen ihm aber häufig zu eng am Körper.

B Sie hat schwarze, kurze Haare. Auffallend in ihrem fröhlichen Gesicht sind ihre großen, blauen Augen. Sie ist klein und zierlich. Am liebsten trägt sie kurze Röcke und teuren Schmuck.

C Er hat rote Haare, die er selten kämmt. Auf seiner Stupsnase sind Sommersprossen. Er ist sehr groß und schlaksig. An den Füßen trägt er schmuddelige Turnschuhe.

D Sie hat helle, lockige Haare. Ihr ovales Gesicht sieht häufig etwas verkniffen aus. Sie ist kräftig gebaut und nicht sehr groß. Gerne trägt sie Hosen in dunklen Farben und dazu bunte Pullis.

a) Welche Beschreibung gehört zu welcher Person?

b) Welche Merkmale der Personen werden in den Texten beschrieben? Welche fehlen? Wähle eine Person aus. Ergänze ihre Beschreibung.

Dieses Bild hat Pablo Picasso gemalt. Es zeigt Dora Maar, eine Frau, die Picasso sehr gerne mochte.

Augen: dunkel, klein, braun, hell, …, fröhlich, groß, stechend

Haare: gekämmt, fettig, lockig, lang, glatt, …, braun, stufig, mit Pony

Gesicht: rund, grimmig, fröhlich, breit, oval, schmal, eckig, …, blass, gebräunt, lang

Willi

Stella

• Personen auf Bildern beschreiben
• Personenbeschreibungen Bildern zuordnen

Dieses Bild hat Marc Chagall gemalt. Es zeigt einen Geiger, der in Chagalls Heimatdorf zu wichtigen Ereignissen spielte.

3 Adjektive gesucht

a) Sammelt Adjektive für Personenbeschreibungen auf diesen Seiten. Schreibt sie auf Plakate.

b) Suche Adjektiv-Paare, die einen Gegensatz ausdrücken:
hell – dunkel, …

Mund / Lippen: verkniffen, lachend, breit, schmal, klein, wulstig, …, schmollend

Nase: Hakennase, lang, groß, breit, …, krumm, spitz, Stupsnase

Kleidung: schlabberig, ordentlich, bunt, schick, …, gestreift, altmodisch, ausgefallen

Figur / Körper: gebückt, aufrecht, schmal, breit, dick, dünn, lang, kurz, …, knochig, kräftig, sportlich

4

Der Geiger

Der Geiger von Chagall fällt durch seine ___ Kleidung auf. Über einem ___ Hemd tägt er einen ___ Mantel mit großem Muster. Auf seinem Kopf sitzt eine ___ Mütze. Bei genauer Betrachtung entdeckt man, dass er unterschiedliche Schuhe angezogen hat. Das eine Hosenbein ist ___, das andere ___ gemustert. Der Geiger trägt einen ___ und einen ___ Handschuh. Das Gesicht des Geigers ist ___. Sein Mund wird durch einen ___ Bart verdeckt. Nur seine ___ Augen leuchten hervor. In seinen Händen hält er eine ___ Geige. Der Geiger scheint eine ___ Person zu sein.

a) Beschreibe den Geiger von Chagall genauer, indem du passende Adjektive einsetzt. Schreibe den Text auf.

b) Beschreibe dich oder ein anderes Kind ganz genau. Schreibe es auf.

c) Überarbeite deinen Text mit der Werkstatt-Karte 10. TEXTWERKSTATT Seite 160

d) Lest euch die Beschreibungen ohne Namen vor. Ratet, wer beschrieben wird.

• Adjektive für Personenbeschreibungen sammeln
• eine Personenbeschreibung mit Adjektiven überarbeiten

So geht es uns gut

1 Schöne Momente

a) Welche Kinder auf den Bildern fühlen sich wohl? Woran erkennst du das?

b) Wobei fühlst du dich wohl? Male und erzähle dazu.

2 Eine Schule zum Wohlfühlen

a) Plant einen Wohlfühl-Tag in der Schule. Was wollt ihr an diesem Tag tun? Was braucht ihr dafür?

Obstsalat zubereiten

Geschichten vorlesen

Fußball spielen

in den Wald gehen

...

Entspannung: Seite 118

b) Welche Ideen wollt ihr regelmäßig in eurer Klasse umsetzen?

3 So fühle ich mich nicht wohl

a) Welche Kinder auf den Bildern fühlen sich nicht wohl? Woran erkennst du das?

b) Wie könnten die Kinder diese Situationen beenden? Was könnten sie sagen? Was könnten sie tun?

c) Sammelt Situationen aus eurer Schule, in denen Kinder sich nicht wohlfühlen.
im Unterricht: ...
in der Pause: ...
Wie könnt ihr sie verändern?

- für das eigene Wohlbefinden Verantwortung übernehmen
- unangenehme Situationen benennen und Lösungsmöglichkeiten ausprobieren

2

4

6

8

4 Ich sage **Nein**, wenn …

a) In welchen Situationen sagst du „Nein“?

b)

Lass mich in Ruhe!

Nein, ich will das nicht!

Hör auf!

Nein, das möchte ich nicht!

Sprecht das „Nein“ auf verschiedene Art und Weise.
Welches „Nein“ passt zu dir?

c) Wählt eine Situation aus.
Macht dazu ein Rollenspiel.

d) Wann wolltest du mal „Nein“ sagen, hast dich aber nicht getraut?

e) Wann hat dein „Nein“ nicht geholfen?

5 Gute Geheimnisse – schlechte Geheimnisse

In der Pause siehst du, dass Nina immer wieder von älteren Kindern gehänselt und geschubst wird. Sie drohen dir an, mit dir dasselbe zu machen, wenn du jemandem davon erzählst.

Nils aus der anderen 4. Klasse hat dir deine Kappe weggenommen. Er droht, dass du Schläge bekommst, wenn du jemandem davon erzählst.

Tilli hat sich beim Spielen in die Hose gemacht und bittet dich, niemandem davon zu erzählen.

Tante Uta hat bald Geburtstag. Als Geschenk hast du ihr ein Armband geknüpft. Du erzählst niemandem davon.

a) Entscheidet: Was sind gute Geheimnisse? Was sind schlechte?

b) Wem könntest du schlechte Geheimnisse erzählen?

c) In jeder Stadt gibt es Menschen, die Kindern in Not helfen.
Sammelt Adressen und Telefonnummern aus eurer Stadt.*
Hängt sie in der Klasse auf.

*TIPP! Internet

Ich entspanne mich

Wozu?

- Entspannung tut dir gut.
- Wenn du zwischendurch Pausen einlegst, kannst du besser lernen.

Wie geht das?

- Lies dir die Anleitung für die Gedanken-Wolken so oft durch, bis du dir die Reihenfolge merken kannst.
- Nimm dir Zeit für diese Übung.
- Wiederhole die Übung jeden Tag einmal. Gib nicht zu schnell auf. Du brauchst einige Erfahrung, bis du die entspannende Wirkung fühlst.

Gedanken-Wolken

Ich setze mich bequem auf einen Stuhl.
Meine Hände liegen auf meinen Oberschenkeln.
Ich werde ganz ruhig.
Ich schließe meine Augen …

… Ich achte auf meinen Atem.
Ich atme tief ein und aus …

Meine Gedanken ziehen wie Wolken
durch meinen Kopf.
Ich lasse sie ziehen.
Ich halte keinen Gedanken fest.

… Ich bin ganz ruhig.

Langsam öffne ich meine Augen.
Ich balle meine Hände zu Fäusten.
Ich öffne sie wieder.
Ich werde ganz locker und wach.

Wie könnte es weitergehen?

Bei diesen Übungen …

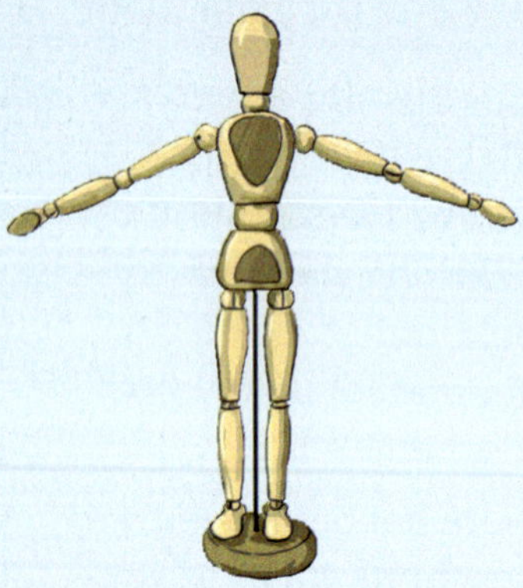

- die Muskeln anspannen, langsam bis 10 zählen …

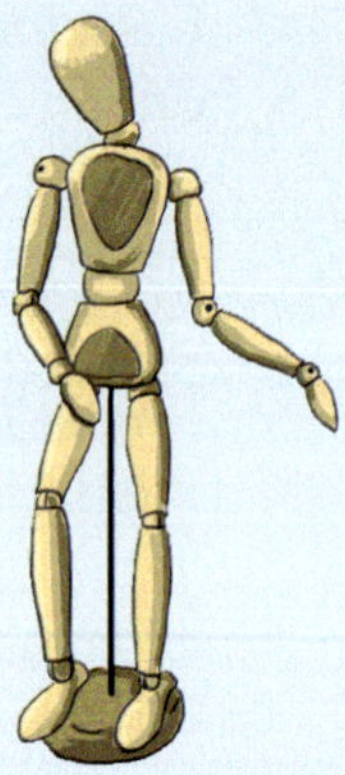

- danach ausschütteln und locker werden

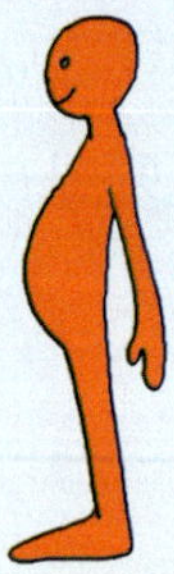

dicken Bauch rausstrecken

auf Zehenspitzen stehen

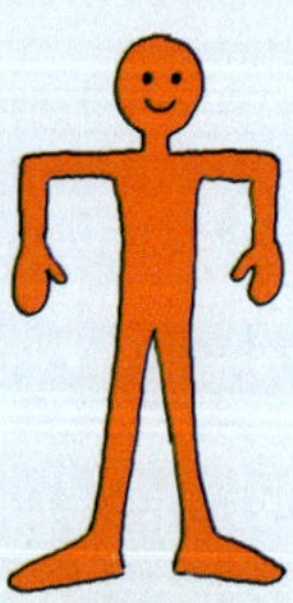

Schultern hochziehen

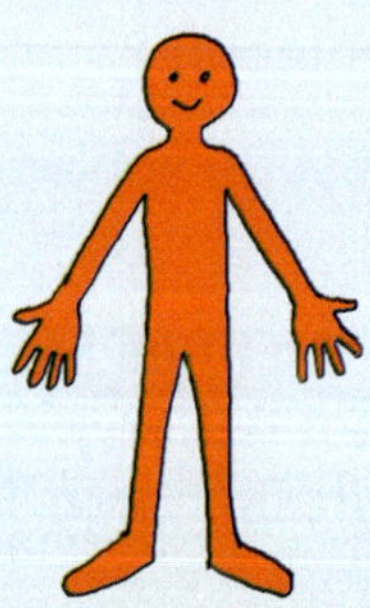

Finger spreizen

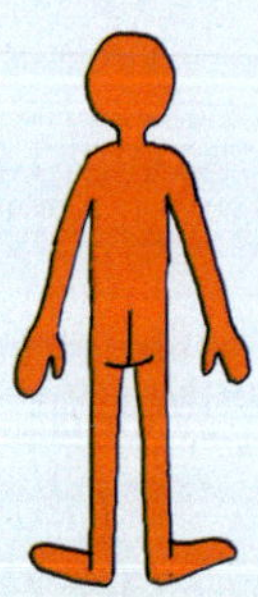

Po-Backen zusammenpressen

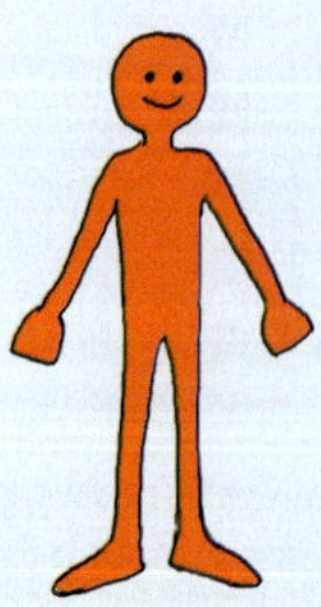

Fäuste ballen

Arme steif machen

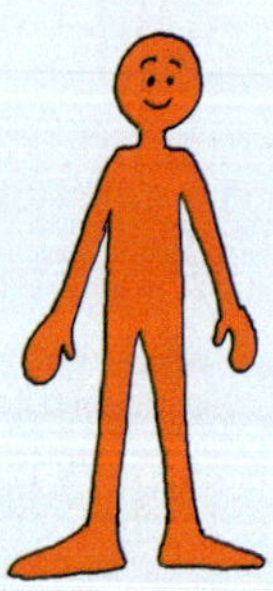

Augenbrauen hochziehen

…

Deutschland-Reise

Baden-Württemberg

Bayern

Berlin

Brandenburg

Bremen

Hamburg

Hessen

Mecklenburg-Vorpommern

Niedersachsen

Nordrhein-Westfalen

Rheinland-Pfalz

Thüringen

Schleswig-Holstein

Sachsen-Anhalt

Sachsen

Saarland

In welchem Bundesland der Bundesrepublik Deutschland lebst du?
Was erfährst du über dein Bundesland aus dieser Karte?

Stadt, Land, Fluss

1 Deutschland auf der Karte

a) Erkläre die Zeichen auf der Karte. Welche Informationen kannst du dieser Karte entnehmen?

b) Stellt euch Suchaufgaben zu Städten, Flüssen, …

Der höchste Berg liegt im Süden Bayerns und ist 2962 m hoch.

Durch welchen See fließt der Rhein?

Die Stadt liegt im Norden Deutschlands und hat über eine Million Einwohner.

2 Deutschland-Quiz

Zug | see | spit | Nord | Nord | len | rhein | ze | lin | Bre | Ber | fa | men | West

- Wie heißt unsere Hauptstadt?
- Wie heißt der höchste Berg?
- In welches Meer fließt die Elbe?
- In welchem Bundesland wohnen die meisten Menschen?
- Wie heißt das kleinste Bundesland?

a) Schreibt jede Frage auf ein Kärtchen und die richtige Lösung auf die Rückseite.

b) Findet eigene Fragen. Sucht Antworten in Sachbüchern, im Lexikon oder im Internet.

c) Spielt mit den Kärtchen ein Deutschland-Quiz.

3 Bundesländer stellen sich vor

a) Bildet Expertengruppen zu einem Bundesland eurer Wahl.

b) Stellt ein Plakat her und haltet einen Vortrag.

Wappen:
Hauptstadt:
Einwohner:
Fläche:
Flüsse:
Seen:
Berge:
andere große Städte:
Was wir sonst noch über das Land wissen:

Kartenzeichen: Legende

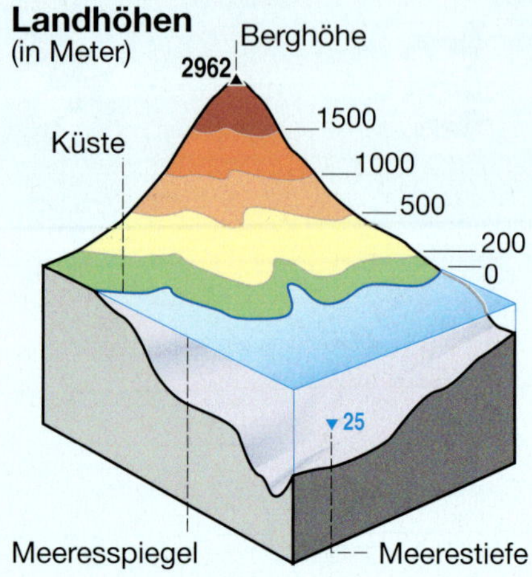

Orte

▣	über	1 000 000 Einwohner
■	500 000 –	1 000 000 Einwohner
●	100 000 –	500 000 Einwohner
○	unter	100 000 Einwohner

- See
- Fluss
- Kanal
- Eisenbahn
- Autobahn
- Autobahn im Bau
- Hauptstraße
- internationaler Flughafen
- Staatsgrenze
- Landesgrenze
- **Berlin** Hauptstadt eines Staates
- Mainz Landeshauptstadt

0 50 100 150 200 km

- Informationen aus einer Legende entnehmen
- ein Silbenrätsel lösen
- Fragen und Antworten für ein Deutschland-Quiz in unterschiedlichen Medien sammeln

Methodentraining
- Lernkärtchen
- Internetsuche
- Vortrag

Von der Quelle bis zum Meer

1 Urlaubsbriefe

a) Lies die Briefe auf diesen Seiten. Finde mithilfe des Atlas heraus, wo die Kinder Urlaub machen.

b) Ergänze die fehlenden Anredepronomen. Schreibe sie auf. Wann schreibst du Anredepronomen groß, wann kannst du sie kleinschreiben?*

*TIPP!
Lernplakat S. 97

Köln, den 20.08.20

Lieber Kai,
willst … wissen, wo ich diesmal meine Ferien verbringe? Ich fahre zur Zeit mit einem Schiff über den längsten Fluss Deutschlands.
In Basel sind wir eingestiegen und werden nach rund 800 km in Rotterdam ankommen. Der Fluss wird immer größer, weil ständig andere Flüsse in ihn einmünden. Ich habe schon den Neckar, den Main und die Mosel gesehen. Weißt … wie der Fluss heißt?
Ich habe … noch ein Foto von der Loreley dazugelegt.
Viel Spaß beim Raten
Melissa

2 Reisen durch Deutschland

a) Welche Orte in Deutschland habt ihr schon besucht? Schreibt sie auf Kärtchen und sucht sie auf der Landkarte.

b) Erzählt, wie es dort aussieht und was ihr erlebt habt.

c) Hängt eure Kärtchen um eine Deutschlandkarte.

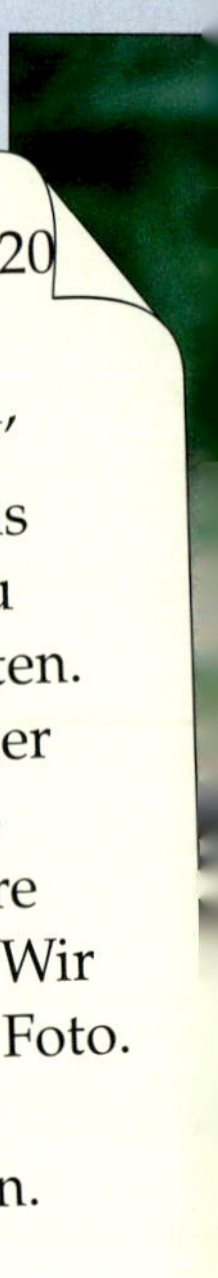

Hamburg, den 12.09.20

Sehr geehrte Damen und Herren,

wir schreiben …, weil wir uns an … Aktion „Deutschland zu Fuß erkunden" beteiligen möchten. Bei unseren Wanderungen auf der nördlichsten Insel Deutschlands haben wir viele interessante Tiere mit und ohne Flossen entdeckt. Wir schicken … unser schönstes Foto. Vielleicht können … das Bild in … Ausstellung verwenden.

Mit freundlichem Gruß

Klasse 4a
Grundschule Am Deich

3 Grüße aus …

Suche dir eine Stelle auf der Deutschlandkarte aus. Stell dir vor, du bist an diesem Ort.

a) Wie könnte es dort aussehen? Gestalte eine Ansichtskarte. Suche dazu Fotos im Internet oder male selbst.

b) Schreibe eine Ansichtskarte. Wem willst du sie schicken? Welche Personen kannst du im Brief duzen? Wen solltest du mit Sie anreden?

- Texten geographische Informationen entnehmen und auf der Karte überprüfen
- Regelung zur Groß- und Kleinschreibung von Anredepronomen wiederholen
- persönliche Bezüge zu Orten auf der Deutschlandkarte herstellen und mitteilen

4 Gruß und Kuss, dein ...

a) Suche in den Briefen alle Wörter mit ss oder ß. Ordne sie in einer Tabelle:

ß	ss
größer	wissen

b) Markiere die Selbstlaute vor ß und ss. Kennzeichne lange und kurze Selbstlaute:
lang: – kurz: •

c) Wann schreibst du ß, wann musst du ss schreiben?
ß steht nach einem l...

d) Suche in der Wörterliste 5 weitere Wörter mit ß und ss.

5 s oder ß oder ss?

Gla◯ Ku◯ Strau◯ Fu◯ Hau◯
Spa◯ Gru◯ Lau◯ Schlu◯ wei◯

a) Welche Wörter werden mit s geschrieben? Bilde die Mehrzahl:
Glas – Gläser, ...

b) Welche Wörter werden mit ss, welche mit ß geschrieben?
Untersuche die Selbstlaute:
Spaß – Späße Kuss – Küsse

6 Einer ist anders

fließen	Fluss	wissen	geflossen
floss	Gewissen	Zufluss	unbewusst
flüssig	wusste	bewusstlos	Abfluss
Wissenschaft	unwissend	Flüsschen	
Flüsse	Einfluss	weiß	Bewusstsein
Flussbett	gewusst	Gewissensbisse	

a) Ordne die Wörter nach ihren Wortfamilien. Unterstreiche ss.

b) Kennzeichne in jeder Wortfamilie den Wortstamm. Was fällt dir auf?

Methodentraining
• Internetsuche

• beim Schreiben von Ansichtskarten die korrekte Anredeform anwenden und geographische Kenntnisse einbringen
• Regelungen zur Schreibweise des s-Lautes wiederholen und anwenden

Über Berg und Tal

1 Berge in Bild und Wort

a) Worin unterscheiden sich die Berge auf den beiden Fotos? Schreibt passende Begriffe auf Kärtchen. Legt sie auf die Fotos und beschreibt sie.

Hügel | Kuppe | steil | Grat | spitz | bewaldet | Gletscher | Tal | Gipfel | flach | hoch | kahl | Hang

b) Was wollt ihr über Berge wissen?

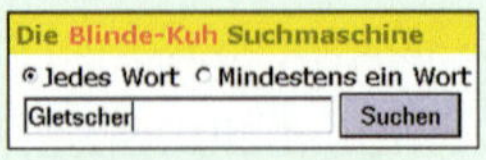

c) Fertigt Schaubilder von Bergen an. Klebt eure Kärtchen hinein.

Schaubild: Seite 68

Das ist ein Foto von der **Zugspitze**, dem höchsten Berg Deutschlands. Er ist 2962 m hoch und liegt in Bayern.

2 g oder k?

Ber▲ Fabri▲ Zwer▲ Han▲
Dan▲ Flugzeu▲ genu▲ Musi▲
Tan▲ Geträn▲ Gelen▲ Gan▲
jun▲ schwieri▲ stren▲ klu▲
en▲ schlan▲ lin▲s We▲
dan▲bar schrä▲ kran▲ star▲

- Bilde die Mehrzahl: Berg – Berge
  steigere die Adjektive: jung – jünger
  oder
  finde verwandte Wörter: links – linke

3 Lernwörter

Diese Wörter kannst du nicht ableiten. Du musst sie lernen:

Markt	Quark	Oktober
Diktat	elektrisch	aktiv
Punkt	wirklich	praktisch

- Suche zu jedem Wort verwandte Wörter: Markt, Marktstand, ...

4 Ableitungen gesucht

begegnen senkrecht
regnen möglich Gegner

Manche Wortverwandtschaften sind nur schwer zu finden:
begegnen – gegen

Dieses Bild hat der Maler Juan Gris 1913 gemalt. Es heißt **Landschaft mit Häusern in Ceret**.

- sich über Berge informieren
- Begriffe zur Beschreibung von Bergen und Gebirgen anwenden
- Regelungen zur Schreibung von g und k wiederholen

Dieser Berg heißt **Landeskrone**. Er liegt in Sachsen und ist 420 m hoch.

Dieses Bild hat der Künstler Juri Tschenyschov im Jahr 1997 gemalt. Es heißt **Berglandschaft**.

5 Redensarten rund um den Berg

Was bedeuten die Redensarten?
In der richtigen Reihenfolge ergeben die Buchstaben ein Lösungswort: 1 = ...

hinterm Berg halten (1)	das Schlimmste überstanden haben (n)
über alle Berge sein (2)	Angst haben, entsetzt sein (p)
jemandem stehen die Haare zu Berge (3)	Unmögliches schaffen (e)
Berge versetzen (4)	seine Meinung nicht sagen (A)
über den Berg sein (5)	verschwunden sein, entkommen sein (l)

6 In ein Bild hineingehen

a) Suche dir eins der beiden Gemälde aus. Stell dir vor, du gehst in das Bild hinein. Ordne deine Eindrücke in einer Mind-Map.

b) Schreibe auf, was du im Bild sehen, hören, riechen, fühlen und tun könntest.

c) Überarbeite deinen Text in einer Schreibkonferenz.

d) Vergleicht eure Texte. Welche Eindrücke sind gleich, welche sind verschieden?

7 Bergmalerei

Versuche eine Berglandschaft so zu malen wie Juri Tschenyschov.
Oder:
Zerschneide dein fertiges Bild und klebe die Teile zu einem neuen Bild zusammen, damit es so wirkt wie bei Juan Gris.

Methodentraining
- Internetsuche
- Schaubild
- Schreibkonferenz

- subjektive Eindrücke eines Bildes in einer Mind-Map ordnen
- sich durch Bilder zum Schreiben anregen lassen; Mind-Map als Schreibhilfe nutzen
- Redensarten und ihre Bedeutungen kennenlernen

Über die Erde …

1 Spuren spüren

a) Lies das Gedicht auf dieser Seite leise für dich. An was erinnert es dich?

b) Trage das Gedicht so vor, dass andere es pantomimisch darstellen können. Dazu musst du
- langsam und deutlich lesen,
- wichtige Wörter betonen,
- an einigen Stellen längere Pausen machen,
- …

c) Veranschaulicht das Gedicht. Suche dir einen Wegabschnitt aus und gestalte ihn mit …

passenden Adjektiven,

Teilen des Gedichtes,

Wörtern aus dem Gedicht,

Elfchen oder eigenen Texten.

2 Dialekt und Hochsprache

Martin Auer hat das Gedicht zuerst in österreichischem Dialekt geschrieben.

a) Lies das Gedicht laut. Vergleiche beide Gedichte: Worin unterscheiden sie sich?

b) Welche anderen Dialekte kennt ihr? Sammelt Wörter und vergleicht sie mit der Hochsprache.

Hochsprache	Berlinerisch	Badisch	…
das Brötchen	die Schrippe	die Semmel	

c) Sammelt Sprüche und Texte in verschiedenen Dialekten.

Über die Erde

Über die Erde
sollst du barfuß gehen.
Zieh die Schuhe aus,
Schuhe machen dich blind.
Du kannst doch den Weg
mit deinen Zehen sehen.
Auch das Wasser
und den Wind.

Sollst mit deinen Sohlen
die Steine berühren,
mit ganz nackter Haut.
Dann wirst du bald spüren,
dass dir die Erde vertraut.

Spür das nasse Gras
unter deinen Füßen
und den trockenen Staub.
Lass dir vom Moos
die Sohlen streicheln und küssen
und fühl
das Knistern im Laub.

Steig hinein,
steig hinein in den Bach
und lauf aufwärts
dem Wasser entgegen.
Halt dein Gesicht
unter den Wasserfall.
Und dann sollst du dich
in die Sonne legen.

Leg deine Wange an die Erde,
riech ihren Duft und spür,
wie aufsteigt aus ihr
eine ganz große Ruh'.
Und dann ist die Erde
ganz nah bei dir,
und du weißt:
Du bist ein Teil von allem
und gehörst dazu.

Martin Auer

- ein Gedicht vortragen
- sich mit einem Gedicht produktiv auseinandersetzen und es umgestalten
- Abweichungen zwischen Hochsprache und Dialekt kennenlernen und beschreiben

Über die Erden

Über die Erden muaßt barfuß gehen.
Ziag d'Schuach aus, die machen di blind!
Dann kannst den Weg mit die Zechn sehn,
des Wasser, den Wind …

Sollst mit di Sohln auf d'Staner steign,
mit der nackerten Haut.
Wird dir die Erden a bald zeign,
dass's dir vertraut.

Gspür des nasse Gras auf die Füaß,
gspür, wie trocken is der Staub.
Gspür, wie dich streichelt das Moos so süaß,
gspür, wie's knistert im Laub.

In 'n Bach muaßt einesteign,
durchs Wasser muaßt auffegehn,
untern Wasserfall muaßt die stelln
mit 'm Gsicht in die Höh,
mit der Wangen auf d'Erd in die Sunn die legn.

Lieg ganz still, riach die Erden und gspür,
wie aufsteigt aus ihr a riesige Ruah.
Und dann is die Erden ganz nah bei dir
und du waßt, du ghörst zu allem dazua.

Martin Auer

3 Merkwörter mit h

Schuhe
Sohlen
fühlen
gehen
Stuhl
Zahn
Fehler
sehen
Zeh
ohne
Zahl
nah
während
berühren
stehen
nehmen
wohnen
sehr
Ohr

a) Wo hörst du das **h**, wo hörst du das **h** nicht?
Ordne die Wörter in einer Tabelle:

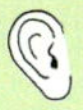	
Schu-he	Soh-len

b) Markiere den Buchstaben vor dem **h**.
Wie sprichst du den Selbstlaut vor einem **h**?

c) Sucht weitere Wörter mit ah, äh, eh, ih, oh, öh, uh und üh.

4 Merkwörter mit aa, ee und oo

H●●r	F●●	B●●re
Kaff●●	M●●s	S●●
M●●r	Z●●	Schn●●
Kl●●	B●●t	Id●●
S●●l	St●●t	S●●t
S●●le	M●●r	l●●r

a) Ordne die Wörter mit doppeltem Selbstlaut in einer Tabelle:

T	Bt	Pr

b) Kontrolliere mit dem Wörterbuch und markiere die doppelten Selbstlaute.
Sammle weitere Wörter mit doppeltem Selbstlaut.

c) Vermute, warum es keine Wörter mit doppeltem ii oder uu gibt.

• Wörter mit Dehnungs-h und silbentrennendem h üben
• Wörter mit doppelten Selbstlauten nachschlagen

Orte zum Leben

um 1000 v. Chr.

1 Zeitreise

a) Beschreibe die Bilder genau. Was hat sich im Laufe der Zeit verändert?

Zeit	Besiedlung	Landschaft
1000 v. Chr	keine Häuser	Wald, Fluss

b) Welche Auswirkungen hatten diese Veränderungen auf das Leben der Menschen?

c) Wie stellst du dir diese Landschaft im Jahre 2050 vor? Male ein Bild und schreibe einen Satz dazu.

d) Stellt eure Bilder aus und vergleicht sie.

um 800 n. Chr.

2 Orte entstehen und entwickeln sich

a) Suche auf Seite 121 oder im Atlas 20 Städte, die an Flüssen liegen.
Köln am Rhein, ...

b) Vermute, warum so viele Städte an Flüssen gegründet wurden.

3 Verkehrswege verbinden

a) Untersucht auf der Karte die Schienenwege oder die Autobahnen:
München: 7 Autobahnen, ...

b) Wo gibt es besonders viele Verbindungen? Wo gibt es nur wenige? Vermutet, warum das so ist.

2005

4 Lebensräume verändern sich

a) Wie könnt ihr herausfinden, was sich in eurem Heimatort in den letzten 50 Jahren verändert hat? Sammelt Informationen und haltet einen Vortrag.

b) Welche Veränderungen würdet ihr euch wünschen? Sammelt Vorschläge.

c) Wer kümmert sich in eurem Heimatort um den Landschafts- und Naturschutz? Sammelt Adressen.

- Auswirkungen von Veränderungen der Lebensräume für Mensch und Natur erkennen
- Verkehrswege als Verbindungen und Grenzen erkennen
- sich über Umweltveränderungen am Heimatort informieren

um 500 v. Chr.

um 1850

2050

5 Ein alter See oder ein neuer Erlebnispark?

Um den alten See herum soll ein Erlebnispark entstehen. Dazu muss ein Teil des Sees verschwinden. Die Menschen in der Stadt sind dazu unterschiedlicher Meinung.

Die Umweltschützerin
Rund um den See gibt es Nistplätze und Verstecke für viele Tierarten. Du meinst, dass der Bootsverkehr und die Touristen die Tiere verscheuchen werden. Außerdem hast du Angst, dass das Wasser verschmutzt wird.

Der Bürgermeister
Du glaubst, dass viele Besucher nicht nur den Park, sondern dann auch die Stadt besuchen werden. Das bringt Geld und macht die Stadt berühmt.

Paul
Du hast gelesen, dass im Erlebnispark neue Arbeitsplätze entstehen. Dein Vater ist schon lange arbeitslos. Ihr habt weniger Geld als früher. Deshalb bekommst du kein Taschengeld. Du hoffst, dass dein Vater dann wieder Arbeit finden würde.

Katja
Du findest einen Erlebnispark toll. Den See möchtest du aber auch behalten. Du kannst dort Tiere beobachten, schwimmen und im Gebüsch Verstecken spielen. Außerdem muss man für den Park Eintritt bezahlen und du hast kein Geld.

- Überlegt euch weitere Argumente für oder gegen den Bau eines Erlebnisparks.
- Führt eine Pro-und-kontra-Diskussion durch.

Pro-und-kontra-Diskussion: Seite 130

Methodentraining
- Informationen suchen
- Vortrag
- Pro-und-kontra-Diskussion

Methodentraining

Wir diskutieren: pro oder kontra – dafür oder dagegen?

Wozu?

Ihr lernt

- unterschiedliche Meinungen kennen,
- euch eine eigene Meinung zu bilden,
- eure Meinung zu begründen,
- andere zu überzeugen.

Wie geht das?

- Frage stellen, über die später abgestimmt werden soll
- Pro- und Kontra-Gruppen bilden
- in den Gruppen Begründungen für die eigene Meinung sammeln
- 2 Stühle mit einer Pro- und einer Kontra-Karte kennzeichnen
- Kinder aus der Pro- oder Kontra-Gruppe nehmen abwechselnd auf dem entsprechenden Stuhl Platz und tragen Begründungen vor*
- Abstimmung aller Kinder der Klasse

***TIPP!**
nur neue Argumente vortragen

Wie fange ich an?

Familie Braun überlegt, ob sie mit dem Auto in den Urlaub ans Meer fahren soll .

Frau Braun
Du möchtest mit dem Auto fahren, weil ihr immer viel Gepäck mitnehmen müsst. Außerdem ist die Zugfahrt für 4 Personen teurer als die Fahrt mit dem Auto.

Kira
Du hast gelesen, dass Autos die Luft verschmutzen. Du meinst, jeder sollte etwas für eine saubere Umwelt tun. Deshalb willst du auf jeden Fall mit dem Zug fahren.

Herr Braun
Gerade zu Ferienbeginn gibt es oft Staus auf den Straßen. Das Autofahren findest du dann sehr anstrengend. Deshalb möchtest du mit dem Zug reisen, weil du dich dann schon während der Fahrt entspannen kannst.

Holger
Du möchtest mit dem Auto fahren, denn du willst unbedingt dein neues Surfbrett mitnehmen.

- Verlost die Rollen für eine Pro-und-Kontra-Diskussion.

Wie kann es weitergehen?

Über folgende Themen könnt ihr eine Pro-und-Kontra-Diskussion führen:

- Verreisen oder zu Hause bleiben?
- Soll man im Unterricht trinken oder nicht?

Waldwunder – Wunderwald

Dieses Bild hat der russische Maler Iwan Schischkin 1883 gemalt.
Was ist das Besondere daran?

- Welche Pflanzen erkennt ihr?
- Stell dir vor, du bist in diesem Wald.
  Was hörst du? Was riechst du? Was fühlst du?
- Wem könntest du beim Umherstreifen begegnen?
- Sammelt Bilder und Fotos von Pflanzen und Tieren für ein Waldbuch.

Tierfamilien

1 Leben im Wald

a) Welche Waldtiere kennst du?
Welchem Tier bist du schon begegnet?

b) Wie leben die Tiere auf den Bildern?
Lies die Texte.

2 Waldwörter

In den Texten findest du viele Fachwörter. Sie sind **fettgedruckt**. Wenn du genau liest, kannst du herausfinden, was sie bedeuten. Erstellt damit ein Glossar* für euer Waldbuch.

nachtaktiv: in der Dämmerung und nachts jagen und fressen

*TIPP!
vergleiche S. 88

Das Wildschwein
Wildschweine sind **nachtaktiv** und sehr scheu. Tagsüber verstecken sie sich auf einem mit Laub, trockenem Gras und Zweigen gepolsterten Lager. Sie ernähren sich hauptsächlich von Wurzeln, Bucheckern, Eicheln, aber auch von Fröschen, Insektenlarven und Regenwürmern. Zum Ärger der Bauern fressen sie große Mengen von Kartoffeln und Mais. In der **Rauschzeit** im Herbst **paaren** sich **Keiler** und **Bache**. Im Frühjahr werden dann bis zu vierzehn Junge geboren. Die Bache hat ihnen ein ausgepolstertes Lager bereitet, in dem sie etwa zehn Tage bleiben. Erst danach lernen die **Frischlinge** den Wald kennen. Die Bache ist sehr aggressiv, wenn sie glaubt, dass ihre Jungen bedroht sind. Dann greift sie sogar Menschen an. Wildschweine leben in einer **Rotte** zusammen. Nur die älteren Keiler sind **Einzelgänger**. Sie sind an ihren enormen Eckzähnen, den **Hauern**, zu erkennen.

Der Dachs
Dachse sind berühmte Baumeister, weil sie sich große **unterirdische Baue** mit zahlreichen Gängen und Nebenbauen graben. Als **Nachtschwärmer** gehen sie erst in der Abenddämmerung auf Nahrungssuche. Sie sind **Allesfresser**. Junge Kaninchen, Frösche, Früchte und Körner stehen auf ihrem Speiseplan, aber am liebsten fressen sie Regenwürmer. Dachse leben in Familien mit mehreren erwachsenen Männchen und Weibchen und ein bis zwei Würfen zusammen. Ein **Wurf** besteht meist aus bis zu sieben **Jungtieren**. Die Jungen werden mitten im Winter nackt, blind und winzig klein geboren. Die Mutter muss sie lange **säugen**, bevor sie im Frühjahr den Bau zum ersten Mal verlassen können. Dann lernen sie aber sehr schnell, sich selbst zu versorgen.

- Sachtexten Informationen über Waldtiere entnehmen
- die Bedeutung von Fachwörtern aus dem Kontext erschließen
- ein Waldbuch anlegen

3 Tierisches Wissen

a) Ordne die Informationen aus den Texten in einer Tabelle:

	Fuchs	Dachs	Rothirsch	Wi...
Zahl d. Jungen			1	
Zusammenleben				Rot...
männliches Tier	Rüde			
weibliches Tier				Ba...
Jungtier			Hirschkalb	
Nahrung	Mäuse			
Besonderheit		große Baue		

b) Warum gehören diese Tiere zu den Säugetieren? 

c) Sammelt zusätzliche Informationen zu diesen und anderen Waldtieren für das Waldbuch.

d) Welche Tiere haben nur den Menschen als Feind?

Der Fuchs
Füchse sind sehr **anpassungsfähig** und finden dadurch immer reichlich Nahrung. Sie ernähren sich von Mäusen und anderen **Kleintieren**, Insekten, Beeren und Früchten. Meist begeben sie sich abends und nachts auf die Jagd. Durch ihren ausgezeichneten Geruchssinn, ihre scharfen Augen und ihr hervorragendes Gehör sind sie sehr gute Jäger und erkennen auch Gefahren frühzeitig. Sie leben in einem selbst gegrabenen Erdbau oder ziehen bei einer Dachsfamilie mit ein. Nach der **Ranzzeit** im Januar und Februar, wenn der **Rüde** und die **Fähe** ein Paar geworden sind, wirft die Fähe im Frühjahr vier bis sieben Junge. Während die Fähe die **Welpen** versorgt, legt der Rüde Nahrung für sie vor den Bau. Die Welpen öffnen erst nach zehn bis vierzehn Tagen die Augen. Im Herbst, wenn sie die nötigen Tricks zum Überleben gelernt haben, suchen sie sich einen Bau und gründen eine eigene Familie.

Der Rothirsch
Die Nahrung der Rothirsche besteht hauptsächlich aus frischen Baumtrieben, Büschen, Gras und anderen Pflanzen. Sie leben im **Rudel**, nur ältere männliche Rothirsche sind Einzelgänger. Während der **Brunftzeit** im Herbst **röhrt** der **Hirsch** mit lauter Stimme. So lockt er die **Hirschkuh** zur **Paarung** an. Wenn die Hirsche um ein Weibchen oder um ein **Revier** im Wald kämpfen, schlagen sie ihre Geweihe gegeneinander, bis einer von ihnen in die Knie geht. Der Sieger ist der **Platzhirsch**. Im Frühjahr bringt die Hirschkuh ein **Hirschkalb** zur Welt, das in den ersten Monaten noch ein weißgeflecktes Fell hat. Schon einige Tage nach der Geburt kann es aufstehen und mit Gleichaltrigen spielen. Dabei lernt es viele Dinge, die zum Überleben wichtig sind.

In einem tiefen, dunklen Wald …

1 Mit den Ohren sehen

a) Setzt euch mit geschlossenen Augen an einen schönen Platz im Wald.
- Welche Geräusche hört ihr?
- Was stellt ihr euch vor, wenn ihr die Geräusche hört?

b) Erzählt euch, was ihr gehört habt.

2 Waldnacht

Schaut euch das Bild in der Mitte an.

- Was stellt Ina sich zu den Geräuschen vor?
- Woher kommen die Geräusche tatsächlich?

3 Nachtgeschichten

a) Erstellt ein Cluster zum Thema Nacht.

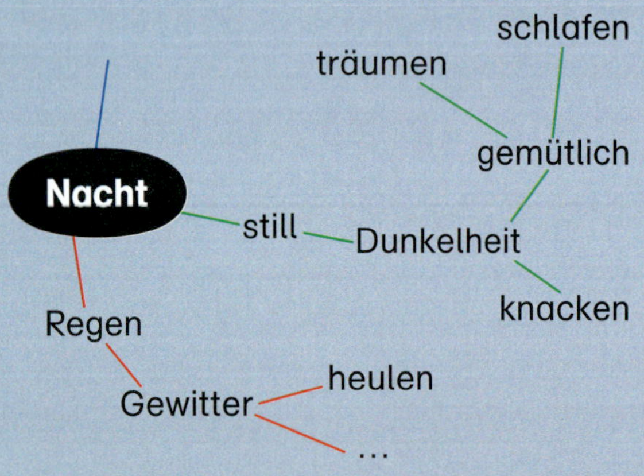

b) Entscheide, welche der Ideen du für eine Geschichte verwenden möchtest. Schreibe deine Geschichte auf.

c) Überarbeite deinen Text mit den Werkstatt-Karten 5 und 10.

TEXTWERKSTATT Seite 159 TEXTWERKSTATT Seite 160

Cluster: Seite 40

- Geräusche beschreiben und ihre Ursachen vermuten
- eine Geschichte zum Thema Nacht schreiben und eigenständig überarbeiten

4 **Gruselett**

Der Flügelflagel gaustert
durchs Wiruwaruwolz,
die rote Fingur plaustert,
und grausig gutzt der Golz.

Dieses Gedicht hat der Dichter Christian Morgenstern geschrieben und Gruselett genannt.

a) Lies den Text still.
- Warum heißt das Gedicht Gruselett?
- Schreibe auf, was die Wörter für dich bedeuten.

b) Lies das Gedicht so vor, dass die anderen hören können, was du dir vorstellst.

c) Male ein Bild zu dem Gruselett. Schreibe das Gedicht in oder neben das Bild.

d) Vergleicht eure Bilder und eure Wörterlisten in der Klasse. Was ist ähnlich, was ist verschieden?

e) Schreibe ein eigenes Gruselett.

5 **-ig oder -lich?**

gruseln	Wunder	Furcht	Gefahr
Wind	Abenteuer	Schreck	Haar
Gift	Freund	Nebel	Glück	…

a) Bilde Adjektive mit den Endungen **-ig** oder **-lich**.
Überprüfe, welche Endung passt, indem du das Adjektiv verlängerst und vor ein Nomen setzt:
gruselig - die gruselige Geschichte
wunderlich - der wunderliche …

b) Bilde 10 Sätze mit diesen Adjektiven und Nomen. Schreibe sie auf.

c) Kennzeichne Subjekt △ und Prädikat ○.

d) Übe weiter mit der Werkstatt-Karte 17. Seite 152 Grammatikwerkstatt

- sich kreativ mit einem Gedicht auseinandersetzen
- Fantasiewörtern eine subjektive Bedeutung geben
- nach einer Vorlage ein eigenes Gedicht schreiben
- aus Nomen Adjektive mit den Endungen -ig und -lich bilden

Methodentraining
- Cluster

Zauberwald – Waldzauber

1 Der Feenwald

a) Lies den Text. Kläre unbekannte Begriffe.

b) Male den Feenwald.

c) Vergleicht eure Bilder.

2 Wuchernde Wurzeln

Lest den Text laut. Welche Stellen im Text zeigen euch, dass dieser Wald ein besonderer ist?
uruzalt, Bärte aus Moos, wilde Apfelbäume wucherten, ...

3 Eine andere Welt

a) Wie könnte die verborgene Welt im Feenhügel aussehen? Sammelt Ideen in einem Cluster. Cluster: Seite 40

b) Schneide einen Kreis aus. Male die Feenwelt hinein, wie du sie dir vorstellst. Klebe sie in dein Bild vom Feenwald.

4 Zwergenhöhle und Elfenburg

a) Sammelt Stichworte zu anderen Orten, an denen eine fantastische Geschichte spielen könnte. Gebt diesen Orten besondere Namen.

b) Suche dir einen dieser Orte aus und beschreibe ihn so, dass ein Leser ihn sich vorstellen kann.
Oder:
Beschreibe Potillas Feenwelt.

5 Waldwesen

Welche Waldwesen kennt ihr aus Geschichten? Wie heißen sie und wie sehen sie aus? Welche besonderen Fähigkeiten haben sie? Schreibt Steckbriefe und malt dazu.

Der Feenwald

Potilla, die Feenkönigin, lebte mit ihrem Volk in einem Wald. Groß und dunkel war er. Und ururalt.
Die Bäume dort hatten Bärte aus Moos und zwischen ihren dicken Wurzeln wuchsen Pilze und Fingerhüte. Haselnusssträucher und wilde Apfelbäume wucherten ineinander. Es gab Riesenfarne und morsche Baumstämme. In sumpfigen Tümpeln lagen umgestürzte Baumriesen, in die junge Schösslinge ihre Wurzeln krallten.
Durch den Wald huschten Lebewesen auf zwei, vier und tausend Beinen. Fedrige und fellige, schuppige und glänzend glitschige Tiere raschelten, schlichen und hüpften durch das endlose Grün. Und am Rande einer Lichtung, verborgen unter Haselnuss und Schwarzdorn, lag der Feenhügel.
Wie ein pelziger Rücken wölbte er sich unter dem Gras. Nur ein dunkles Loch, kaum groß genug für ein Kaninchen, führte ins Innere. Dort aber verbarg sich eine andere Welt.

- sich kreativ mit einem literarischen Text beschäftigen
- Merkmale für eine fantastische Erzählung kennenlernen
- einen fantastischen Ort mithilfe von Stichworten beschreiben
- Steckbriefe zu Fantasiewesen schreiben

„WANDELT EUCH, IHR MENSCHENKINDER,
WOLLT IHR IN DAS REICH DER FEEN.
HILFE BRINGT IHR UNS UND FREUNDSCHAFT,
SOLLT ALL UNSRE WUNDER SEHN!
WERDET KLEIN NUN WIE POTILLA,
LEICHT UND LEISE SOLLT IHR SEIN,
UND DER HÜGEL WIRD SICH ÖFFNEN,
LÄSST DIE MENSCHENKINDER EIN!“

„Tausend Zungen hat der Wald.
Horch, und du verstehst sie bald!“

„Weg mit dir, du Menschendunst,
Weich Potillas Feenkunst!
Wandle dich zu Blätterduft,
Lös dich auf in Waldesluft!“

„Rotes, rotes Zauberhaar,
Spinnenfein und wunderbar,
Forme dich zu roten Mützen
Sollst behüten und beschützen.
Schließ den Feenhügel auf
Und halt an der Zeiten Lauf!“

6 Feenzauber

Das Feenvolk und der Wald sind in großer Gefahr. Arthur, ein Menschenjunge, will helfen. Aber er ist nicht sehr mutig und im Wald gibt es viele Schwierigkeiten, mit denen er fertigwerden muss. Durch Potillas Zaubersprüche kommt Arthur im Wald besser zurecht.

a) Was soll welcher Zauberspruch bewirken?

Die Zeit bleibt stehen.

Arthur verliert seinen Menschengeruch.

Arthur wird ganz klein.

Arthur versteht die Sprache der Tiere und Pflanzen.

b) Schreibe einen eigenen Zauberspruch.

c) Gestalte dazu ein Schmuckblatt mit einer besonderen Schrift.

7 Freche Feen – miese Monster

a) Stell dir vor, du fällst in die Feenwelt. Erstelle eine Mind-Map.

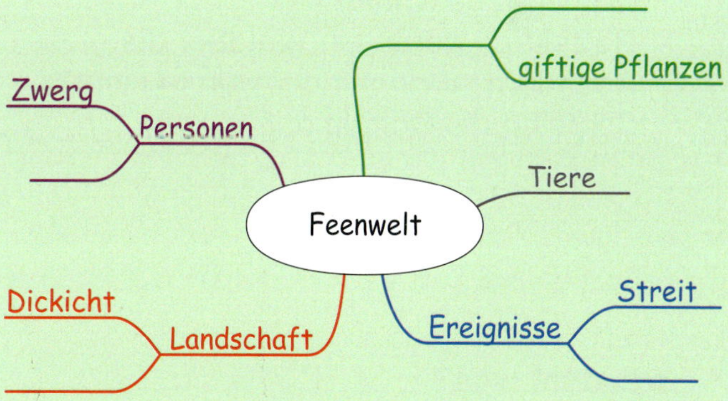

b) Schreibe einen eigenen fantastischen Text.

8 Schreibkonferenz

Überarbeitet eure Geschichten mit den Werkstatt-Karten 9 und 12. TEXTWERKSTATT Seite 160

- die Bedeutung von Zaubersprüchen zuordnen
- selbst einen Zauberspruch schreiben
- einen eigenen fantastischen Text verfassen

Methodentraining
- Cluster
- Mind-Map
- Schreibkonferenz

Als die Tiere den Wald verließen …

1 Tiere in der Stadt

a) Lies die Texte.
Kläre unbekannte Begriffe.

b) Wo könntest du diese Tiere in der Stadt treffen?

Kirchturm | Hausdach | Friedhof | Garten | Balkon | Park | …

Warum leben sie in der Stadt?

c) Was könnte über eines dieser Tiere in der Zeitung stehen?
Schreibe einen Artikel.
Oder:
Stell dir vor, du bist eines dieser Tiere.
Warum bist du in die Stadt gezogen?
Schreibe einen Brief an deine Freunde im Wald.

2 Ungewöhnlicher Besuch

Lies den Zeitungsartikel.

- Hast du schon einmal ein Waldtier in der Stadt getroffen?
- Hättest du gerne ein Waldtier als Nachbarn? Warum oder warum nicht? Schreibe die Gründe auf.

3 Wo steht was?

a) Ordne die Texte diesen Textsorten zu: Sachtext, Gedicht, Geschichte, Zeitungsartikel, Bastelanleitung.

b) Schreibe einen Steckbrief zum Wildschwein oder zum Turmfalken.*

***TIPP!**
Lies Seite 132 oder suche im Internet.

Wildschwein im Einfamilienhaus

Neustadt. Durch ein Kellerfenster rettete sich am Wochenende ein von Jägern verfolgtes Wildschwein in ein Einfamilienhaus. Im Bett des Hausbesitzers erholte sich das erschöpfte Waldtier von seiner Flucht. Aufgeschreckt durch den Hausherrn begann es, die Möbel zu demolieren. Dabei verursachte das Borstenvieh einen Schaden von mehreren tausend Euro. Ein herbeigerufener Jäger erschoss das Tier.

Steinmarder

Aussehen:	langgestreckt, kurzbeinig, mit langem, buschigem Schwanz, braunes Fell mit gegabeltem Kehlfleck
Größe:	40–50 cm
Gewicht:	bis zu zwei Kilogramm
Speiseplan:	Allesfresser, z. B. Kleinsäuger, Regenwürmer, Vögel, Eier, Früchte, Steinobst
Lebensraum:	Wald und Flur, aber auch in der Stadt, z. B. Dachböden

Tieren auf der Spur

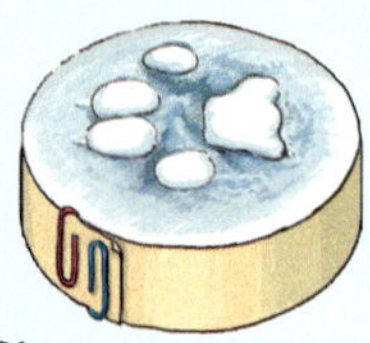

Material:
Streifen aus Tonkarton,
zwei Büroklammern,
Gefäß mit angerührtem Gips

- Tierspur auf Waldboden suchen
- Kreis aus Tonkarton und Büroklammern bilden, damit die Spur umranden
- Kreis mit Gips ausgießen
- warten, bis der Gips trocken ist
- herausfinden, von welchem Tier der Abdruck stammt

- verschiedenen Textsorten Informationen entnehmen
- Textsorten unterscheiden
- einen Zeitungsartikel schreiben
- einen Brief aus der Sicht eines Tieres schreiben
- einen Steckbrief erstellen

Eichhörnchen (Sciurus vulgaris), schwärzlich/tiefbraun bis hell rötlichbraun gefärbte Tiere mit heller Bauchseite; Körper etwa 20–27 cm lang, Schwanz etwas kürzer, sehr buschig; Ohren mit deutlichem Haarpinsel; 200–500 g schwer; ernährt sich von Haselnüssen, Bucheckern, Fichtenzapfen, Eicheln, Beeren, Obst, auch Pilzen, Insekten, Schnecken und gelegentlich Vogeleiern und Jungvögeln; wird 8–10 Jahre alt; lebt in Wäldern, baumbestandenen Gärten und Parks

Wie gut, dass ein Hase nicht lesen kann,
dachte der Hase und rieb sich die Pfoten.
Er holte tief Luft und öffnete dann
die Tür mit der Aufschrift *Zutritt verboten.*

Frantz Wittkamp

Der Eidechsenräuber

Gestern wollte ich die Uhrzeit auf der Kirchturmuhr nachschauen. Dabei habe ich eine interessante Beobachtung gemacht: Aus der Turmöffnung stürzte sich plötzlich ein Vogel herab auf das kleine Mäuerchen vor der Kirche.
Als er wieder davonflog, trug er etwas Zappelndes in seinem Schnabel.
Mir fiel ein, dass sich auf dieser Mauer im Sommer oft Eidechsen sonnen.
Der Vogel hatte auf seinem rotbraunen Gefieder dunkle Flecken und eine weißliche Unterseite. Zu Hause habe ich den Vogel in meinem Tierbuch entdeckt.
Es war ein Turmfalke und Eidechsen sind eine seiner Lieblingsspeisen.

4 Wem gefällt es wo?

a) Findet Antworten auf diese Fragen:
- Wem gefällt es auf dem Dachboden?
- Vor wem müssen Jungvögel Angst haben?
- Wem schmecken Eidechsen?

b) Stellt euch weitere „Wem-Fragen".

c) Schreibt die Antworten auf und markiert Artikel und Nomen im Wem-Fall (Dativ).

5 Zutritt verboten

Was findet der Hase hinter der Tür?
Was erlebt er dort?
Schreibe es auf.

6 Tierisches

a) Was bedeuten diese Redensarten?
Ordne zu. Du erhältst ein Lösungswort.

1 jemandem einen Bären aufbinden

2 ein Wolf im Schafspelz sein

3 Schwein haben

4 schlafen wie ein Murmeltier

P sich harmlos geben, aber schlechte Absichten haben

U Glück haben

R sehr fest schlafen

S jemandem absichtlich die Unwahrheit erzählen

b) Male die Redensarten oder spiele sie.

7 Wörter mit -chs

Fu__, La__, Da__, Lu__, O__e, se__, …

Sammle weitere Wörter mit -chs. -chs
Bilde Sätze damit.

Methodentraining
- Internetsuche

- Sätze zum Dativ bilden
- sich mithilfe eines eigenen Textes mit einem Gedicht auseinandersetzen
- Redensarten und ihre Bedeutungen kennenlernen
- Wörter mit -chs bilden

Was wächst denn da?

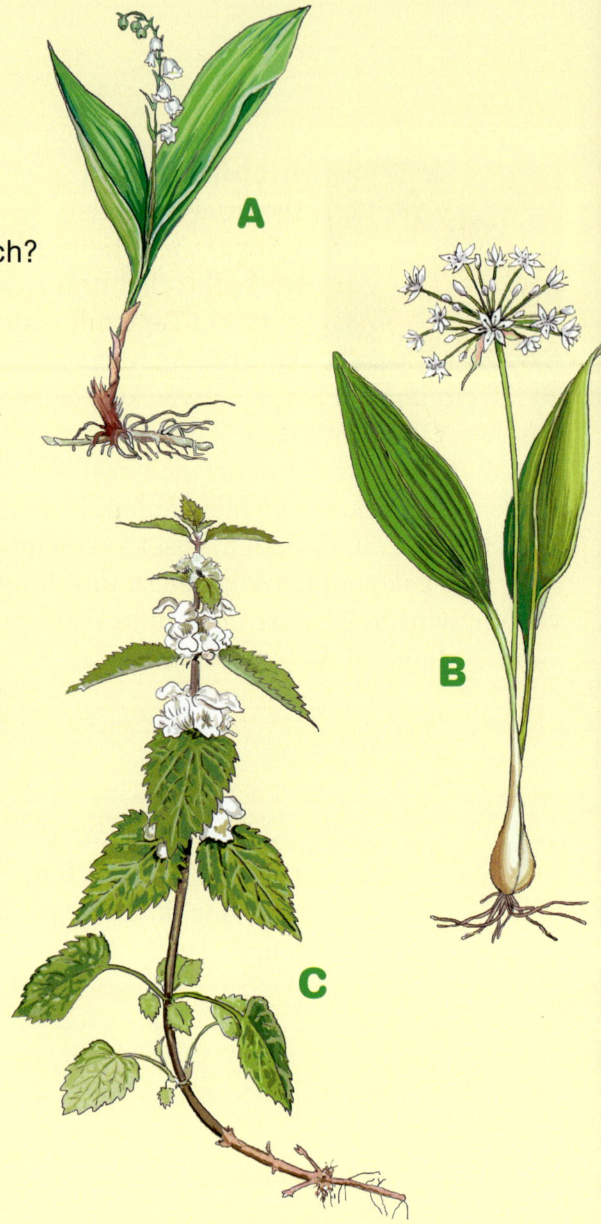

1 Schau genau

a) Ordne die Steckbriefe den Pflanzen zu.

b) Welche der Pflanzen sieht der giftigen Pflanze ähnlich?

2 Namenssuche

Zu einer der Pflanzen auf dieser Seite gibt es keine Beschreibung.

a) Beschreibe diese Pflanze genau in einem Steckbrief.

b) Vergleicht eure Beschreibungen.

c) Findet heraus, wie die Pflanze heißt. Pflanzen-Bestimmungsbücher können euch helfen.

d) Ergänze deinen Steckbrief mit Informationen aus den Büchern.

3 Auf geht's – in den Wald!

Material: Papier, Schreibunterlage, Bleistift, Buntstifte

a) Sucht die Pflanzen von dieser Seite. Schreibt genau auf, wo ihr sie gefunden habt, z.B.: *unter einer Buche, am Waldrand, am Bachufer …*

b) Suche dir eine etwa 1 x 1 m große Stelle aus. Schau, was dort wächst. Wähle eine Pflanze aus, zeichne sie genau und notiere den Standort.

c) Finde heraus, wie die Pflanze heißt. 

d) Sammelt eure Zeichnungen in eurem Waldbuch.

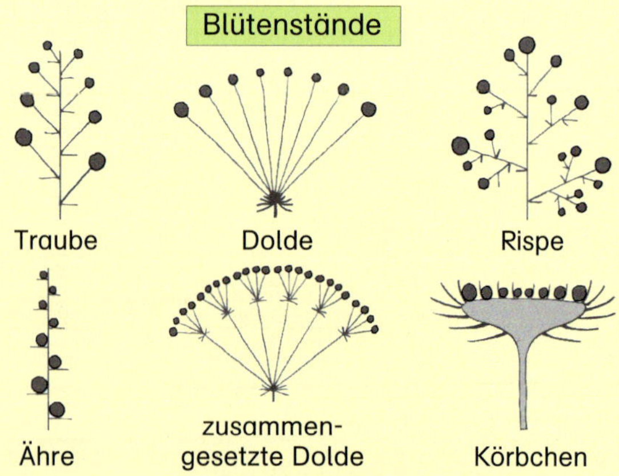

4 Socken pflanzen

Ziehe eine alte Wollsocke über den Schuh und gehe damit langsam über eine Waldlichtung. Pflanze die Socke ein und gieße sie regelmäßig.* Beobachte, was passiert.

***TIPP!**
nur mit wenig Erde bedecken

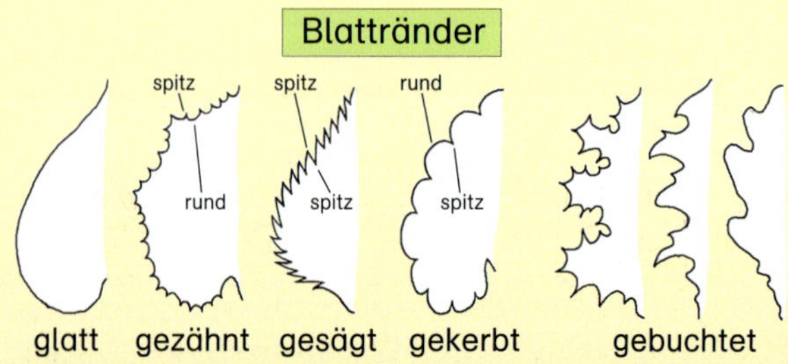

- Bestimmungskriterien von Pflanzen kennenlernen und anwenden
- Pflanzen mithilfe der Bestimmungskriterien vergleichen
- einen Pflanzensteckbrief erstellen

Blattformen

Die Weiße Taubnessel
Höhe: 20 bis 50 cm **Blütezeit:** April bis Oktober
Blüten: weiß, wie ein geöffnetes Maul mit Ober- und Unterlippe
Blätter: oval, spitz zulaufend, immer zwei gegenüber am Stängel
Blattränder: gesägt
Wurzel: Wurzelstock
Besonderheit: sieht Brennnessel sehr ähnlich, brennt aber nicht

Der Bärlauch
Höhe: 15 bis 50 cm **Blütezeit:** April bis Juni
Blüten: weiß, Dolde, einzelne Blüten wie Sternchen
Blätter: lang, schmal, spitz zulaufend
Blattränder: glatt
Wurzel: Zwiebel
Besonderheit: starker Knoblauchduft

Die Walderdbeere
Höhe: 5 bis 20 cm **Blütezeit:** Mai bis Juni
Blüten: weiß, innen gelb, fünf Blütenblätter
Blätter: oval, spitz zulaufend, immer drei an einem Stängel
Blattränder: gesägt
Wurzel: Wurzelstock
Besonderheit: Früchte wie Erdbeere, aber kleiner

Das Maiglöckchen
Höhe: 10 bis 25 cm **Blütezeit:** Mai bis Juni
Blüten: weiß, wie kleine Glöckchen, mehrere hängen nach einer Seite am Stängel
Blätter: zwei, breit und länglich, spitz zulaufend
Blattränder: glatt
Wurzel: Wurzelstock
Besonderheit: starker, angenehmer Duft, giftig

Vergiftungsgefahr !!!

Der Waldsauerklee
Höhe: 5 bis 25 cm **Blütezeit:** April bis Mai
Blüten: weiß, fünf Blütenblätter, jede Blüte einzeln am Stängel
Blätter: kleeblattförmig gefiedert, an langen Stängeln
Blattränder: glatt
Wurzel: Wurzelstock
Besonderheit: schmeckt säuerlich, wird für Salate verwendet

- durch genaues Beobachten typische Merkmale einer Pflanze entdecken
- sich selbstständig Informationen über Wildpflanzen beschaffen

Wir richten einen Ordner ein

Wozu?

- Du kannst Dinge aus diesem Schuljahr so aufbewahren, dass du sie schnell wiederfindest.

Wie geht das?

- sortieren und Unwichtiges wegwerfen
- restliche Dinge nach Themen ordnen
- Ordnungshilfen bereitlegen
- Trennblätter beschriften
- Inhaltsverzeichnis schreiben
- Ordner von außen beschriften

***TIPP!**
Trennstreifen selbst herstellen

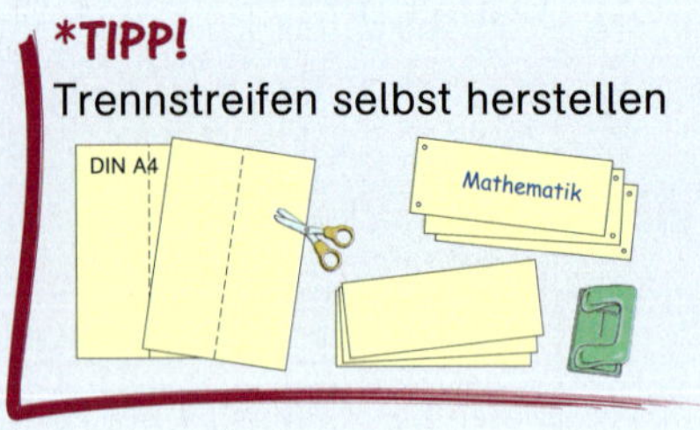

Ordnungshilfen	**Damit kannst du:**
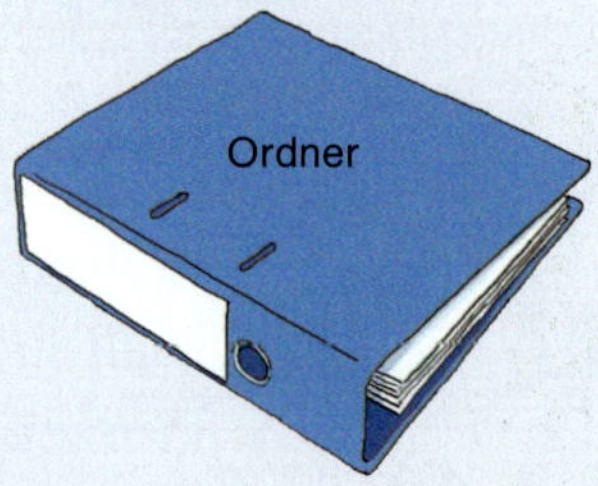	– verschiedene Materialien übersichtlich aufbewahren
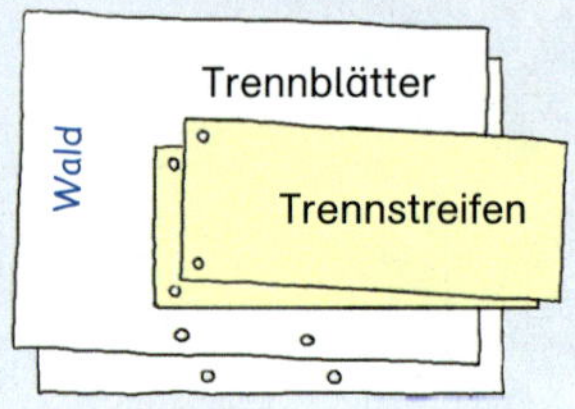	– den Ordner mit Trennblättern oder Trennstreifen* nach Themen einteilen
	– mit einem Griff herausnehmen, was zusammengehört
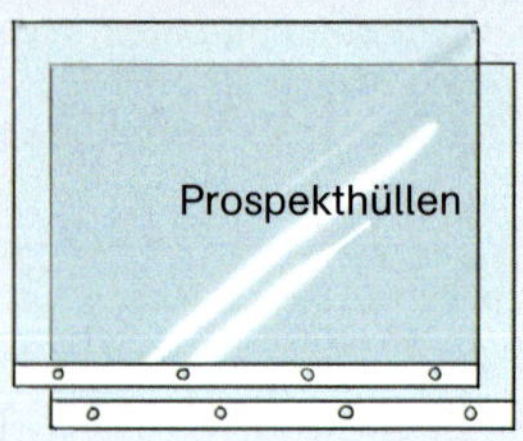	– aufbewahren, was nicht gelocht werden soll

Wie fange ich an?

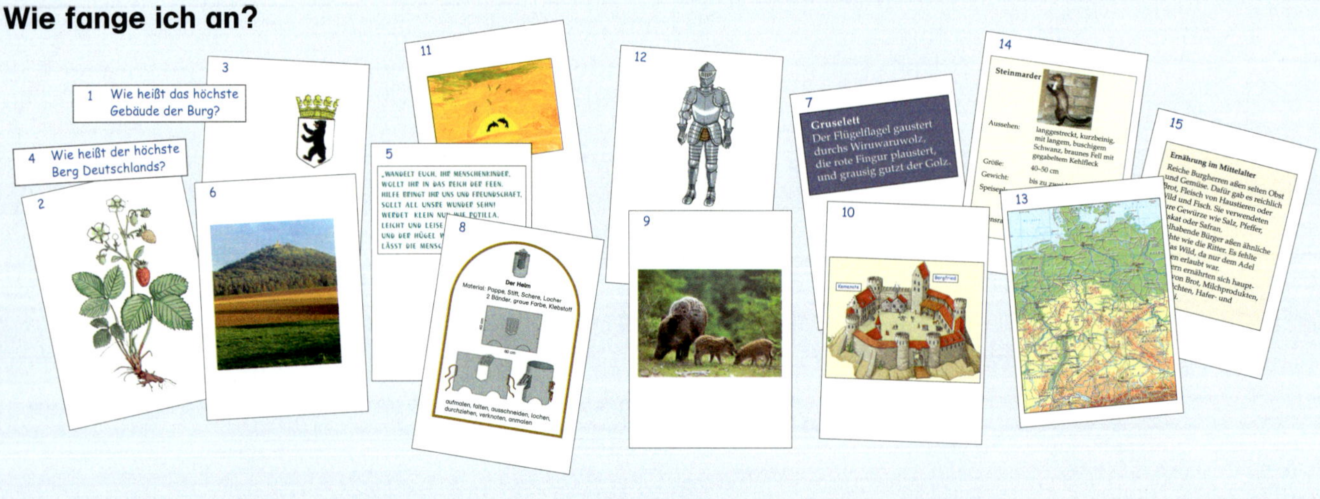

a) Ordne diese Dinge so, dass du sie abheften kannst. Was schreibst du auf die Trennstreifen?

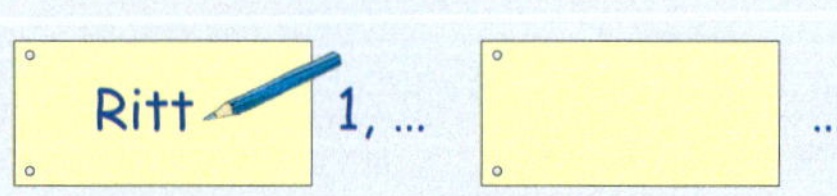

b) Ordne deine eigenen Materialien in einem Ordner.

Sprachwerkstatt

- Kopiert die Werkstatt-Karten auf den Seiten 144–153 und 158–160.
- Stellt für die **Grammatikwerkstatt** die Karten in einen Kasten. Stellt für den **Satz-Baukasten** Satzteile aus Pappe, Moosgummi oder farbigem Papier her.
- Stellt die Karten für die **Textwerkstatt** in einen zweiten Kasten (falls ihr das nicht schon im dritten Schuljahr getan habt). Erweitert die Textwerkstatt mit eigenen Tipps und Ideen für gute Geschichten.

Grammatikwerkstatt

Werde Sprachforscher oder Sprachforscherin!

Untersuche mit den Karten auf den Seiten 144–153 Wörter und Sätze.

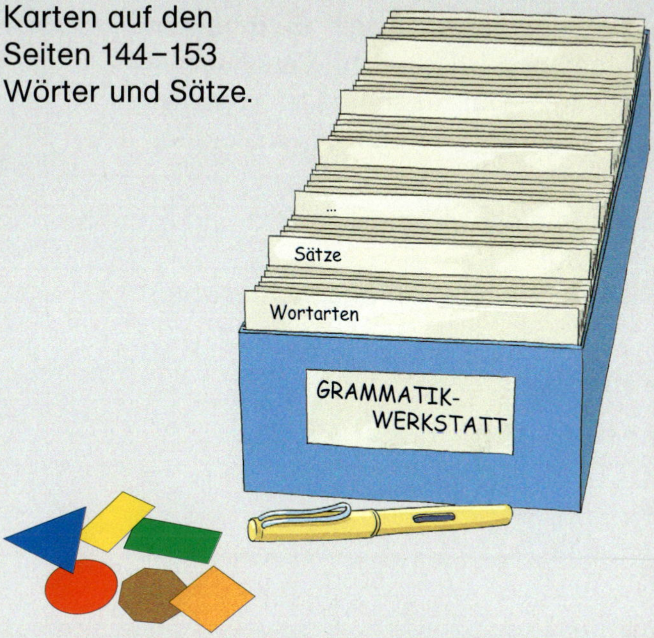

Rechtschreibwerkstatt

- Übe Lernwörter planvoll alleine (S. 161) oder im Spiel mit anderen Kindern.

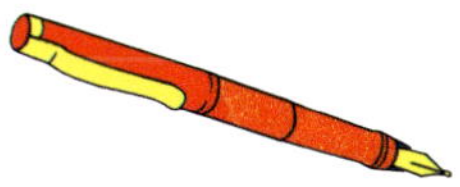

• übe

• sammle

• ordne

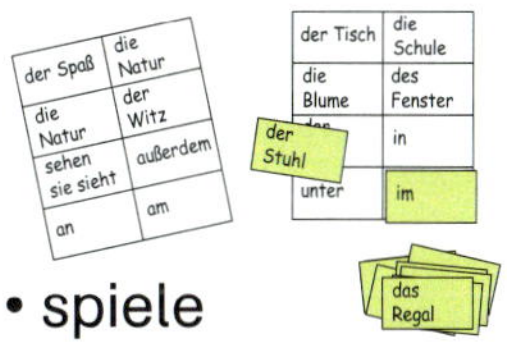

• spiele

Textwerkstatt

Schreibe wie ein Profi!
Überarbeite deine Texte alleine oder in einer Schreibkonferenz mit den Karten der Textwerkstatt auf den Seiten 158–160.

Grammatikwerkstatt

Wortarten

1

Hitzefrei
Heute gibt es hitzefrei. Tim fährt mit seinem Freund zum Freibad. Vor der Kasse wartet eine lange Schlange. Die Jungen stellen sich an. In diesem Moment wird ein Schild ins Fenster gehängt. Darauf steht: Das Freibad ist wegen Überfüllung geschlossen.

a) Finde die 10 Nomen im Text und schreibe sie auf.
Markiere ihren Anfangsbuchstaben.

b) Arbeite mit den Aufgaben 2 und 3 auf der Karte rechts weiter.

1 Nomen

Woran erkenne ich ein Nomen?

1. Wähle einen beliebigen Text (am besten aus deinem Lieblingsbuch). Schreibe 15 Nomen heraus und markiere ihren Anfangsbuchstaben.*

***TIPP!**
Nimm keine Satzanfänge, denn dort werden **alle** Wörter großgeschrieben.

2. Ordne deine Nomen in einer Tabelle:

der	die	das

3. Unten auf dieser Karte steht eine Regel. Schreibe sie ab. Unterstreiche, was du dir merken willst.

Nomen werden **großgeschrieben**.

2

Radfahrer Hund Gras Angst
Badehose Schwimmer Chemie
Woche Freundschaft Schwimmbad
Bäume Freude Katze Liter
Weltraumforschung Verwandtschaft

a) Welche Nomen bezeichnen Menschen, Tiere, Pflanzen oder Sachen? Ordne sie und markiere ihren Anfangsbuchstaben:

 : Radfahrer, ...  : ...

 : ...  : ...

b) 8 Nomen bleiben übrig. Ordne sie wie in Aufgabe 2 rechts auf der Karte.

2 Nomen

Kann ich alle Nomen sehen oder anfassen?

1. Schreibe je 3 Nomen auf, die Menschen, Tiere, Pflanzen oder Sachen bezeichnen. Markiere ihren Anfangsbuchstaben.

2. Sammle Nomen für Nicht-Gegenständliches:
   - Maße: Stunde, Meter, ...
   - Gefühle: Wut, Liebe, ...
   - Wissenschaften: Mathematik, Biologie, ...
   - Beziehungen: Feindschaft, Unterschiede, ...
   - ...

3. Schreibe die Regel ab. Unterstreiche, was du dir merken willst.

Nomen bezeichnen **Menschen**, **Tiere**, **Pflanzen**, **Sachen** oder **Nicht-Gegenständliches**.

3 Nomen

1. Schreibe 15 Wörter auf, zu denen du eine Mehrzahl bilden kannst, und markiere ihren Anfangsbuchstaben:
   Es gibt viele **Träume**, **Ideen**, ...*

***TIPP!**
Wenn du dir nicht sicher bist, ob ein Wort ein Nomen ist, probiere aus, ob es zu diesem Satzanfang passt.

2. Schreibe die Regel ab.
   Unterstreiche, was du dir merken willst.

Viele **Nomen** können in der **Einzahl** und in der **Mehrzahl** stehen.

3

Hund	Spiel	Maus	Kind
Haus	Garten	Laden	Vogel
Gefahr	Zahl	Wahl	Auto
Foto	Messer	Gürtel	Bild

a) Bilde zu diesen Nomen die Mehrzahl und markiere ihren Anfangsbuchstaben:
   ein Haus - viele Häuser

b) Ordne sie nach ihrer Mehrzahlform:
   - mit **e** am Ende: Hunde, ...
   - mit **er** am Ende: Kinder, ...
   - mit **Umlaut**: Vögel, Gläser, ...
   - mit ...

   Wie viele verschiedene Mehrzahlformen findest du?

c) Sammle Nomen, die keine Einzahl haben: Eltern, Ferien, Leute, ...

d) Sammle Nomen, die keine Mehrzahl haben: Milch, Wasser, Zucker, ...

4 Nomen

1. Sammle Nomen mit diesen Endungen. Markiere den Wortbaustein und den Anfangsbuchstaben:

   - -heit: Gemeinheit, ...
   - -ung: Verzeihung, ...
   - -keit: Gemeinsamkeit, ...
   - -nis: Geheimnis, ...
   - -schaft: Gemeinschaft, ...

2. Schreibe die Regel ab.
   Unterstreiche, was du dir merken willst.

Wörter mit den **Wortbausteinen** -heit -ung -keit -nis -schaft am Ende sind **Nomen**.

4

schön	warnen	heiter	geheim
leiden	frei	wohnen	besorgt
faul	erleben	gefangen	dumm
ahnen	ehrlich	finster	wissen
feige	leiten	fröhlich	hindern
schlau	verwandt	meinen	eitel

-heit -ung -keit -nis -schaft

- Mach mit diesen Wortbausteinen aus den Verben und Adjektiven Nomen:
  schön - die Schönheit, ...

5

Ich habe mich an einer Tür verletzt.

a) Sag's genauer!
Welche Tür könnte gemeint sein?
eine Glastür, eine Autotür, eine ...

b) Sag's kürzer!
ein Stuhl aus Holz – ein Holzstuhl
ein Stuhl fürs Büro – ...
ein Stuhl für den Garten – ...
ein Stuhl, der fährt – ...
ein Stuhl, der rollen kann – ...

c) Bearbeite Aufgabe 3 auf der Karte.

5 Nomen

Warum werden manche Nomen zusammengeschrieben?

1. Schreibe vier Nomen aus der Wörterliste ab:
   z.B. Abend, Afrika, Ameise, Ampel
2. Suche andere Wörter, die du damit zusammensetzen kannst:
   der Sommerabend, der Winterabend, ...
   oder: das Abendbrot, die Abendsonne, ...
3. Suche in deinem Lieblingsbuch 5 zusammengesetzte Nomen.
   a) Zerlege sie: der Ponyhof: das Pony + der ...
   b) Setze daraus neue Nomen zusammen:
   der Bauernhof, der Schulhof, ...
4. Schreibe die Regel ab.
   Unterstreiche, was du dir merken willst.

Nomen können mit anderen Wörtern zu einem neuen Wort **zusammengesetzt** werden. Der erste Teil beschreibt das Nomen am Ende genauer.

6

Wer hilft wem?

________ weint.
Wer oder was?

Das Spielzeug ________ ist kaputt.
Wessen?

Ich helfe ________.
Wem?

Mama tröstet ________.
Wen oder was?

dem Jungen | der Junge | den Jungen | des Jungen

a) Suche ein Nomen aus der Wörterliste und setze es in diesen Text ein.

b) Bearbeite die Aufgabe 2 auf der Karte.

6 Nomen

Warum verändern sich Nomen im Satz?

1. Setze dein Wort zur Probe in diese Sätze ein:

________ ist auf der Straße.
Wer oder was?

Die Ohren ________ wackeln.
Wessen?

Eine Katze begegnet ________.
Wem?

Sie will ________ ärgern.
Wen oder was?

der Maus | des Hundes | die Maus | dem Hund | das Kind | der Hund | den Hund

2. Setze dein Wort in die Tabelle ein:

Nominativ	Wer-oder-was-Fall	...
Genitiv	Wessen-Fall	...
Dativ	Wem-Fall	...
Akkusativ	Wen-oder-was-Fall	...

3. Schreibe die Regel ab.
   Unterstreiche, was du dir merken willst.

Nomen können in 4 verschiedenen **Fällen** stehen.

7 Pronomen

In meinen Texten wiederholen sich oft Nomen. Was kann ich dagegen tun?

1. Du kannst Nomen durch Pronomen ersetzen. Suche Pronomen in Texten. Sammle sie und schreibe auf, für welche Nomen sie stehen:
   sie: die Falle, die Freundin, ...
   er: der Astronaut, ...
   es: ...

ich	du	er	sie	es	wir	ihr	sie
mir	dich	ihm	ihr	uns	euch	ihnen	

2. Schreibe die Regel ab. Unterstreiche, was du dir merken willst.

Pronomen können im Text für **Nomen** stehen.

7

Einladung am Telefon

„Hallo Anna."
„Hallo Tim!"
„Ich lade dich zu meinem Geburtstag ein. Kannst du kommen?"
„Ja, gerne, wann feierst du?"
„Ich feiere am Sonntag. Wir treffen uns um zwei Uhr am Kino."
„Was wünschst du dir zum Geburtstag?"
„Das habe ich mir noch nicht überlegt."

a) Schreibe den Text ab. Unterstreiche 10 Pronomen.

b) Stell dir vor, Anna trifft die Zwillinge Leo und Ole. Schreibe das Gespräch so auf, dass Anna von den beiden eingeladen wird. Welche Pronomen gebrauchst du dann? Unterstreiche sie.

c) Arbeite mit Aufgabe 1 auf der Karte weiter.

8 Artikel

Gibt es noch mehr Artikel als **der**, **die**, **das**?

1. Schreibe aus deinem Lieblingsbuch 10 Nomen mit ihrem Artikel heraus. Unterstreiche die Artikel:
   ein Baum, eine ... einer ... eines ... einen ... einem ...
   der ... die ... das ... des ... dem ... den ...
2. Schreibe aus einem Text 3 Stellen ab, bei denen zwischen Artikel und Nomen andere Wörter stehen. Unterstreiche Artikel und Nomen:
   eine beliebte Speise, einen großen Bau, ...
3. Finde die versteckten Artikel in diesen Wörtern:

am	beim	im	vom	zum	zur

   am = an dem, beim = ...
4. Schreibe die Regel ab. Unterstreiche, was du dir merken willst.

Vor **Nomen** kann ein **unbestimmter Artikel** (ein, eine) oder ein **bestimmter Artikel** (der, die, das) stehen.

8 Zirkus in der Schule

A

Ein kleines Mädchen fährt Einrad. Hinter ihr übt ein großer Junge den Handstand. Ein Mädchen jongliert mit drei Bällen. Plötzlich bellt ein Hund. Ein Junge fällt auf die Nase.

B

Ein kleines Mädchen fährt Einrad. Hinter ihr übt ein großer Junge den Handstand. Das Mädchen jongliert mit drei Bällen. Plötzlich bellt ein Hund. Der Junge fällt auf die Nase.

a) Schreibe einen der Texte ab. Unterstreiche alle Artikel mit dem dazugehörenden Nomen.

b) Wie viele Kinder kommen in Text **A** vor? Wie viele Kinder sind es in Text **B**? Kannst du das erklären?

9

Schulfest

Am Samstag gehen viele Kinder zum Schulfest. Sie spielen, essen und helfen an den Ständen. Ina läuft auf Stelzen. Erol dreht die Lostrommel. Anna hüpft mit einem Sack. Tim füllt am Kerzenstand die Wasserpistolen. Tom spült Teller und Tassen. Nur Ina macht nichts. Sie beobachtet lieber eine Spinne, die gerade ihr Netz spinnt.

a) Suche die 12 Verben im Text und schreibe sie untereinander:
gehen
spielen

b) Prüfe mit Aufgabe 1 auf der Karte, ob die Wörter Verben sind.

TIPP!
Viele Verben kann man vorspielen.
Macht ein Ratespiel daraus.

9 Verben

Woran erkenne ich ein Verb?

1. Wähle einen beliebigen Text.
   Schreibe 15 Verben heraus.
   So kannst du nachprüfen, ob die Wörter Verben sind:

ich ____ (Verb), du ____ (Verb), er ____ (Verb), sie ____ (Verb)

Oder so:

Ich ____ (Verb), meine Freundin / mein Freund ____ (Verb) auch.

2. Schreibe die Regel ab.
   Unterstreiche, was du dir merken willst.

Verben sagen, was jemand **tut** oder was **geschieht**.
Verben werden **kleingeschrieben**.

10

rennst	bringe	fällt	wäschst	
gehen	geht	siehst	trinke	hält
schwimmst	fühlen	denkt	sehe	
redest	backe	wohnen	bringst	
zählen	wascht	wohne	haben	

a) Ordne diese Verben den Personalformen auf der Karte zu. Welche Verbformen passen zu mehreren Pronomen?

b) Welche Personalform ist gleichzeitig die **Grundform**, unter der man Verben im Wörterbuch nachschlagen kann?

10 Verben

Was hilft mir, die Endungen von Verben richtig zu schreiben?

Verben haben bestimmte Wortbausteine als Personalendung.

einer		mehrere	
ich ____	e	wir ____	en
du ____	st	ihr ____	t
er, sie, es ____	t	sie ____	en

1. Setze ein Verb in alle Personalformen. Kennzeichne Stamm und Personalendung:
   ich sage, du sagst, ...
2. Lerne die Personalendungen auswendig.

Die Bausteine am Ende eines **Verbs** richten sich nach der Person, die etwas tut.
Sie heißen **Personalendungen**.

11 Verben

Woran kann ich Verben ganz sicher erkennen?

Hier kannst du nur Verben einsetzen:

ⓐ Heute lache ich.

ⓑ Vorhin habe ~~bin~~ ich gelacht.

ⓒ Damals lachte ich.

ⓓ Morgen werde ich lachen.

2. Suche 5 Verben in deinem Lieblingsbuch. Setze sie wie oben in vier verschiedene Zeitformen.
3. Lies dir die Regel unten auf der Karte durch. Zeichne eine Tabelle zu den vier Zeitformen. Suche Verben für deine Tabelle.

Verben können verschiedene **Zeitformen** bilden:
ⓐ **Gegenwart (Präsens)**
ⓑⓒ **Vergangenheit (Perfekt + Präteritum)**
ⓓ **Zukunft (Futur)**

11

Gestern, heute, morgen

Früher spielten die Kinder noch Fußball auf der Straße. Für uns ist das inzwischen viel zu gefährlich. Wir haben bis heute Mittag auf dem Spielplatz mit meinem neuen Ball gespielt. Weil es jetzt regnet, spielen wir im Haus weiter. Wenn die Sonne scheint, werden wir morgen wieder draußen spielen.

a) Suche vier verschiedene Zeitformen des Verbs **spielen** in diesem Text und schreibe sie auf:
Gegenwart (Präsens): wir sp...
Vergangenheit (Perfekt): wir haben ...
Vergangenheit (Präteritum): wir ...
Zukunft (Futur): wir ...

b) Schreibe auch für diese Verben alle vier Zeitformen auf:

fragen | singen | drehen | lesen

12 Adjektive

Woran erkenne ich ein Adjektiv?

1. Suche10 Adjektive aus der Wörterliste. Setze sie vor ein Nomen oder in diesen Satz:

das ____ Etui   Das Etui ist ____ .

alt | schön | bunt | groß | klein | ordentlich

Oder:
Setze in einem von dir geschriebenen Text vor 10 Nomen ein Adjektiv.

2. Vergleiche mithilfe von Adjektiven:

Grundform	1. Vergleichsstufe	2. Vergleichsstufe
groß	größer	am größten

Adjektive beschreiben, wie etwas ist.
Adjektive können zwischen Artikel und Nomen stehen. Mit **Adjektiven** kann man vergleichen.

12 Groß und stark, klein und pfiffig

a) Vergleiche Obelix, Asterix und Idefix miteinander. Verwende diese Adjektive:

groß | klein | dick | stark | pfiffig

Obelix ist größer als ...

b) Suche zu den Adjektiven das Gegenteil:
groß – klein, dick – ...

c) Setze die Adjektive in eine Tabelle wie in Aufgabe 3 auf der Karte.

d) Passen diese Adjektive auch in deine Tabelle?

fertig | kaputt | tot

Satz-Baukasten

13 Aus Wörtern werden Sätze

1. Schreibe Wörter auf Zettel. Ordne sie nach **Wortarten**:
   Verben, Adjektive, Pronomen,
   Artikel, Nomen, andere Wörter
2. So baust du mit den Wörtern einen Satz:
   - Beginne mit einem Verb. Lege es in den roten Kreis. Dieser Satzteil heißt **Prädikat**.

   - Frage mit dem Prädikat nach weiteren Satzteilen und baue so einen **Satz**:
     Wer gibt etwas?
     Wem gibt er es?
     Wen oder **was** gibt er?
     Wann gibt er es?
     Wo gibt er es?

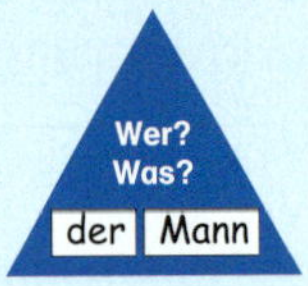

3. Schreibe deinen Satz auf. Unterstreiche die Satzteile in der richtigen Farbe.

Im **Prädikat** eines Satzes stehen immer Verben. Mit dem **Prädikat** kann nach weiteren **Satzteilen** gefragt werden.

14 Satzteile umstellen

Fast jeden Abend brachte die Katze den Kindern eine lebendige Maus ins Haus.

1. – Schreibe einen Satz auf einen Papierstreifen.
   – Schneide das Prädikat heraus. Lege es in den Satz-Baukasten.
   – Frage nach den anderen Satzteilen. Schneide sie ab und lege sie auch in den Satz-Baukasten.
2. – Stelle die Satzteile so oft wie möglich um. Bilde dabei auch einen Fragesatz.
   – Schreibe jede Möglichkeit auf.
   – Unterstreiche die Satzteile in den Farben des Satz-Baukastens.
   – Male zu jeder Umstellung den Satz-Bauplan.

…

Wörter, die beim Umstellen zusammenbleiben, sind ein **Satzteil**. Ein **Satzteil** kann aus einem oder mehreren Wörtern bestehen.
Alle Satzteile können umgestellt werden.

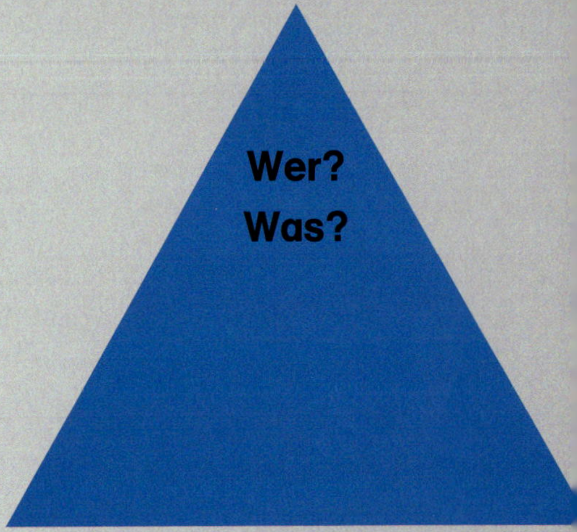

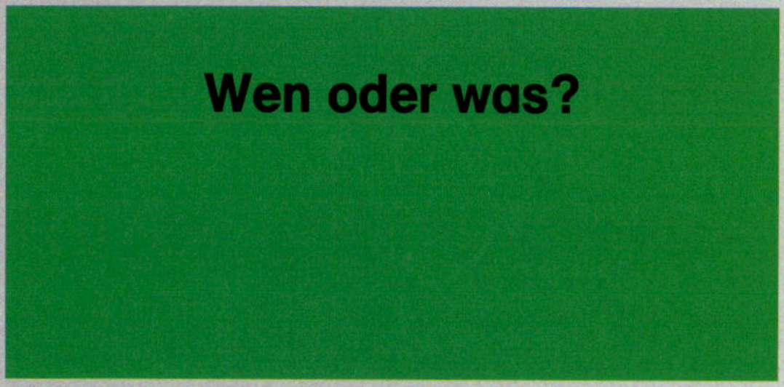

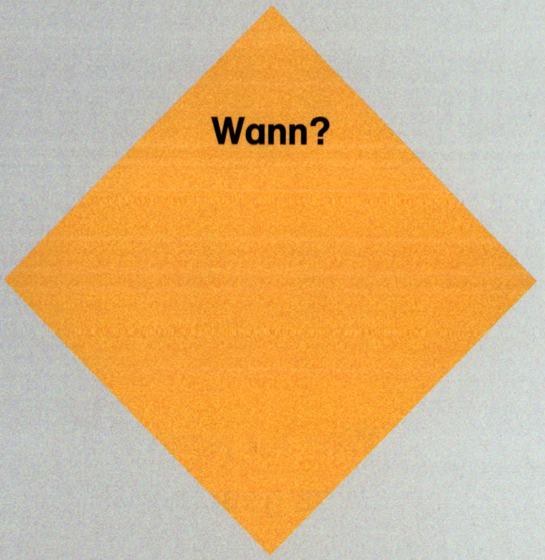

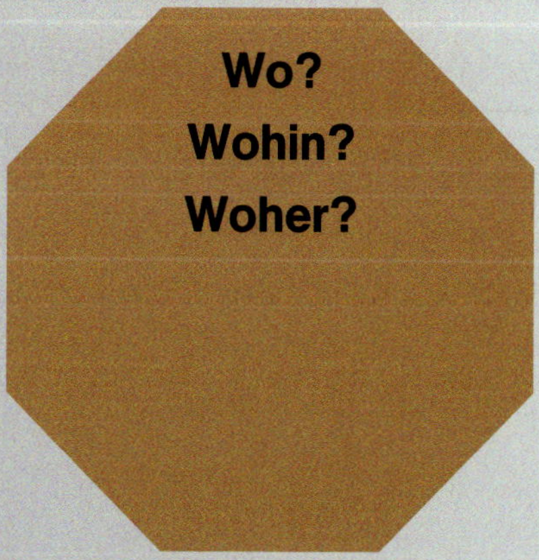

15 Subjekt und Prädikat

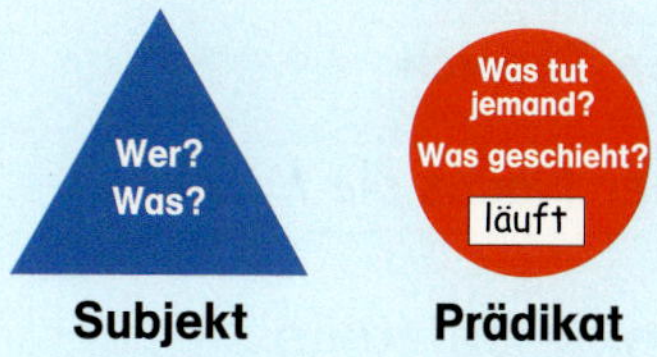

1. Frage mit dem **Prädikat** nach Wörtern, die ins blaue Dreieck passen. Dieser Satzteil heißt **Subjekt**.
2. Schreibe 10 Sätze zu diesem **Prädikat**. Nimm verschiedene Subjekte. Was stellst du fest?

du | der Computer | ich | dein kleiner Bruder

3. Finde Wörter, die zur Frage „**Wer?**" passen. Was passt zur Frage „**Was?**".

Wer? △	Was? △

Das **Subjekt** kann mit der Frage „**Wer oder was?**" gefunden werden.
Das **Prädikat** richtet sich in seiner Form nach dem **Subjekt**.

16 Satzteile unterscheiden

Dana holt … | Harun wirft … | Der Bus kam … | Leon gibt … | Özlem wusch … | Emma kommt … | Die Rakete brachte …

Frage mit dem Prädikat nach der

- Wen-oder-was-Ergänzung, (Wen oder was?)
- Wem-Ergänzung, (Wem?)
- Zeitergänzung, (Wann?)
- Ortsergänzung. (Wo? Wohin? Woher?)

Außer dem **Subjekt** braucht ein Satz oft weitere **Ergänzungen**. Mit dem Prädikat kann man nach Ergänzungen fragen.

17 Satzteile erweitern

Die Maus läuft über den Teppich.

Die Katze jagt in der Nacht die Maus.

1. Zerlege den Satz in seine Satzteile. Lege sie in den Satz-Baukasten.
2. Erweitere einzelne Satzteile mit zusätzlichen Wörtern.

TIPP!
So kannst du auch deine Geschichten interessanter machen.

Satzteile können durch zusätzliche Wörter **erweitert** werden.
Oft wird die Aussage dadurch genauer.

18 Satzteile ersetzen

Vor vielen Jahren kaufte mir mein Großvater auf dem Trödelmarkt ein altes Buch.

1. Zerlege den Satz in seine Satzteile. Lege sie in den Satz-Baukasten.
2. Probiere mehrere Möglichkeiten, das Subjekt (oder einen anderen Satzteil) zu ersetzen. Schreibe die neuen Sätze auf. Unterstreiche die ersetzten Satzteile.

   Pippi Langstrumpf | mein bester Freund | ein Besucher vom Mars

3. Ersetze einen Satzteil durch andere Wörter, ohne dabei den Sinn des Satzes zu verändern:

   an meinem 7. Geburtstag | vor langer Zeit | im Jahr 2004 | damals

TIPP!
So kannst du auch deine Geschichten interessanter machen.

Die Wörter in einem **Satzteil** können durch andere Wörter **ersetzt** werden. Dabei kann sich der Sinn des Satzes verändern oder auch gleich bleiben.

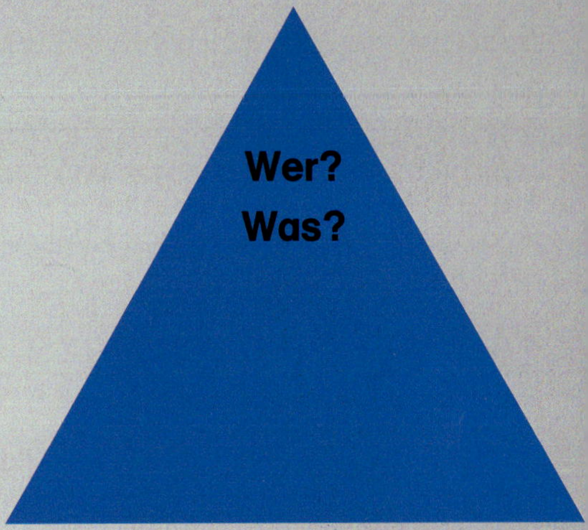

Wen oder was?

Wem?

Wann?

Wo?
Wohin?
Woher?

19 Satzteile weglassen

Die Kinder spielen in jedem Sommer auf der Wiese.

Dann schenkte mir Anna in der Schule ein Bild.

1. – Schreibe einen langen Satz auf einen Papierstreifen.
   – Zerschneide ihn und lege die Satzteile in den Satz-Baukasten.
2. – Nimm einen der Satzteile weg. Lies laut. Klingt der Satz noch richtig?
   – Probiere das mit allen Satzteilen aus. Bilde so einen Satz mit möglichst wenigen Satzteilen.
   – Schreibe den kürzesten Satz auf und male dazu einen Satzbau-Plan: △ ○
3. Welchen Verben genügt ein Satzteil als Ergänzung des Prädikates? Welche Verben brauchen mehrere Satzteile?

Es hängt vom **Prädikat** ab, wie viele weitere Satzteile der Satz unbedingt haben muss.

20 Satzarten

Ein Mädchen trinkt in der Pause Kakao.

Um zehn Uhr kommen alle Spieler auf den Platz.

1. – Schreibe einen Satz auf einen Papierstreifen.
   – Zerschneide ihn und lege die Satzteile in den Satz-Baukasten.
2. – Stelle die Satzteile so oft wie möglich um.
   – Schreibe jede Möglichkeit auf.
   – Unterstreiche die Satzteile in den Farben des Satz-Baukastens.
   – Male zu jeder Umstellung den Satz-Bauplan.
3. Verändere den Satz so, dass eine Aufforderung (ein Befehl) daraus wird. Welche Satzteile musst du verändern?
4. Wo steht das Prädikat …
   • im Aussagesatz, • im Fragesatz,
   • im Aufforderungssatz?

Im **Aussagesatz** bleibt das **Prädikat** beim Umstellen immer an zweiter Stelle. Wenn man das **Prädikat** nach vorne stellt, entsteht ein **Fragesatz**.
Im **Aufforderungssatz** steht das Prädikat vorne und das **Subjekt** fehlt.

Der Sprache auf der Spur – ein Grammatikspiel

Spielvorbereitung

Aufgabenkarten herstellen:

- Seite 155 kopieren
- eigene Aufgaben ausdenken und auf Kärtchen schreiben
- Zeichen für Burg, Insel, Brücke, Tunnel, Weg und Baustelle auf die Rückseiten der Karten malen

- Karten laminieren und ausschneiden
- Karten nach Sorten in 6 Stapel sortieren und neben den Spielplan legen

Ziel des Spiels

Jeder Mitspieler versucht, 6 verschiedene Aufgabenkarten in seinen Besitz zu bringen.

Spielablauf

- Es wird reihum gewürfelt. Wer eine 6 wirft, startet auf einem Bootssteg eigener Wahl. 
- Auch während des weiteren Spiels kann mit einer 6 jederzeit zu einem beliebigen Bootssteg gewechselt werden. 
- Es darf vorwärts und rückwärts gezogen werden.
- Es gibt 6 Stationen:

An jeder Station gibt es markierte Felder:

Burg der Verben 

Insel der Nomen 

Weg der Pronomen 

Brücke der Artikel 

Satz-Baustelle 

Tunnel der Adjektive 

Zieht eine Figur beim Würfeln auf eines dieser Felder, wird eine entsprechende Aufgabenkarte vom Stapel genommen. Bei richtiger Antwort darf die Karte behalten werden.
Das Spiel endet, sobald ein Spieler 6 verschiedene Aufgabenkarten gesammelt hat.

Nenne 4 Verben.

Nenne eine Personalform des Verbs **denken**.

Nenne eine Vergangenheitsform des Verbs **reiten**.

Nenne 5 Verben mit einer Vorsilbe.

Nenne 5 Nomen, die mit **B** anfangen.

Bilde die 4 Fälle zum Nomen **Berg**.

Bilde 3 zusammengesetzte Nomen mit **Ball**, **Platz** und **Tür**.

Finde zu 5 Nomen die Mehrzahl.

Verwandle diese Wörter in Nomen: **sicher**, **gleich**, **herrschen**.

Sind **dem** und **den** auch Artikel?

Welche Artikel passen zum Nomen **Abenteuer**?

Sind **ein** und **eine** auch Artikel?

Nenne 3 Adjektive, die zu dir passen.

Verwandle die Nomen **Durst** und **Wunder** in Adjektive.

Bilde 3 Sätze und steigere dabei das Adjektiv **heiß**.

Welches Pronomen gebrauchst du, wenn du von dir selbst sprichst?

Welches Pronomen kann das Nomen **Boot** ersetzen?

Bilde einen Satz, der nur aus Subjekt und Prädikat besteht.

Bilde einen Aufforderungs-, einen Frage- und einen Aussagesatz.

Bilde einen Satz aus 4 Satzteilen.

Der Sprache auf der Spur

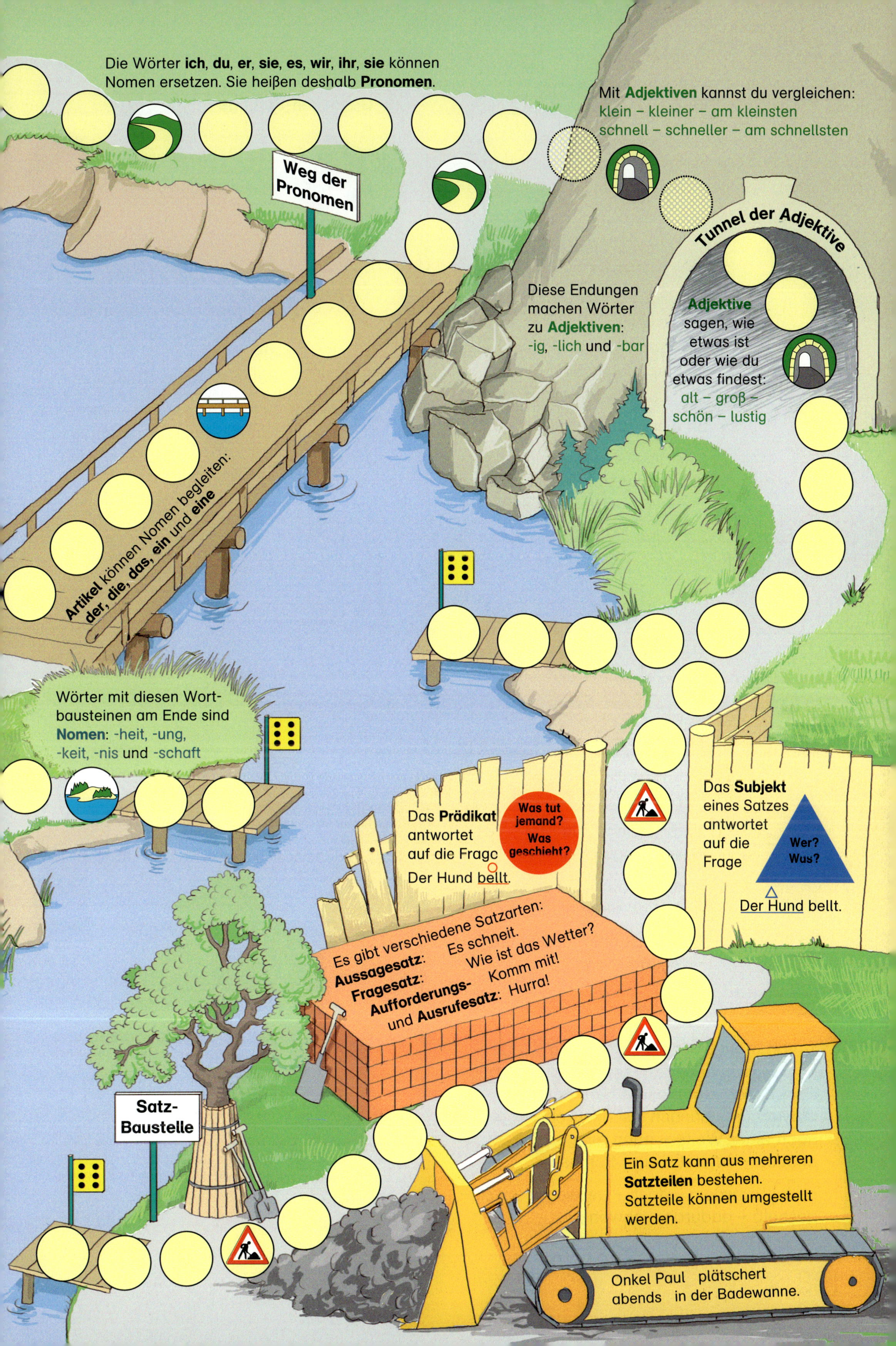

Die Wörter **ich**, **du**, **er**, **sie**, **es**, **wir**, **ihr**, **sie** können Nomen ersetzen. Sie heißen deshalb **Pronomen**.
Weg der Pronomen
Mit **Adjektiven** kannst du vergleichen: klein – kleiner – am kleinsten schnell – schneller – am schnellsten
Tunnel der Adjektive
Diese Endungen machen Wörter zu **Adjektiven**: -ig, -lich und -bar
Adjektive sagen, wie etwas ist oder wie du etwas findest: alt – groß – schön – lustig
Artikel können Nomen begleiten: **der**, **die**, **das**, **ein** und **eine**
Wörter mit diesen Wortbausteinen am Ende sind **Nomen**: -heit, -ung, -keit, -nis und -schaft
Das **Prädikat** antwortet auf die Frage
Was tut jemand? Was geschieht?
Der Hund bellt.
Das **Subjekt** eines Satzes antwortet auf die Frage
Wer? Was?
Der Hund bellt.
Es gibt verschiedene Satzarten:
Aussagesatz: Es schneit.
Fragesatz: Wie ist das Wetter?
Aufforderungs- Komm mit!
und **Ausrufesatz**: Hurra!
Satz-Baustelle
Ein Satz kann aus mehreren **Satzteilen** bestehen. Satzteile können umgestellt werden.
Onkel Paul plätschert abends in der Badewanne.

Textwerkstatt

1 Punkte setzen

1. Lies den Text laut. Wo machst du beim Lesen eine Pause?

   Setze mit dem Bleistift Punkte an diese Stellen.
2. Lies den Text noch einmal laut. Mache Pausen bei den Punkten. Stimmen deine Sätze so?
3. Schreibe die Satzanfänge groß.

Es
~~es~~

2 Gedanken-Sprünge

1. Lies den Text laut vor.
2. Welche Fragen haben deine Zuhörer? Wo musst du noch etwas ergänzen? Setze an diese Stellen ein *.
3. Schreibe in die freie Reihe, was dir dazu noch einfällt.

Schranktür
× Schrank. Rums! Die * Tür geht auf. Ich

TIPP!
Wenn der Platz nicht ausreicht, setze Nummern an den Text und schreibe deine Ideen unter das Ende des Textes. *1 *2

3 Satzanfänge I

1. Unterstreiche alle Satzanfänge gelb.
2. Lies die unterstrichenen Wörter laut. Was klingt nicht gut?
3. Du kannst überflüssige Wörter
   - **wegstreichen**

   oder
   - **ersetzen**

~~Und~~

WÖRTERKISTE

zuerst – als Erstes – am Anfang – jetzt – nun – anschließend – sofort – plötzlich – auf einmal – in diesem Moment – inzwischen – danach – schließlich – später – nach einer Weile – nach einiger Zeit – endlich – zuletzt – zum Schluss

aber – trotzdem – doch – deswegen – weil – deshalb – dadurch – obwohl, ...

4 Satzanfänge II

1. Unterstreiche alle Satzanfänge gelb.
2. Lies die unterstrichenen Wörter laut. Welche wiederholen sich?
3. Die Wörter vom Satzanfang kannst du im Satz verstecken. Dazu musst du Satzteile umstellen.

Wir → haben → einen Ausflug | in den Wald | gemacht.
gestern → (an den Satzanfang)

5 Treffende Verben

1. Unterstreiche alle Verben rot.
2. Lies die Verben laut. Beschreiben sie genau, was geschieht?

   macht tut geht

3. Ersetze möglichst viele ungenaue Verben durch treffendere:

   WÖRTERKISTE

schlägt	rührt	schleicht
~~tut~~	~~macht~~	~~geht~~

4. Lies den Satz laut: Hört er sich richtig an?

TIPP!
Kontrolliere mit der Werkstatt-Karte 11, ob die Erzählzeit stimmt.

6 Interessante Überschriften

Deine Überschrift sollte

- **kurz sein**

  Wie Fips ~~das Müsli klaute~~ — Fips, der Körnerdieb

  3 b ~~gewinnt Fußballspiel~~ — Gewonnen!

- **Leser neugierig machen**

  ~~Ole verläuft sich~~ — Wo steckt Ole?

  ~~Wir spritzen uns nass~~ — Wasser marsch!

- **nicht zu viel verraten**

  ~~Baski wird gerettet~~ — Baski in Gefahr

  ~~Lena fällt vom Baum~~ — Gefährliches Spiel

7 Geschichten-Anfänge

1.

- **wer** … Lisa hatte sich schon lange einen Hund gewünscht.
- **wann** … Als ich gestern aus der Schule kam, sprang … Es war einmal …
- **wo** … etwas erlebt Mitten im großen Wald lebte eine kleine …

Oder:

- Der Anfang macht neugierig und informiert erst später: Rums! Mit einem Knall landete die blaue Tasse …

2. Lies die beiden ersten Sätze deiner Geschichte. Machen sie neugierig?

Überlege, ob du hier mehr über den Ort, die Zeit oder die Personen erzählen solltest.

8 Geschichten ausbauen I

Zwischen **Anfang** und **Ende** erzählt deine Geschichte etwas Wichtiges oder Interessantes. Dieser „Bauch“ deiner Geschichte sollte nicht zu dünn sein. „Füttere“ deine Leser mit genauen Informationen, damit sie sich alles gut vorstellen können.

1. Lies deine Geschichte. Unterstreiche mit Bleistift die wichtigste Stelle, den **Höhepunkt**.
2. Was passiert genau? Schreibe noch mehr Einzelheiten.

TIPP!
Weitere Ideen findest du auf den Werkstatt-Karten 9 und 10.

9 Geschichten ausbauen II

Zwischen
Anfang und **Ende**

erzählt deine Geschichte etwas Wichtiges oder Interessantes. Dieser „Bauch“ deiner Geschichte sollte nicht zu dünn sein.

1. Lies deine Geschichte. Unterstreiche mit Bleistift die wichtigste Stelle, den **Höhepunkt**.
2. Füge wörtliche Rede, Ausrufe oder Geräusche ein.

Sie schrie: | Ich brüllte: | Er stotterte: | Sie flüsterte:

Verschwinde! | Lass das! | Nanu! | Igitt! | Aua! | Pst! | Platsch!

10 Geschichten ausbauen III

An manchen Stellen kannst du mit Adjektiven genauer erzählen,

- wie etwas aussieht,
  dicke, schwarze | kleine, flinke → eine Spinne
- wie es riecht,
  frisch | muffig
- wie es sich anfühlt,
  weich | rau | spitz | flauschig
- wie es sich anhört,
  laut | leise | sanft | zart
- wie du etwas findest,
  freundlich | niedlich | geheimnisvoll | seltsam
- wie sich deine Personen fühlen.
  entsetzt | traurig | zornig | aufgeregt | munter

11 Zeit-Sprünge

Die Erzählzeit in einer Geschichte sollte nicht durcheinandergehen.

1. Unterstreiche alle Verben rot.
2. Lies die unterstrichenen Verben laut. Stimmt die Erzählzeit in deiner Geschichte?

Gegenwart	Vergangenheit
Es ist schon 7 Uhr. Mesut will nach dem Training noch schnell bei seinem ...	Gestern Abend ging Mesut nach dem Training zu seinem Freund Finn. Er wollte sich ein ...

TIPP für Profis!
Es kann die Spannung steigern, den Höhepunkt einer Geschichte in der Gegenwart zu erzählen (aber nur den Höhepunkt!).

12 Geschichten „anhalten“

1. An spannenden Stellen kannst du deine Leserinnen und Leser für einen kurzen Moment „zappeln“ lassen durch:
   - eine **Frage**
     Was war das? | Wieso half mir niemand? | Was sollte ich tun? | Wo blieben meine Eltern?
   - einen **Ausruf**
     Da geschah etwas Unglaubliches! | Hilfe! | So ein Pech!
   - **Ansprache der Leser**
     Du willst wissen, wie es weiterging? | Ihr ahnt nicht, wer vor mir stand! | Was glaubt ihr, wer herauskam?
2. Suche in deiner Geschichte eine spannende Stelle. Überlege, ob sie durch eine Frage oder einen Ausruf interessanter werden kann.

Selbstständig und planvoll üben

So kannst du selbstständig üben:
Suche aus den Lernwörtern oder einem deiner Texte diese Wörter:

1. Nomen

a) Schreibe alle Nomen mit ihrem Artikel in der Einzahl und der Mehrzahl auf:
der Beruf – die Berufe
die Tänzerin – die Tänzerinnen
die Natur

b) Unterstreiche Nomen, die keine Mehrzahl haben.

2. Verben

a) Schreibe zu jedem Verb die Grundform, eine Gegenwartsform und eine Vergangenheitsform auf:
fangen – er fängt – er fing
retten – du rettest – er rettete

b) Kennzeichne den Wortstamm.

3. Adjektive

a) Steigere die Adjektive:
groß – größer – am größten
selten – seltener – am seltensten

b) Setze die Adjektive vor ein Nomen:
ein großes Spielzeug, ein seltener Beruf, ...

4. Wörter mit doppeltem Mitlaut

a) Trenne die Wörter nach Silben:
retten – ret-ten, hoffen – hof-fen

b) Wenn sich das Wort nicht trennen lässt, suche eine verwandte Form:
hofft – hof-fen

5. Wörter mit Dehnungs-h

- Sammle Wörter mit nicht hörbarem h und lerne sie auswendig:
  Feuerwehr, wohl, während, ...

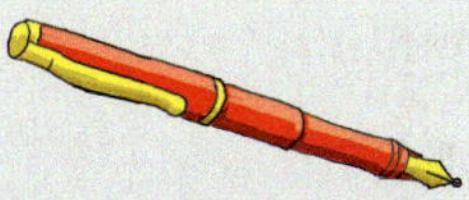

Texte abschreiben

a) Schreibe Texte als Dosen-, Lauf-, Eigen- oder Partnerdiktat.

b) Prüfe jedes Wort nach.

c) Berichtige Fehler. Schreibe für diese Wörter Lernkarten.

der Beruf
die Tänzerin
der Spaß
die Bäuerin
die Natur
die Reporterin
der Text
die Feuerwehr
der Feuerwehrmann
das Dach

tanzen
er tanzt
er tanzte

rechnen
sie rechnet
sie rechnete

retten
er rettet
er rettete

als
weil
außerdem

1

Ein Beruf für Lisa

Als Lisa fünf Jahre alt war, wollte sie Tänzerin werden, weil ihr das Tanzen viel Spaß machte. Als sie sechs Jahre alt war, wollte sie Bäuerin werden, weil sie das Arbeiten in der Natur toll fand. Als sie acht Jahre alt war, wollte sie Lehrerin werden, weil ihr das Lesen und das Rechnen leichtfielen. Außerdem liebte sie ihren Lehrer. Bis gestern wollte Lisa Reporterin werden, weil ihr das Schreiben von Texten Freude macht. Aber gestern Mittag rettete ein Feuerwehrmann ihre Katze vom Dach. Deshalb will sie nun zur Feuerwehr. Jetzt hat sie aber ein Problem. Sie kann doch nicht Feuerwehr**mann** werden!

a) Kannst du Lisa bei ihrem Problem helfen?

b) Schreibe den Text ab. Unterstreiche alle Verben rot.

c) Fünf Verben im Text sind großgeschrieben. Unterstreiche sie blau. Zeige durch Markieren, warum das so ist.

2 **Fehlende Verben**

Das ___ während des Unterrichts ist verboten.

Vom langen ___ wurde sie müde.

Beim ___ auf dem Spielplatz haben alle mitgemacht.

Zum ___ brauchen wir Papier und Buntstifte.

Beim ___ im Straßenverkehr muss jeder gut aufpassen.

Nur zum ___ hat sie keine Zeit.

Er bekam vom ___ eine Blase.

Das ___ macht Spaß.

a) Überlege dir passende Verben. Setze sie in diese Sätze ein.

b) Zeige durch Markieren, warum du die Verben großschreiben musst.

3 **Satz-Baukasten**

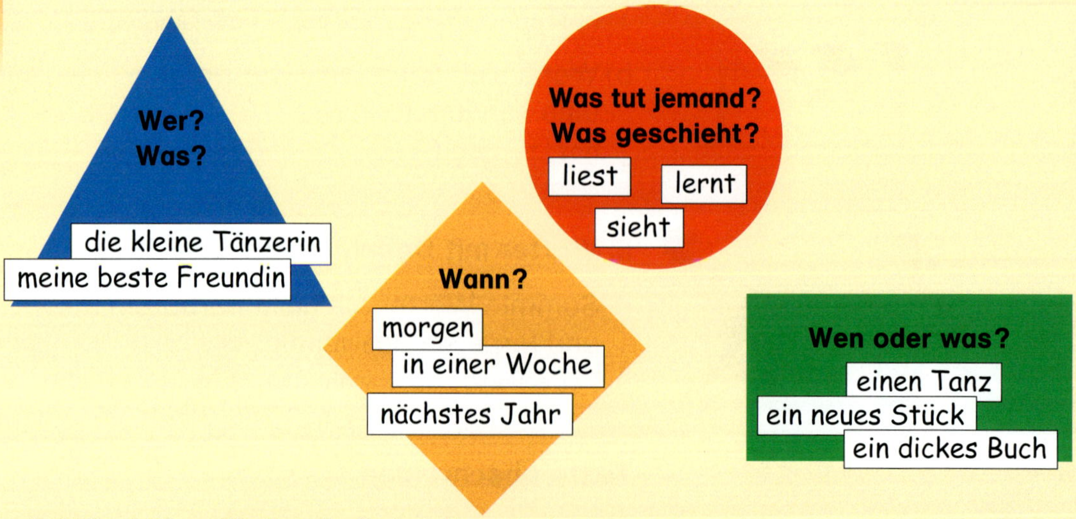

a) Bilde Sätze. Stelle die Satzteile mindestens einmal um.*

b) Stelle die Satzteile so um, dass Fragesätze entstehen.

c) Kennzeichne Subjekt und Prädikat.

*TIPP! Die Werkstatt-Karte 14 hilft dir.

Seite 150 Grammatik-werkstatt

4 Witze

Beim Besuch im Park beobachtet die Klasse einige Schwäne. Plötzlich streckt ein Schwan seinen Hals in die Höhe. Die Lehrerin sieht den kleinen Max an: „Du hättest wohl auch gerne so einen langen Hals." Max überlegt. Dann meint er: „Beim Waschen nicht, aber beim Abgucken schon."

Während der Klassenarbeit sieht der Lehrer, wie Paul in das Heft seines Nachbarn guckt. Ärgerlich sagt er zu Paul: „Ich hoffe, dass ich dich nie wieder beim Abschreiben erwische!" Paul meint leise: „Das hoffe ich auch."

Nico sagt zu Jana: „Schon als kleiner Junge war ich schlau. Mit einem Jahr habe ich das Laufen gelernt." Da meint Jana nur: „Das nennst du schlau? Ich habe mich mit zwei noch tragen lassen!"

a) Schreibe die Witze ab.

b) In den Witzen werden vier Verben großgeschrieben. Unterstreiche sie blau. Zeige durch Markieren, warum das so ist.

5 Wortbausteine für Verben

vor mit um zu her be auf …
durch ab an weg aus ver nach hin

- Welche Wortbausteine passen zu den Verben aus der Randspalte? Schreibe möglichst viele Wörter auf:
  vortanzen, mittanzen, durchtanzen, ….

6 Berufe für Frauen und Männer

Schreiner Pilot Mechanikerin Lehrer Pfarrer Bauer Verkäuferin Richter Maler Arzt Bäckerin Informatikerin Chemikerin Koch Polizist Richterin Soldatin Gärtner Kellnerin Reporterin Tierpfleger

a) Ordne die Berufsbezeichnungen in einer Tabelle. Ergänze die fehlenden Formen.

männlich	weiblich	Mehrzahlform mit innen
Schreiner	Schreinerin	Schreinerinnen
Pilot	…	…

b) Markiere die weiblichen Endungen.

c) Finde weitere Berufe und trage sie ein.

7 In der Zukunft

a) Bilde zu fünf Verben aus der Randspalte die Zukunftsform und schreibe einen Satz dazu. Gebrauche verschiedene Personalformen:
In zwei Jahren werde ich im Theater tanzen.
Morgen wirst du …

b) Unterstreiche die Zukunftsformen des Verbs rot.*

Seite 149 Grammatikwerkstatt

*TIPP! Übe weiter mit der Werkstatt-Karte 11.

der Witz
die Klassenarbeit
der Besuch
der Schwan
der Hals
die Höhe

hoffen
sie hofft
sie hoffte

erwischen
sie erwischt
sie erwischte

strecken
er streckt
er streckte

gucken
sie guckt
sie guckte

antworten
er antwortet
er antwortete

lernen
sie lernt
sie lernte

ärgerlich
selten

während
bei
ab
wohl
gern
hoffen, dass

das Teil
die Glühlampe
das Kabel
die Kette
der Sattel

pumpen
aufpumpen
er pumpt auf
er pumpte auf

aufziehen
sie zieht auf
sie zog auf

anbringen
er bringt an
er brachte an

drehen
festdrehen
er dreht fest
er drehte fest

schrauben
festschrauben
sie schraubt fest
sie schraubte fest

wechseln
auswechseln
er wechselt aus
er wechselte aus

reparieren
sie repariert
sie reparierte

1

Sechs Teile an Tims Fahrrad sind kaputt.

a) Schreibe auf, wie Tim sein Rad repariert. Gebrauche die Lernwörter aus der Randspalte. Überlege dir eine Überschrift.

Tim pumpt den Reifen auf. Er ...

b) Unterstreiche die Prädikate rot und kennzeichne sie so: ◖◗ oder so: ○.

2

Mit dem Fahrrad unterwegs

Bennis großer Bruder macht eine Radtour. Benni darf ⊛fahren. Schon früh am Morgen wollen sie ⊛fahren. Die Straße ist stark ⊛fahren. Zuerst ⊛fahren sie eine Baustelle. Anschließend müssen sie einen kleinen Wald ⊛fahren. Doch nun haben sie sich ⊛fahren. Sie sind vermutlich an einem Hinweisschild ⊛gefahren. Jetzt müssen sie ⊛fahren. An der nächsten Kreuzung wollen sie einen Berg ⊛fahren. Doch da ⊛fährt Benni einen Igel. Dem Igel ist nichts passiert. Aber Benni kann nicht mehr ⊛fahren. Was ist geschehen?

mit – be – vorbei – an – ab
hoch – auf – über – los – um – ver – durch – zurück – vor – weiter

3 **Satz-Baukasten**

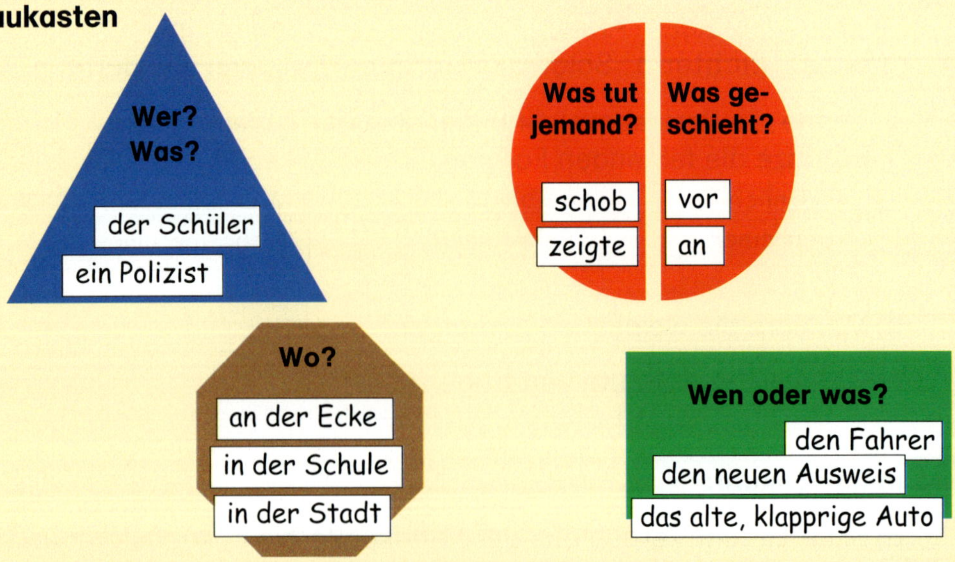

a) Bilde Sätze. Stelle die Satzteile mindestens einmal um.*

b) Stelle die Satzteile so um, dass Fragesätze entstehen.

c) Kennzeichne Subjekt △ und Prädikat ◖◗.

*TIPP! Die Werkstatt-Karte 14 hilft dir.

Seite 150 Grammatikwerkstatt

4 **Erfahrung**

Sefa übt auf dem Hof Fahrrad fahren. Seine Mutter schaut ihm aus dem Fenster zu. Sefa fährt an ihr vorbei. Guck mal, wie schnell ich fahren kann! ruft er und verschwindet um die Ecke. Nach fünf Minuten ist Sefa wieder da und lacht: Guck mal, ich lenke nur mit einer Hand! Er winkt und flitzt davon. Kurz darauf kommt er zurück. Guck mal, ohne Hände am Lenker! freut er sich. Etwas später schiebt Sefa sein Fahrrad auf den Hof. Guck mal, Mama, ich brauche einen neuen Zahn klagt er.

a) Was kann Sefa passiert sein?

b) Schreibe den Text ab.

c) In 4 Sätzen findest du wörtliche Rede. Unterstreiche sie orange. Unterstreiche die 4 Begleitsätze hellblau.

d) Setze die Redezeichen und die 3 fehlenden Kommas.

5 **Mit Wortbausteinen Nomen basteln**

-ung -heit -keit -schaft -nis

bereit hoffen übel retten dunkel frei
erleben leiden finster sauber

a) Bilde aus diesen Wörtern Nomen, indem du die richtige Endung anhängst*:
bereit - die Bereitschaft, hoffen - ...

b) Kennzeichne den Wortstamm und markiere wie im Beispiel.

c) Sammle weitere Nomen mit diesen Wortbausteinen.

*TIPP! Übe weiter mit der Werkstatt-Karte 4.

Seite 145 Grammatik-werkstatt

6 **Wortfamilien**

Flugzeug	flog	Fliege
ging	Eingang	fährt
fliegt	fuhr	fähig
erfahren	fliegerisch	Fahrzeug
fließen	Gang	Gehweg
begehbar	geheim	Ausfahrt
fahrig	vergeht	verfliegen
vergänglich	Flug	Fahrkarte
wegfliegen	befahrbar	Vorgang

a) Ordne die Wörter nach ihren Wortfamilien. Kennzeichne den Wortstamm. Achtung: Drei Wörter gehören nicht zu diesen Familien!

b) Unterstreiche die Nomen blau, die Verben rot und die Adjektive grün.

die Erfahrung
der Hof
die Ecke
der Lenker
der Zahn

schauen
er schaut
er schaute

verschwinden
es verschwindet
es verschwand

lenken
er lenkt
er lenkte

winken
sie winkt
sie winkte

flitzen
er flitzt
er flitzte

schieben
sie schiebt
er schob

sich freuen
er freut sich
er freute sich

klagen
sie klagt
sie klagte

davon
darauf

die Landschaft
das Boot
der Pinsel
die Farbe

zeichnen
er zeichnet
er zeichnete

stoßen
er stößt
er stieß

fließen
es fließt
es floss

sich entschuldigen
sie entschuldigt sich
sie entschuldigte sich

gefallen
es gefällt
es gefiel

rühren
sie rührt
sie rührte

kippen
er kippt
er kippte

nass
besser

zwischen
mal
dabei

1

Unter Wasser

Mia und Jan sitzen am Küchentisch und malen. Es soll eine Landschaft unter Wasser werden. Jan will noch ein großes U-Boot zwischen die grünen Wasserpflanzen zeichnen. Wo ist der dicke Pinsel? fragt er Mia. Der liegt doch neben dem Glas antwortet sie. Jan nimmt den Pinsel. Dabei stößt er das Wasserglas um. Blaues Wasser fließt über Mias Bild. Pass doch auf! Jetzt ist das ganze Bild kaputt! schimpft Mia. Das wollte ich nicht entschuldigt sich Jan. Mia schaut auf ihr nasses Blatt und staunt: Sieh mal, wie schön die Farben verlaufen. Das Bild gefällt mir jetzt viel besser. Das findet Jan auch. Er holt Wasser, rührt blaue Farbe hinein und kippt es über sein Bild.

a) Schreibe den Text ab.

b) In 7 Sätzen findest du wörtliche Rede. Unterstreiche sie orange. Unterstreiche die 5 Begleitsätze hellblau.

c) Setze die Redezeichen und die 4 fehlenden Kommas.

2 esse isse asse

K__ Kl__ W__r Verf__r G__ l__n f__n

verp__n R__l qu__ln pr__ln r__ln

S__l F__l K__l b__r M__r m__n fr__n

Adr__ K__n Gew__n ger__n verm__n

3 **Satz-Baukasten**

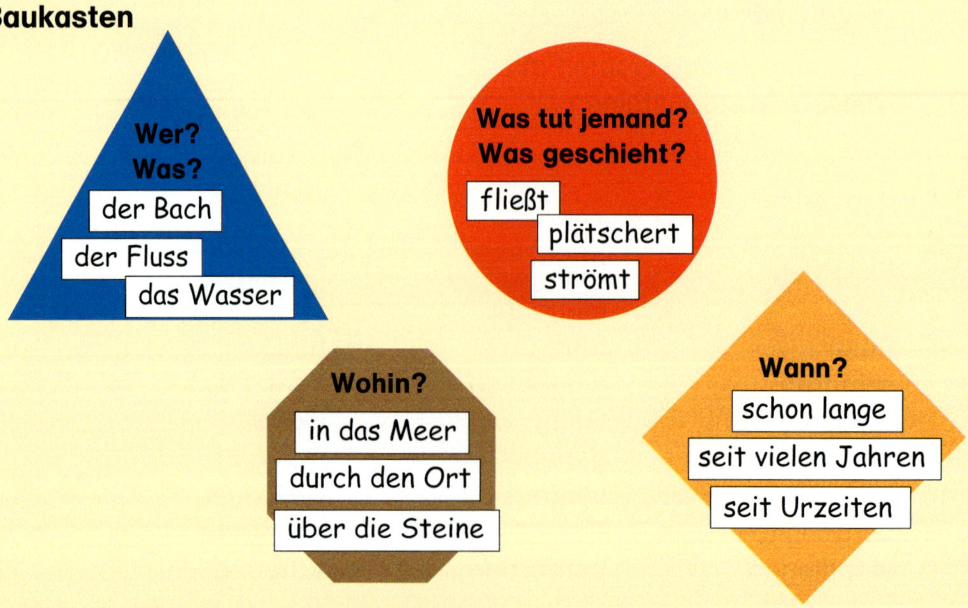

a) Bilde Sätze. Stelle die Satzteile mindestens einmal um.*

b) Bilde drei Fragesätze.

c) Kennzeichne Subjekt △ und Prädikat ○.

*TIPP! Die Werkstatt-Karte 20 hilft dir.

Seite 153 Grammatikwerkstatt

4

Ein Bilddiktat

Nimm zum Malen Wasserfarben. Male eine Hälfte des Blattes gelb, die andere hellblau aus. Auf dem Meeresboden liegt links ein großer hellgrauer Stein. Darauf sitzt eine …. In der Mitte sind drei Pflanzen. Zwischen ihren Blättern leuchten kleine …. In der rechten oberen Ecke schwimmen vier …. Rechts unten liegt ein … auf dem Boden. Daneben wachsen zwei …. An den Spitzen bewegen sich …. Darunter liegen kleine bunte …. In der Nähe hält eine Qualle eine … zwischen ihren Armen fest. Vorne siehst du fünf …. Ein Schneckenhaus liegt im Sand. Darin ist eine schöne …. Überall schwimmen ….

a) Schreibe den Text ab. Setze hier … Wörter ein, die dir gefallen.

b) Ein Verb im Text ist großgeschrieben. Unterstreiche es. Zeige durch Markieren, warum das so ist.

c) Male dein Bild genau nach deinen Angaben.

5 **Zauberwörter – Wörterzauber**

tz	tz	tz	tz	tz
Kanne	Mühle	Saft	blinken	singen
Schaum	Hilfe	Nest	pusten	ringen
Spinne	Plage	Schmuck	schwingen	springen

a) Ersetze die markierten Buchstaben durch tz.
Schreibe die neuen Wörter auf: die Kat…,
Welche Buchstaben müssen in der letzten Spalte ersetzt werden?

b) Kennzeichne die kurzen Selbstlaute vor **tz** mit einem Punkt: Katze

6 **Satzteile**

n [Tim und Anna] [springen] [nach dem Regen] [in Pfützen.]
i [Tim und Anna] [springen nach] [dem Regen] [in Pfützen.]

m [Plötzlich spritzt] [Anna] [Tim] [nass.]
a [Plötzlich] [spritzt] [Anna] [Tim] [nass.]

s [Morgen] [wird] [Tim] [Anna] [nassspritzen.]
b [Morgen] [wird] [Tim] [Anna nassspritzen.]

t [Am nächsten Tag] [ist das Wasser] [versickert und verdunstet.]
s [Am nächsten Tag] [ist] [das Wasser] [versickert und verdunstet.]

- Wo sind die Satzteile richtig getrennt?* Schreibe die Buchstaben auf. Du erhältst ein Lösungswort.

*TIPP! Die Werkstatt-Karte 13 hilft dir.
Seite 150 Grammatik-werkstatt

das Diktat
die Hälfte
das Meer
der Boden
die Mitte
die Spitze
die Nähe
die Qualle
die Muschel
der Sand

sich bewegen
es bewegt sich
es bewegte sich

schwimmen
sie schwimmt
sie schwamm

unten
darum
herum
darunter
daneben
überall
links
rechts

die Seefahrer
Australien
das Land
das Obst
das Gemüse
das Fell
der Sprung
die Bewohner
der Name
die Leute
das Wort
das Känguru

entdecken
sie entdeckt
sie entdeckte

verstehen
er versteht
er verstand

kennenlernen
sie lernt kennen
sie lernte kennen

seltsam
frisch

sehr

1  **oder „ich verstehe dich nicht“**

Vor vielen Jahren entdeckten Seefahrer Australien. Sie  an Land, weil sie frisches Wasser, Obst und Gemüse brauchten. Außerdem  sie dort die Menschen, Tiere und Pflanzen kennenlernen. Einer von ihnen  dabei ein seltsames Tier mit einem graubraunem Fell. Es  sich schnell bewegen. Es  mit großen Sprüngen davon. Die Männer  die Bewohner des Landes nach dem Namen dieses Tieres. Die Leute  : „Kangaroo.“ Deshalb  die Männer das Tier Känguru. Erst sehr viel später  man, dass die Menschen mit dem Wort Känguru sagen wollten: „Ich verstehe dich nicht.“

- Überlege dir passende Verben und setze sie ein. Schreibe den Text ab.*

Seite 149 Grammatik-werkstatt

***TIPP!** Achte auf die richtige Zeitform. Übe weiter mit Werkstatt-Karte 11.

2 Wie geht es weiter?

Ich glaube, dass … | Ich wünsche mir, dass … | Du behauptest, dass … | Sie erzählte mir, dass … | Ich fühle, dass … | Er ist der Meinung, dass … | Ich verstehe, dass … | Ich denke, dass … | Ich hoffe, dass … | Der Mann berichtete, dass …

a) Schreibe die Sätze zu Ende. Markiere die Kommas.

c) Unterstreiche so: Ich glaube, dass es bald regnen wird.

3 Satz-Baukasten

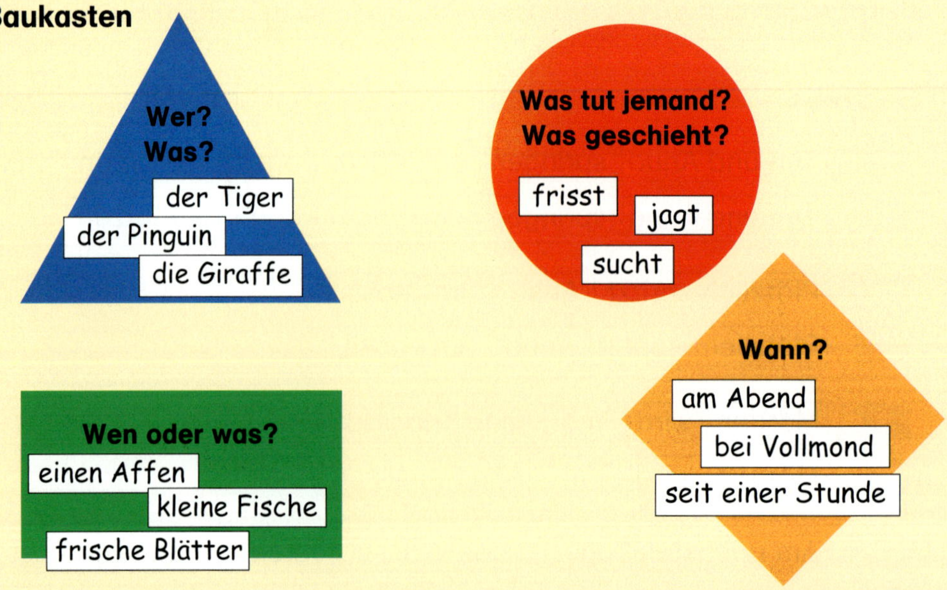

a) Bilde Sätze. Stelle die Satzteile mindestens einmal um.*

b) Bilde drei Fragesätze.

c) Kennzeichne Subjekt und Prädikat.

Seite 153 Grammatik-werkstatt

***TIPP!** Die Werkstatt-Karte 20 hilft dir.

4

Reisezeiten

Im Jahr 1830 wanderte Viktor mit seinen Eltern nach Amerika aus. Für die Reise mit dem Schiff brauchte die Familie ungefähr vier Wochen. Viktor wurde krank, weil er nicht genug frisches Obst und Gemüse zu essen bekam. Heute fliegt Heiko mit seiner Mutter zu seinem Opa nach Amerika. Der Flug dauert acht Stunden. Im Flugzeug bekommt er sogar etwas zum Spielen. So macht das Fliegen Spaß. Er freut sich auf das Treffen mit seinem Opa. Heikos Mutter dauert die Reise viel zu lange. Wenn Heiko groß ist, wird man sicher noch schnellere Flugzeuge bauen. Vielleicht wird man dann in zwei bis drei Stunden zu jedem Ort in der Welt fliegen können.

a) Schreibe den Text ab.

b) Drei Verben im Text werden großgeschrieben. Unterstreiche sie. Zeige durch Markieren, warum das so ist.

c) 3 Sätze stehen in der Vergangenheit, 6 in der Gegenwart und 2 in der Zukunft. Unterstreiche sie in verschiedenen Farben: Vergangenheit, Gegenwart, Zukunft.*

Seite 149 Grammatik-werkstatt

*TIPP! Nimm die Werkstatt-Karte 11.

5 **Wortfamilien**

KRANKHEIT GRÖßE TROCKENHEIT ERHITZEN FRISCH VERENGEN KRANK ERFRISCHEN GROß ENG ERKRANKEN TROCKNEN HEIß HITZE TROCKEN ERFRISCHUNG VERGRÖßERN ENGE

a) Suche ein Nomen, ein Verb und ein Adjektiv, die zu einer Wortfamilie gehören. Schreibe sie nebeneinander richtig in eine Tabelle.

Nomen	Verb	Adjektiv
Krankheit	...	

b) Schreibe diesen Zungenbrecher richtig auf.

6 **Zwei Sätze verbinden**

Ich reise gerne ans Meer.

MeinVater fährt gerne in die Berge.

Meine Mutter möchte ihre Schwester in Afrika besuchen.

Meine Schwester will auf einen Reiterhof.

Ich kann dort in die Wellen springen.

Sie hat Angst vor dem langen Flug.

Sie hat Pferde gerne.

Er kann dort richtig klettern.

- Verbinde zwei Sätze miteinander. Benutze entweder **weil** oder **aber**. Manchmal musst du Satzteile umstellen. Setze dort ein Komma, wo du die Sätze verbunden hast:
  Ich reise gerne ans Meer, weil ...

die Reise
Amerika
das Schiff
das Flugzeug
der Ort
die Welt

wandern
sie wandert
sie wanderte

dauern
es dauert
es dauerte

bekommen
er bekommt
er bekam

krank

ungefähr
genug
vielleicht

das Mädchen
der Sohn
die Söhne
der Ritter
der Handwerker
der Beruf
das Wachs
der Fehler
der Schüler
kämpfen
sie kämpft
sie kämpfte
helfen
er hilft (hilf!)
er half
sprechen
sie spricht (sprich!)
sie sprach
einfach
tausend
weder ... noch

1

schule vor tausend jahren

vor tausend jahren konnten die meisten menschen weder lesen noch schreiben. die söhne der ritter lernten zu kämpfen. die kinder der handwerker und bauern lernten den beruf ihrer eltern. mädchen mussten auch noch im haus und auf dem feld helfen. nach und nach gab es in den städten immer mehr schulen. das klassenzimmer war nicht sehr groß. die kinder saßen auf einfachen bänken. meistens las der lehrer etwas vor. die kinder mussten es nachsprechen. geschrieben wurde auf tafeln aus holz, die mit wachs bezogen waren. wenn ein schüler einen fehler machte, wurde er vom lehrer geschlagen oder musste in der ecke stehen.

a) Im Mittelalter wurden die meisten Wörter kleingeschrieben. Wir schreiben heute Nomen und Satzanfänge groß. Berichtige diesen Text.

b) Unterstreiche die 28 Nomen blau.

c) 3 Nomen bezeichnen weder Lebewesen noch Sachen.* Schreibe sie auf.

*TIPP! Nimm die Werkstatt-Karte 2.
Seite 144 Grammatikwerkstatt

2 **Oberbegriffe schaffen Ordnung**

Sekunde	Angst	Meisterschaft	Freude	Stunde
Trauer	Urkunde	Jahrhundert	Minute	Zorn
Ehrung	Jahreszeit	Abstieg	Wut	Neuzeit
Spaß	Glück	Wettkampf	Jahr	Rekord
Mittelalter	Lust	Siegerehrung	Strafstoß	

- Diese Nomen bezeichnen weder Lebewesen noch Sachen.*
  Ordne sie in einer Tabelle:

Zeitmaße	Sport	Gefühle
...	...	...

3 **Satz-Baukasten**

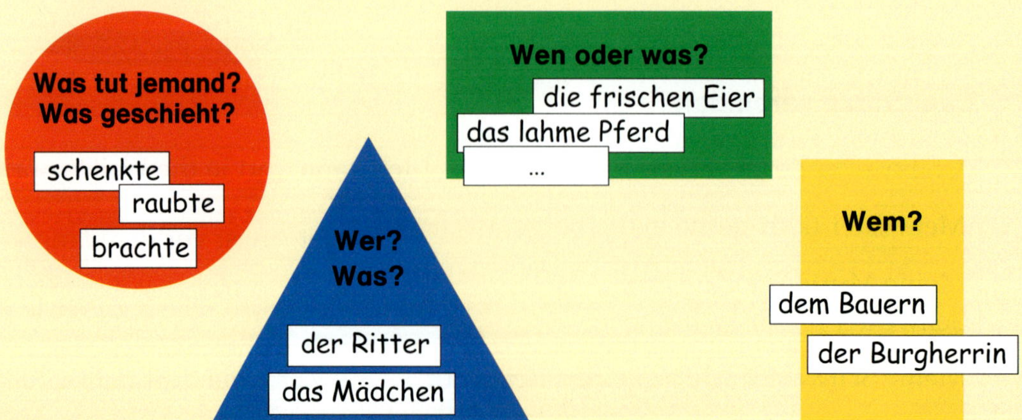

a) Bilde Sätze.

b) Finde drei weitere Wen-oder-was-Ergänzungen.*

c) Kennzeichne Subjekt △, Prädikat ○ und Wen-oder-was-Ergänzung ▭.

*TIPP! Die Werkstatt-Karte 16 hilft dir.
Seite 151 Grammatikwerkstatt

4

Ein Gürtel für Ritter und Burgfräulein

– den Umfang des Bauches messen
– 50 Zentimeter dazurechnen
– drei gleich breite Stoffbänder nehmen
– auf die gemessene Länge zuschneiden
– die drei Bänder mit einem Knoten verbinden
– den rechten Stoffstreifen über den in der Mitte legen
– das linke Band genauso über das in der Mitte führen
– so weiterarbeiten
– die Bänder am Ende mit einem Knoten zusammenbinden
– die Stoffenden gerade schneiden

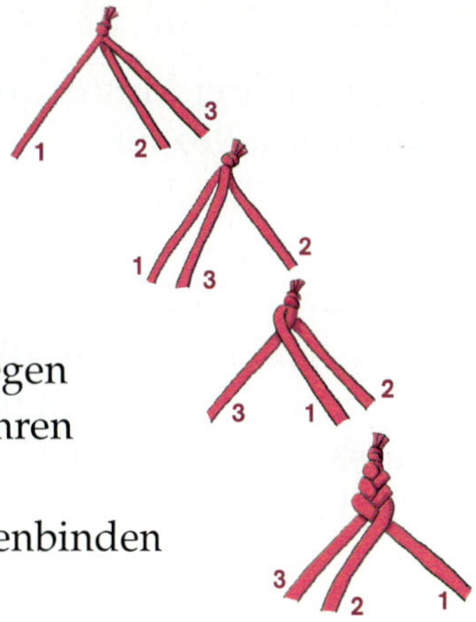

a) Schreibe eine Bastelanleitung*:
Ein Gürtel für Ritter und Burgfräulein
Miss den …

*TIPP!

b) Unterstreiche die Verben rot.

5 Ein Fall für …

Nominativ	Wer-oder-was-Fall	der Hase	…	…
Genitiv	Wessen-Fall	…	…	…
Dativ	Wem-Fall	…	…	…
Akkusativ	Wen-oder-was-Fall	…	…	…

a) Suche aus deinem Lieblingsbuch drei Nomen aus. Setze sie in alle vier Fälle.*

b) Setzt nach der Spielregel von Stadt-Land-Fluss weitere Nomen in die vier Fälle.

*TIPP! Übe weiter mit Werkstatt-Karte 6.
Seite 146 Grammatik-werkstatt

6 Wer sagt was?

1 helfen
2 nehmen
3 lesen
4 vergessen
5 geben
6 sprechen
7 spielen
8 treten

a) Welche Verben fehlen in den Aufforderungssätzen?* In der richtigen Reihenfolge ergeben sie ein Lösungswort: 1 = B, 2 = …

b) Schreibe als wörtliche Rede mit Begleitsatz auf, wer spricht:
Der Ritter ruft: „Hilf mir …

*TIPP!

der Gürtel
die Burg
das Burgfräulein
der Umfang
der Bauch
der Zentimeter
der Stoff
das Band
die Bänder
die Länge
der Streifen
der Knoten

messen
er misst (miss!)
er maß

binden
sie bindet
sie band

legen
er legt
er legte

führen
sie führt
sie führte

breit

genauso

das Rezept
der Quark
der Kühlschrank
die Schüssel
der Mixer
der Backofen

zeigen
sie zeigt
sie zeigte

riechen
sie riecht
sie roch

jammern
er jammert
er jammerte

heran
hinterher

1

Geschenke aus der Küche

Pia will ihrer Mutter zum Geburtstag einen Kuchen schenken. Sie probiert ein neues Rezept aus. Till hilft 🎁 beim Backen. Pia zeigt 🎁 das Rezept. Till holt Eier, Milch und Quark aus dem Kühlschrank. Die Schüssel steht oben auf dem Regal. Da kommt Pia nicht heran. Till holt 🎁 die Schüssel und auch noch den Mixer. Schnell ist der Teig fertig und alles im Backofen. Nun hat Pia Zeit für Till. Sie zeigt 🎁 ihr neues Spiel. Plötzlich riecht es seltsam. Till rennt sofort in die Küche. Pia folgt 🎁. Sie jammert: „Der Kuchen für Mama ist verbrannt.“ Till schlägt vor: „Dann schenk 🎁 doch das Backrezept.“

a) Setze die Pronomen ihm und ihr an den richtigen Stellen ein. Schreibe den Text ab.

b) Welches Verb im Text ist großgeschrieben? Unterstreiche es. Zeige durch Markieren, warum das so ist.

2 Oberbegriffe schaffen Ordnung

Lied	Meter	Koch	Lehrerin	Tonne
Ärztin	Klang	Gramm	Rhythmus	Liter
Kilogramm	Bäcker	Töne	Gärtnerin	Zentimeter
Verkäufer	Melodie	Millimeter	Oper	Gesang
Kilometer	Konzert	Frisör	Schneider	

a) Ordne diese Nomen nach Oberbegriffen* in einer Tabelle:

Maße	Musik	...
...	...	...

b) Ein Oberbegriff fehlt. Was passt?

c) Suche für jede Spalte noch ein weiteres Wort.

Seite 144 Grammatik-werkstatt

*TIPP! Arbeite weiter mit Werkstatt-Karte 2.

3 Satz-Baukasten

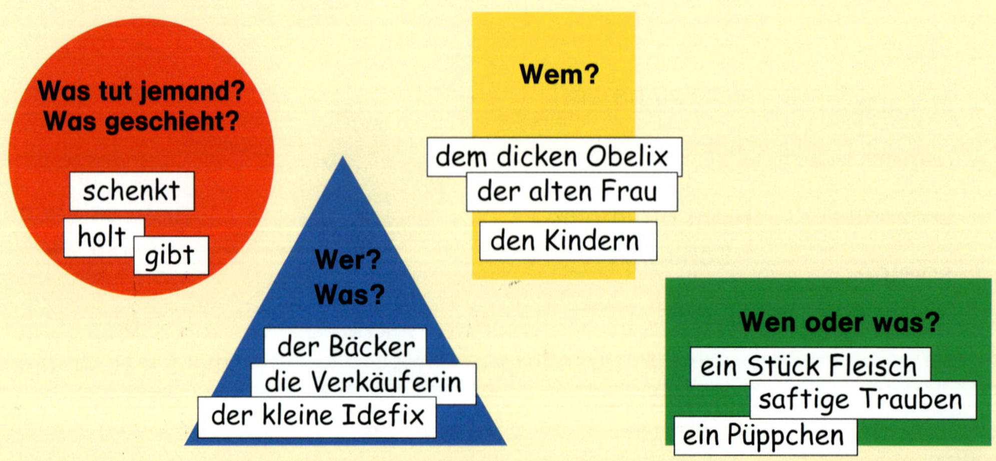

a) Bilde Sätze.

b) Finde drei weitere Wem-Ergänzungen.*

c) Kennzeichne Subjekt, Prädikat und Wem-Ergänzung.

Seite 151 Grammatik-werkstatt

*TIPP! Die Werkstatt-Karte 16 hilft dir.

4 **Küchengeschichten**

a) Welche Antwort passt? In der richtigen Reihenfolge erhältst du ein Lösungswort. 1 = ...

b) Überlege dir Begleitsätze zur wörtlichen Rede. Schreibe das Gespräch mit allen Satzzeichen und Redezeichen auf: Pia fragt: „Kannst du ...

die Seite

versuchen
er versucht
er versuchte

schalten
sie schaltet
sie schaltete

werfen
er wirft
er warf

glauben
sie glaubt
sie glaubte

ob

erster, erste

weg

5 **Wortfamilien**

Decke	Quellwasser	mischte	rollen	Rennwagen
Rutsche	verbrannte	Rollbrett	Backofen	Waschmittel
backen	Startfeld	waschen	Rutschbahn	brennen
rennen	vermischen	starten	Deckblatt	Quelle

a) Immer zwei Wörter gehören zur gleichen Wortfamilie. Schreibe sie auf. Kennzeichne ihren Wortstamm: Decke - ...

b) Trenne die Wörter. Was fällt dir auf? De-cke, ...

6 **Silbenrätsel**

1. uraltes Gebäude in Ägypten
2. Meerestier
3. Musikinstrument

Py de le phon ra Qual Xy lo mi

4. Viereck mit gleich langen Seiten
5. Kuscheltier
6. bekannte Comicfigur

te As dy rix drat Ted Qua

7. anderes Wort für Versuch
8. kleines Kind
9. Kartenspiel

Ba tett pe Quar by Ex ri ment

- Schreibe so: 1 = Pyramide, 2 = ...

die Treppe
der Sport
das Fest
die Schaukel

beweisen
sie beweist
sie bewies

merken
sie merkt
sie merkte

schaukeln
er schaukelt
er schaukelte

traurig
schlimm

sonst
einmal

1

Um ihr zu beweisen, dass er sonst nicht mit Schwächeren kämpft, hatte er sich mit dem starken Leo geschlagen. (l)

Maxi sitzt traurig auf der Treppe. Seit einer Woche ist er in Trixi verliebt. (e)

Trixi schimpfte mit Maxi und ging anschließend mit Andi weg. Es kam aber noch schlimmer. (h)

Verliebt (G)

Sein rechtes Auge sieht immer noch etwas blau aus. Nun schaut ihn Trixi gar nicht mehr an. Maxi weiß nicht, was er noch tun soll. (e)

Zuerst wollte er ihr beim Sportfest zeigen, wie gut er beim Laufen, Springen und Werfen ist. Das bemerkte sie nicht einmal. (f)

Dann warf er den kleinen Andi von der Schaukel, weil Trixi in der Pause schaukeln wollte. Doch was tat sie? (ü)

a) Ordne die Texte. Du erhältst ein Lösungswort: 1 = ..., 2 = ...

b) Schreibe den Text richtig ab.

c) Drei Verben im Text werden großgeschrieben. Unterstreiche sie. Zeige durch Markieren, warum das so ist.

d) Auch ein Adjektiv im Text wird großgeschrieben. Unterstreiche es. Kannst du erklären, warum das so ist?

2 Satz-Baukasten

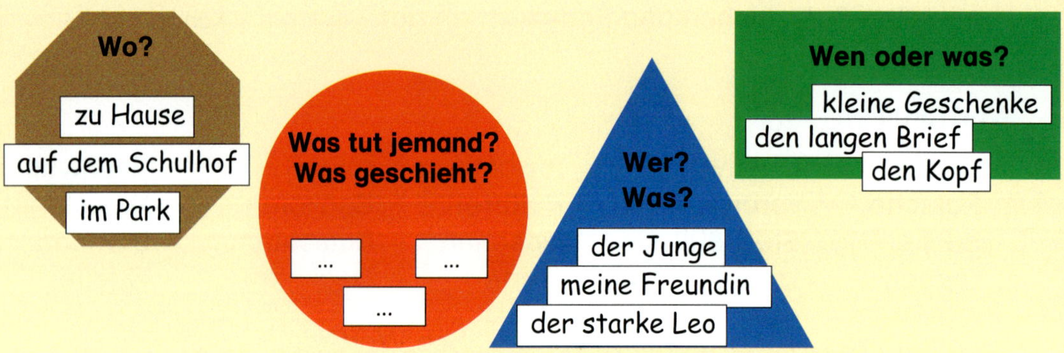

a) Welche Verben passen in diesen Satz-Bauplan? Bilde Sätze.

b) Lass so viele Satzteile wie möglich weg, ohne dass die Sätze falsch klingen.* Schreibe die verkürzten Sätze auf.

c) Kennzeichne Subjekt △, Prädikat ○ und Wen-oder-was-Ergänzung ▭.

Seite 153 Grammatik-werkstatt

***TIPP!** Die Werkstatt-Karte 19 hilft dir.

3 Nomen oder Adjektiv?

FREUNDSCHAFT	TRAURIG	GLÜCKLICH	EINSAMKEIT
GEMEINHEIT	LACHHAFT	UMARMUNG	NEUGIERIG
BRAUCHBAR	FRÖHLICH	GESUNDHEIT	FURCHTSAM
ÄRGERNIS	VERGLEICHBAR	ZUNEIGUNG	GEMEINSCHAFT
ERLEBNIS	FREUNDLICHKEIT	LUSTIG	FOLGSAM

a) Woran erkennst du Adjektive und Nomen?*

b) Trage die Wörter in die Tabelle ein. Markiere die Wortbausteine.

Nomen	Adjektive
Freundschaft	traurig

Seite 145 Grammatik-werkstatt

***TIPP!** Die Werkstatt-Karte 4 hilft dir.

4

In der Bücherei

Ben sich in der Bücherei schon gut auskennen. Langsam er an den Regalen entlanggehen. Er sucht nach Krimis. Ben nimmt ein Buch aus dem Regal. Er gleich zu lesen anfangen. Das Buch ist sehr interessant. Er setzt sich auf den Boden. Er kann gar nicht mehr aufhören zu lesen. Diese Stelle ist besonders spannend: Ein Mann eine Bank ausrauben. Ein kleiner Junge durch das Fenster zusehen. Anschließend er schnell weglaufen. Doch der Mann verfolgt ihn. Gleich wird er den Kleinen haben! In dem Moment fühlt Ben eine Hand auf seiner Schulter. Er bekommt einen Schrecken. Langsam er sich umdrehen. Eine freundliche Frau sagt: „dir das Buch ausleihen. es zu Hause weiterlesen. Die Bücherei schließt jetzt."

a) Schreibe den Text ab und setze die Verben richtig ein. Kennzeichne die Prädikate so: ◯ oder so: ◖ ◗.

b) Ein Adjektiv im Text ist großgeschrieben. Unterstreiche es und zeige durch Markieren, warum das so ist.

die Bücherei
der Krimi
der Moment
die Schulter
der Schreck

kennen
sich auskennen
sie kennt sich aus
sie kannte sich aus

entlanggehen
er geht entlang
er ging entlang

rauben
ausrauben
sie raubt aus
sie raubte aus

weglaufen
er läuft weg
er lief weg

zusehen
er sieht zu
er sah zu

verfolgen
sie verfolgt
sie verfolgte

ausleihen
sie leiht aus
sie lieh aus

weiterlesen
er liest weiter
er las weiter

langsam
interessant
spannend
freundlich

besonders
entlang

5 **Oberbegriffe schaffen Ordnung**

Freundschaft	Kälte	Biologie	Kunst	Bekanntschaft
Mathematik	Feindschaft	Hitze	Wind	Geschichte
Sturm	Chemie	Trennung	Donner	Partnerschaft
Physik	Familie	Bewölkung	Englisch	Niederschlag
Ehe	Brise	Deutsch	Verwandtschaft	

a) Ordne diese Nomen nach Oberbegriffen* in einer Tabelle:

Beziehungen	Wetter	...
...	...	...

b) Ein Oberbegriff fehlt. Was passt?

c) Suche für jede Spalte ein weiteres Wort.

Seite 144 Grammatik-werkstatt
*TIPP! Arbeite weiter mit Werkstatt-Karte 2.

6 **b oder p, g oder k, d oder t?**

Grundform	Personalform*	verwandtes Nomen
rau☼en	du rau☼st	der Rau☼
...	er spran☼	...
...	...	das Lo☼
...	...	das Lei☼
stin☼en	...	...
...	sie dan☼t	...
sin☼en	...	...
...	er verrä☼	der Verra☼
baden	...	...

a) Schreibe die Tabelle ab und trage die fehlenden Buchstaben und Wörter ein.

b) Markiere die eingesetzten Buchstaben. Kennzeichne den Wortstamm: rauben

Seite 148 Grammatik-werkstatt
*TIPP! Die Werkstatt-Karte 10 hilft dir.

der Monat
die Stirn
der Löwe
die Sache

tippen
sie tippt
sie tippte

großschreiben
sie schreibt groß
sie schrieb groß

anfassen
er fasst an
er fasste an

erwidern
sie erwidert
sie erwiderte

stolz

plus

1

Etwas zum Lachen

Der kleine Sven geht seit zwei Monaten in die Schule. In der Pause trifft ___ Kai aus der vierten Klasse. Stolz erzählt ___ ___: „___ rechnen jetzt schon mit Computern!“ „Gib doch nicht so an!“, antwortet Kai und tippt dabei an seine Stirn. „Tu ___ doch gar nicht!“, ruft der Kleine. „___ machen das so: Ein Computer plus zwei Computer sind drei Computer!“

Lisa schreibt im Diktat das Wort Löwe klein. Die Lehrerin sagt: „Wie oft habe ___ ___ schon gesagt, dass man Sachen, die man anfassen kann, großschreibt?“ Darauf erwidert Lisa: „Dann versuchen ___ doch mal einen Löwen anzufassen!“

a) Setze die Pronomen ich, er, ihm, wir, dir, Sie an den richtigen Stellen ein. Schreibe den Text ab.*

b) Ein Verb und ein Adjektiv im Text werden großgeschrieben. Unterstreiche sie. Zeige durch Markieren, warum das so ist.

*TIPP! Seite 147 Grammatik-werkstatt
Übe weiter mit Werkstatt-Karte 7.

2 **Oberbegriffe schaffen Ordnung**

Unglück	Übelkeit	Husten	Durchfall
Mumps	Scharlach	Verlosung	Ausstellung
Masern	Unfall	Schnupfen	Wettbewerb
Abenteuer	Eröffnung	Aufführung	Röteln

a) Ordne die Nomen nach Oberbegriffen in einer Tabelle:

Ereignisse	...
...	...

Ein Oberbegriff fehlt. Was passt?

b) Suche für jede Spalte ein weiteres Wort.*

*TIPP! Seite 144 Grammatik-werkstatt
Arbeite weiter mit Werkstatt-Karte 2.

3 **Satz-Baukasten**

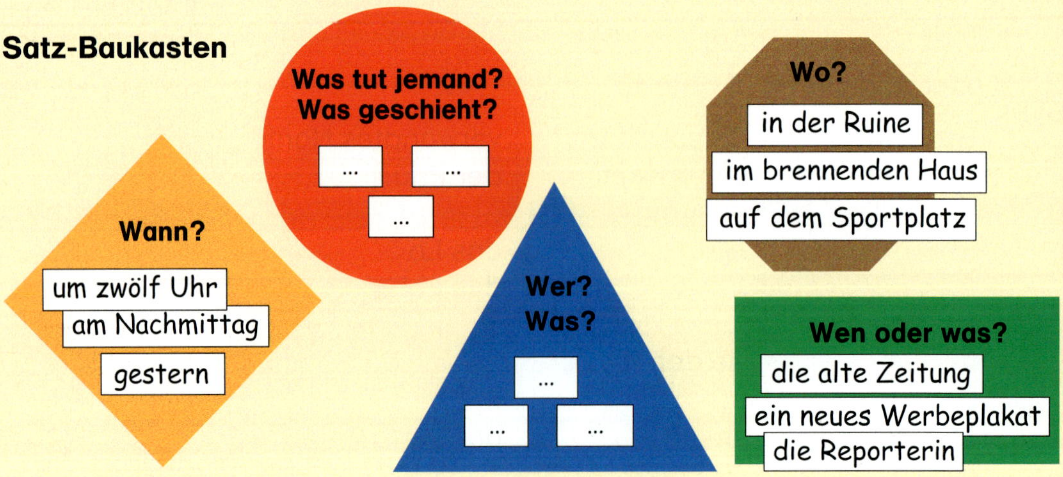

a) Überlege dir passende Subjekte und Prädikate.

b) Lasse so viele Satzteile wie möglich weg, ohne dass die Sätze falsch klingen.* Schreibe die verkürzten Sätze auf.

c) Kennzeichne Subjekt, Prädikat und Wen-oder-Was-Ergänzung.

*TIPP! Seite 153 Grammatik-werkstatt
Die Werkstatt-Karte 19 hilft dir.

4 **Sturmschäden in der Werbung**

Wir machen IHNEN ein supertolles Angebot. Am Montag richtete ein schwerer Sturm überall große Schäden an. Bäume lagen auf den Wegen. Kommen SIE zu uns und probieren Sie es aus. Ein LKW kippte auf die Straße. Dächer wurden beschädigt. Polizei und Feuerwehr hatten viel zu tun. Denn unsere Apfelsinen sind die leckersten und gesündesten auf dem Markt. SIE halfen bei Unfällen und pumpten Keller leer. Für IHRE Hilfe bekamen die Feuerwehrleute und Polizisten viel Lob. Zusätzlich erhalten SIE eine Tüte Rosinen, wenn SIE zehn Kilo kaufen. Die Aufräumarbeiten sind aber noch lange nicht zu Ende. Die Höhe des Schadens wird vermutlich bei zwei Millionen Euro liegen. Wir freuen uns auf IHREN Besuch.

a) Ordne das Durcheinander so, dass 2 Texte entstehen. Schreibe sie auf.

b) Überlege: In welchem Text werden die Pronomen ihnen, sie, ihren groß-, in welchem werden sie kleingeschrieben? Warum ist das so?

c) Welche Wörter haben mehr als 10 Buchstaben? Zerlege sie in Silben.

der Sturm
der Schaden
die Werbung
das Angebot
die Polizei
die Apfelsine
das Lob
die Tüte
das Kilo
die Rosine
die Million
die Millionen
der Euro

anrichten
sie richtet an
sie richtete an

beschädigen
sie beschädigt
sie beschädigte

reichen
es reicht
es reichte

supertoll
gesund
leer

vermutlich
zusätzlich

5 **Wer ist gemeint?**

Herr Joss ging mit seinem Hund spazieren. Plötzlich riss er sich los und rannte über die Straße. Dort sprang er einen kleinen Jungen an und leckte ihm die Hand.

Tanja spielt mit ihrer Katze. Eine Tür knallt zu. Sie erschreckt sich und schlägt ihr mit der Pfote ins Gesicht.

Das Mädchen beobachtet ein Kaninchen. Es lauscht aufmerksam, springt auf und hoppelt ins Gebüsch.

- Verändere die Sätze so, dass deutlich wird, wer gemeint ist.

6 **Spielen mit Personalformen**

a) – Sage das Abc stumm auf wie nach den Spielregeln von Stadt, Land, Fluss. Einer sagt: „Stopp."
– Nenne den Buchstaben. Jeder überlegt sich dazu ein Verb und schreibt alle Personalformen auf: f
fahren, ich fahre, du fährst, er fährt, wir fahren, ihr fahrt, sie fahren

b) Nimm zusätzlich einen Würfel.
Die Würfelaugen geben die Zeitform an:
⚀ oder ⚅ = Gegenwartsform
⚁ oder ⚄ = Vergangenheitsform
⚂ oder ⚃ = Zukunftsform
fahren, ich fuhr, du fuhrst, er fuhr, wir fuhren, ihr fuhrt, sie fuhren

Seite 148 Grammatik-werkstatt
Seite 149 Grammatik-werkstatt

*TIPP! Die Werkstatt-Karten 10 und 11 helfen dir.

das Hündchen
der Kopf
die Wunde
der Arzt

beißen
sie beißt
sie biss

streicheln
er streichelt
er streichelte

weinen
er weint
er weinte

reinigen
sie reinigt
sie reinigte

verbinden
er verbindet
er verband

passieren
es passiert
es passierte

ängstlich
fest
richtig
schade
schlimm

durch
heraus

1

Kleine Hunde beißen auch

Sina und ihr Vater wandern durch den Wald. Plötzlich sehen sie ein kleines Hündchen, das unter einem Baum sitzt. „Fass es nicht an!“, ruft Sinas Vater. Aber Sina geht schon auf das Tier zu, das sie ängstlich ansieht. Sie will vorsichtig seinen Kopf streicheln. Da beißt das Hündchen so fest in Sinas Hand, dass sie laut schreit. Sofort lässt es die Hand los und läuft weg. Schon ist Sinas Vater da: „Ist es sehr schlimm?“, fragt er. „Ich habe nicht geglaubt, dass ein so kleiner Hund beißen würde“, weint Sina. Ihr Vater holt eine Wasserflasche heraus und reinigt die Wunde. Dann verbindet er die Hand. „Wie ärgerlich, dass das passiert ist“, meint er. „Aber du musst jetzt sofort zu einem Arzt.“

a) Warum ist es unbedingt notwendig, dass Sina zum Arzt geht?

b) Schreibe den Text richtig ab. Markiere das und dass.

c) Im Text steht fünfmal der **Artikel** das und dreimal das **Bindewort** dass. Eine der beiden Wortarten lässt sich durch die Wörter dieses oder welches ersetzen. Welche ist es?

2 **Erste Hilfe**

Ein Kind, … sich den Finger gequetscht hat,	muss sofort zum Arzt.
Das Kind, … sich geschnitten hat,	braucht etwas Kaltes im Nacken.
Ein Kind, … Nasenbluten hat,	braucht kaltes Wasser.
Das Kind, … eine Wespe verschluckt hat,	braucht ein Pflaster.

a) Welche Erste Hilfe muss jeweils geleistet werden?

b) Nimmst du das oder dass? Überprüfe mit dieses oder welches, ob der Artikel passt. Schreibe die Sätze vollständig auf.

3 **Satz-Baukasten**

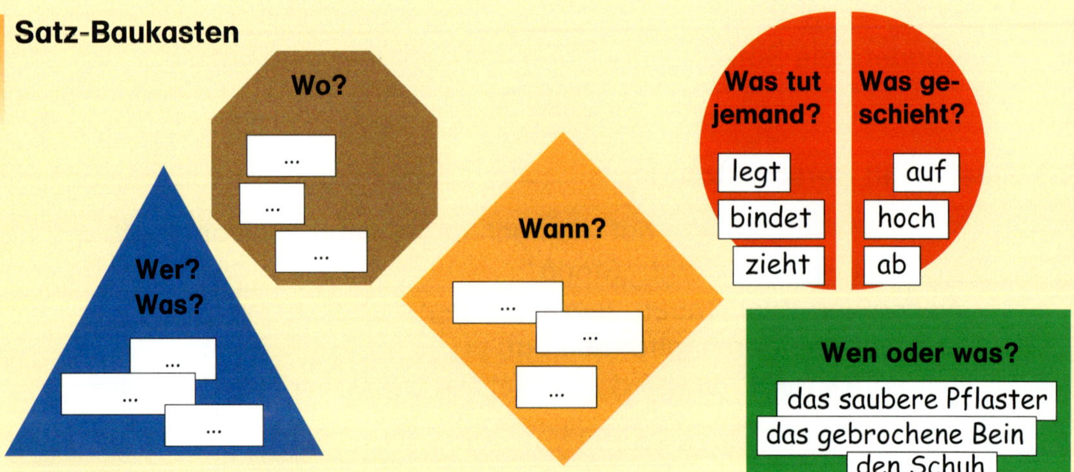

a) Überlege dir passende Wörter für die Satzteile.

b) Bilde Sätze. Stelle die Satzteile mindestens einmal um.*

c) Bilde drei Fragesätze.

d) Kennzeichne Subjekt, Prädikat und Wen-oder-was-Ergänzung.

*TIPP! Die Werkstatt-Karte 14 hilft dir.

Seite 150 Grammatikwerkstatt

4 Hier stimmt etwas nicht

Achte darauf, dass du möglichst viele Süßigkeiten isst. Dann bekommt dein Körper alles, was er braucht.

Es ist wichtig, dass du dich so wenig wie möglich bewegst. Dann hältst du deinen Körper fit.

Denke abends daran, dass du spät ins Bett gehst. Dann kannst du morgens besser lernen.

Sorge dafür, dass du im Winter dünne Sachen anziehst. Dann wirst du nicht so schnell krank.

Sieh zu, dass du viel fernsiehst. Dann hast du mehr Zeit um mit deinen Freunden zu spielen.

a) Ersetze die grün markierten Wörter so, dass du gute Ratschläge erhältst, um dich wohlzufühlen. Schreibe diese Ratschläge ab.

b) Unterstreiche **dass** und den Teil des Satzes vor dem Komma.

c) Versuche, ob du für **dass** dieses oder welches einsetzen kannst. Was stellst du fest?

5

Ein T-Shirt für Till

Till braucht ein neues T-Shirt. Er findet, … ihm Rot gut steht. Das T-Shirt, … er gestern im Schaufenster gesehen hatte, war blau. Es gefiel ihm, … vorn sein Name aufgedruckt war. Seine Mutter meinte aber, … beim Waschen die Schrift verblasst. Heute hat er ein grünes T-Shirt entdeckt, … lange Ärmel hat. Die zwei roten Streifen rund um den Ausschnitt sehen richtig gut aus. Er überlegt, ob er … T-Shirt kaufen soll. Allerdings stört ihn, … es eine Tasche am Bauch hat. Sein Freund überredet ihn, … T-Shirt zu nehmen, weil es sehr günstig ist.

a) Male nach den Angaben im Text das neue T-Shirt.

b) Hier … musst du überlegen, ob der Artikel **das** oder das Bindewort **dass** eingesetzt wird.*

c) Schreibe den Text ab.

***TIPP!**
Wenn du nicht **dieses** oder **welches** einsetzen kannst, schreibst du das Bindewort **dass**.

6

Grundform	Gegenwartsform (Präsens)	Vergangenheitsform (Präteritum)
singen	er singt	er sang
trinken	sie …	sie …
…	er …	er brachte
fangen	du …	du …
…	du …	du dachtest
springen	es …	es …
lenken	du …	du …

a) Schreibe die Tabelle ab und trage die fehlenden Zeitformen ein.*

b) Markiere alle ng und nk.

***TIPP!**

die Süßigkeit
der Körper

achten
er achtet
er achtete

sich vertragen
sie verträgt sich
sie vertrug sich

fernsehen
er sieht fern
er sah fern

sorgen
sie sorgt
sie sorgte

wichtig
wenig
fit
früh

möglich
abends
morgens
bestimmt

der Brief
der Tipp
die Tour
Deutschland
der Grad
der Schatten

danken
er dankt
er dankte

besichtigen
sie besichtigt
sie besichtigte

entstehen
es entsteht
es entstand

vorstellen
er stellt vor
er stellte vor

reisen
sie reist
sie reiste

dreißig

1

Waren, den 30.07.

Lieber Herr Monsa,

mit diesem Brief möchten wir ___ für ___ Reisetipps danken. Wir machen eine Radtour durch Mecklenburg-Vorpommern. Es ist hier genauso schön, wie ___ es uns erzählt haben. Gestern haben wir ein Schloss besichtigt. Heute sind wir am größten See Deutschlands angekommen. Er ist 117 km² groß und soll bis zu 31 m tief sein. Der See ist während der letzten Eiszeit entstanden. Doch das können wir uns gar nicht vorstellen, denn hier ist es sehr heiß:
Wir haben dreißig Grad im Schatten.
Wir wünschen ___ und ___ Frau schöne Ferientage.

Viele Grüße
___ Familie Zandel

a) Welcher See ist gemeint?

b) Welche Pronomen fehlen?
Schreibe den Text ab. Setze sie richtig ein.

2 **s oder ß oder ss?**

blä●t	rei●t	fri●t	lie●t	pa●t	hei●t
lä●t	flie●t	bei●t	schlie●t	krei●t	mü●t
mi●t	fa●t	stö●t	i●t	wi●t	verlä●t

a) Welche Wörter werden mit s geschrieben?*
Bilde die Grundform: bläst – blasen

b) Welche Wörter werden mit ss oder ß geschrieben?*
Untersuche die Selbstlaute:
frisst – fressen, heißt – heißen

*TIPP!

3 **Satz-Baukasten**

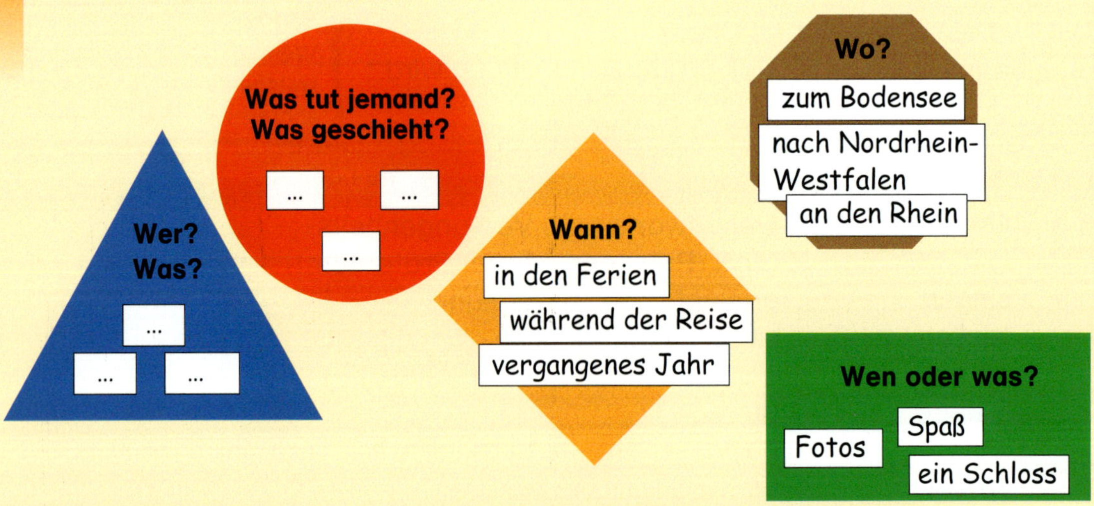

a) Überlege dir passende Subjekte und Prädikate.

b) Bilde Sätze. Erweitere die Wen-oder-was-Ergänzung.*

c) Kennzeichne Subjekt, Prädikat und Wen-oder-was-Ergänzung.

*TIPP! Die Werkstatt-Karte 17 hilft dir.

Seite 152 Grammatikwerkstatt

4 Rätsel

Ich bin eine sehr große Stadt und liege im Norden von Deutschland. Ich habe mehr als 1,7 Millionen Einwohner. Durch mich fließt die Elbe. Von meinem Hafen aus fahren viele Schiffe in die ganze Welt.

Ich bin mit 2962 m der höchste Berg Deutschlands. In dieser Höhe wächst nichts mehr. Meine Hänge sind kahl. Seit über hundert Jahren gibt es eine Wetterstation auf meinem Gipfel. Auf meine Spitze fährt sogar eine Zahnradbahn.

Ich bin einer der größten Seen in Deutschland. Es liegen drei verschiedene Länder an meinem Ufer. Alle, die das Wasser lieben, besuchen mich gerne. Man erzählt sich, dass mein Name früher Bodmansee hieß. Heute klingt mein Name ähnlich.

a) Löse mithilfe einer Landkarte das Rätsel.

b) Schreibe die Rätsel ab und unterstreiche alle Wörter mit **ah, äh, eh, oh, öh, üh**. Bei einem Wort kannst du das **h** hören. Markiere es.

der Einwohner
der Hafen
der Hang
die Station
der Gipfel
die Bahn
die Zahnradbahn
das Ufer

kahl
verschieden
ähnlich

hundert

5 Merkwörter mit h

Tim möchte sich einige Wörter mit **h** merken. Deshalb hat er die Merkwörter aufgemalt:

Huhn 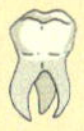 kühl  wühlen 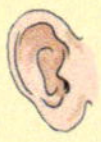 10

Fohlen  Zahl Rohr  Kohl 

1 + 1 = 5 f  Sohle 

Sohn Bohne

a) Schreibe statt der Bilder die Wörter auf.*

b) Bilde mit den Wörtern zusammengesetzte Nomen:
das Huhn – die Hühnersuppe, das Suppenhuhn, ...

*TIPP!

6 Silbenrätsel

1. Gericht aus einer Gemüsesorte
2. etwas zum Spielen auf Schienen
3. junges Pferd

sen Boh sup nen zeug Foh bahn pe Spiel len ei

4. Teil deines Bettzeugs
5. Wünsche aus den Ferien
6. entsorgt schmutziges Wasser

fluss grü kis rohr Ur Ab laubs sen ße Kopf

7. ein Kletterer
8. transportiert Benzin
9. Figur, die zwischen Blumen vor dem Haus steht

Tank zwerg gen stei Gar Berg ten wa ger

- Schreibe so: 1 = Boh...

der Rand
der Waldrand

das Kaninchen

die Eidechse

der Fuchs

das Gebüsch

schleichen
er schleicht
er schlich

hervor

1

A
Am Waldrand frisst ein Kaninchen Blätter. Eine hellgrüne Eidechse sitzt auf einem Stein. Unter einer Blume kriecht gerade ein großer, dicker Käfer hervor. Da kommt ein kleiner Fuchs angeschlichen. Eine Eidechse wechselt ihren Platz. Ein Käfer fliegt zur nächsten Blume. Plötzlich rennt ein Fuchs durchs Gebüsch und jagt ein Kaninchen.

B
Am Waldrand frisst ein Kaninchen Blätter. Eine hellgrüne Eidechse sitzt auf einem Stein. Unter einer Blume kriecht gerade ein großer, dicker Käfer hervor. Da kommt ein kleiner Fuchs angeschlichen. Die Eidechse wechselt ihren Platz. Der Käfer fliegt zur nächsten Blume. Plötzlich rennt der Fuchs durchs Gebüsch und jagt das Kaninchen.

a) Wie viele Tiere kommen in Text A vor? Wie viele Tiere sind es in Text B? Kannst du das erklären?

b) Schreibe einen Text ab. Unterstreiche alle Artikel. Markiere alle Wörter mit **chs**.

Seite 147 Grammatik-werkstatt

***TIPP!**
Nimm die Werkstatt-Karte 8.

2 **Vermische Wortfamilien**

WACHSEN WECHSELN WÄCHST WACHEN WUCHS WECHSELT
ERWACHSENE ÜBERWACHSEN HERAUSWACHSEN GEWÄCHS
AUSWECHSELN ABWECHSLUNG GEWÄCHSHAUS BEWACHSEN
ABWECHSELND VERWECHSELN WECHSELGELD GEWACHSEN

a) Ordne die Wörter nach ihren Wortfamilien. Schreibe die Nomen groß.

b) Suche das Wort, das nicht zu diesen Wortfamilien passt. Bilde damit einen Satz.

3 **Satz-Baukasten**

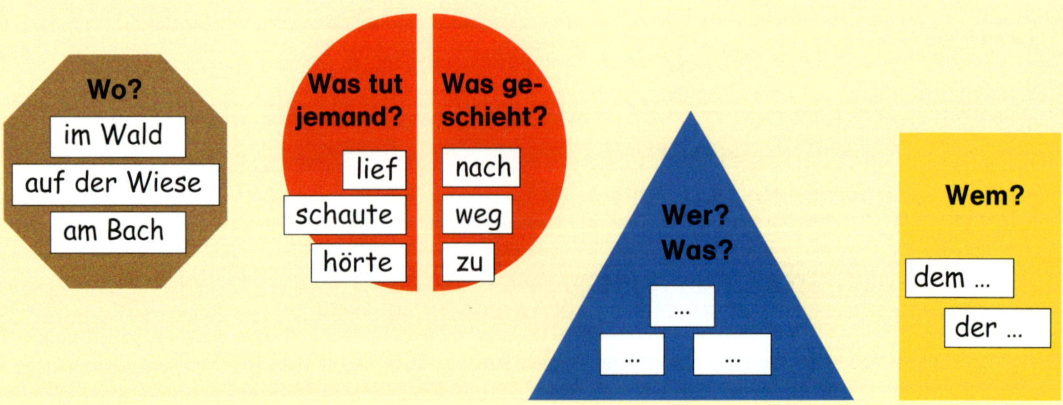

a) Überlege dir passende Subjekte und Wem-Ergänzungen.

b) Bilde Sätze. Erweitere die Ortsergänzung.*

c) Bilde drei Fragesätze.

d) Kennzeichne Subjekt, Prädikat und Wem-Ergänzung.

Seite 152 Grammatik-werkstatt

***TIPP!**
Die Werkstatt-Karte 17 hilft dir.

4 Zähl mit!

… kleines Mädchen wandert durch den Wald. … großes Wildschwein sucht Futter. … Mädchen sucht Pilze. … Wildschwein läuft langsam durch das Gebüsch. … Mädchen schreit laut. … Wildschwein verschwindet hinter hohen Tannen.

- Schreibe den Text zweimal ab.
  Setze hier … die Artikel **ein** oder **das** so ein, dass
  – der Text nur von einem Mädchen und einem Wildschwein handelt.
  – der Text von drei Mädchen und mehreren Wildschweinen handelt.

Seite 147 Grammatik-werkstatt

*TIPP! Nimm die Werkstatt-Karte 8.

das Schwein
das Wildschwein

das Futter

der Pilz

die Tanne

wild

5 Passende Adjektive gesucht

a) Finde oder erfinde Farb-Adjektive: so grün wie der Wald - waldgrün

b) Finde oder erfinde andere Adjektive:
so langsam wie eine Schnecke - schneckenlangsam

6 Sag es genauer mit Adjektiven

Es ist Nacht.
Ein Reh frisst.
Auch der Fuchs sucht Futter.
Eine Eule sieht eine Maus.
Der Jäger streift durch den Wald.

a) Setze vor die Nomen mehrere Adjektive:
Es ist eine stürmische, dunkle, unheimliche Nacht.
oder
Es ist eine ruhige, sternenklare, lauwarme, angenehme Nacht.

b) Schreibe einen Schluss zu deinem Text.

c) Finde eine passende Überschrift.

Stoffübersicht

	Sachaspekte	mündliches Sprachhandeln
Wir sind die vier 5–16 **Methodentraining** • Schneeball (6, **16**) • Informationen suchen (6) • Internetsuche (6) • Rollenspiel (10, 15)	• Formen der aktiven Mitarbeit und demokratischen Beteiligung: Wahlabläufe in der Schule: Klassensprecher, Klassensprecherin, Mitwirkungsorgane (6, 7) im Ort oder Ortsteil (7) • Konflikte und Konfliktlösungen: Klassenrat (10), Rollenspiel (15) • Vorstellungen zur persönlichen Zukunft, zu eigenen Fähigkeiten entwickeln: Berufswünsche, Schulwechsel (12, 13, 14, 15) • gemeinsam ein Vorhaben planen (11)	• sich durch Bilder zum Erzählen anregen lassen (5) • sachbezogenes Sprechen: sich selbst vorstellen (7), Wahlablauf beschreiben (6, 7) • demokratisches Sprechen: sich im Schneeball-verfahren einigen (6, 16) • verstehendes Zuhören: auf Gesprächsbeiträge eingehen und sie weiterentwickeln: aktives Zuhören (10) • Wortschatzerweiterung: menschliche Eigenschaften (6) • szenisches Spiel: Rollenspiel (15) **Sprache reflektieren** • für ein Sprechziel geeignete sprachliche Mittel auswählen: Satzbau (7, 10)
Unterwegs 17–28 **Methodentraining** • Gruppenarbeit (19, **28**) • Schreibkonferenz (22)	• Radfahrausbildung: Linksabbiegen, Gefahrenstellen (18, 19, 24, 25, 26, 27) • Verkehrswege als Verbindungen und Grenzen (17, 24) • die Bedeutung von Ressourcen: Umweltverträglichkeit von Verkehrsmitteln (24) • verschiedene Verkehrsräume und -mittel sicher nutzen (18, 19, 24, 26, 27) • einfache Geräte untersuchen, montieren und demontieren: Schlauch/Kabel flicken (20, 21)	• Fotos als Gesprächsanlass: Wege (17) • sachbezogenes Sprechen: Beurteilung von Verkehrs-situationen begründen (18), Reifen flicken (20), Kabel reparieren (21), Verhalten im Verkehr (18, 19, 24, 26, 27) • Sachverhalte beschreiben, vortragen: Linksabbiegen (18, 19) • zu Bildern Erzählideen entwickeln (22) • demokratisches Miteinandersprechen: gemeinsame Planungen und Beratungen bei der Gruppenarbeit (**28**) **Sprache reflektieren**
Tropfen für Tropfen 29–40 **Methodentraining** • Planen – machen – notieren (30, 31, 38, 39) • Forschertagebuch (30, 31, 38, 39) • Informationen suchen (31) • Cluster (37, **40**) • Gruppenarbeit (**28**, 39)	• die Bedeutung von Ressourcen und ihre Nutzung (29, 38, 39) • Versuche mit Wasser durchführen und deuten (30, 31, 38, 39) • Aggregatzustände des Wassers und ihre Übergänge in Natur und Experiment (30, 31, 38, 39) • Mischungen und Lösungen herstellen und trennen (39) • Wettererscheinungen beobachten und erklären (30, 31, 38, 39)	• Foto als Gesprächsanlass (29) • sachbezogenes Sprechen: Sachverhalte beschreiben (29, 30, 31), mithilfe von Stichworten vortragen (30, 38) • sprachliche Mittel bewusst verwenden und ihre Wirkung auf Zuhörer beurteilen: Erzählanfänge (34) **Sprache reflektieren** • Wortschatzerweiterung: Wortfeld Wasser (32) • über Redensarten und ihre Bedeutung sprechen (37)
Reiseträume 41–52 **Methodentraining** • Internetsuche (42) • Diagramm (43, **52**) • Vortrag halten (43) • Informationen suchen (47, 51) • Schreibkonferenz (48) • Lernkärtchen (51)	• wesentliche Sachverhalte und Veränderungen der Räume Europa und der Erde erarbeiten: mit topographischen (42/43) und thematischen (50, 51) Karten der Kontinente und Diagrammen arbeiten • Zusammenhänge zwischen Lebensräumen und Lebensbedingungen für Menschen, Tiere und Pflanzen erkennen (45, 49, 50, 51) • früher und heute: Informationen über vergangene Ereignisse und geschichtliche Abläufe: Forschungsreisende (46, 47) • Erfahrungen mit vertrauten und fremden Kulturen, und Lebensweisen (45, 49)	• Sachverhalte beschreiben, zusammenfassen, vortragen und den Vortrag durch Medien stützen (43) • erzählendes Sprechen: Bilder und Fotos zu Personen, Tieren, Orten und Ereignissen als Erzählhilfen sammeln, Reihumgeschichten erzählen (48) **Sprache reflektieren**
Merry Christmas – Frohe Weihnacht 53–56	• Erfahrungen mit vertrauten und fremden Kulturen (53)	• Phänomene und Strukturen unterschiedlicher Sprachen vergleichen (53) • szenisches Spiel: Schattentheater/ Schauspiel (54, 55, 56)

schriftliches Sprachhandeln		Umgang mit Texten und Medien
Texte verfassen	**Rechtschreiben**	
• Planen, Schreiben, Beraten, Überarbeiten von Texten: Stichworte als Planungshilfe für Spielregeln, Spielekartei aufbauen, Satzanfänge überarbeiten (8, **158**) • erzählendes Schreiben zu Bildern (10) • eigene Gedanken und Gefühle für andere nachvollziehbar aufschreiben: Traumberuf (12), Ich in 20 Jahren (13)	• Nominalisierung von Verben (9, 162, 163) • Verben in Verbindung mit der Konjunktion dass sammeln (10) • Rechtschreibstrategien entwickeln: häufige Vorsilben von Verben (163), regelmäßige Pluralform: -innen (163) • Wörterbuch nutzen (8) • selbstständig mit erweiterten Arbeitsmethoden lernen und üben: Lernwörter üben (**161**, 162, 163)	• in Texten Informationen finden (14, 15) • Anweisungen in Texten verstehen und danach handeln (16)
• Sprachproben auf der Satzebene: umstellen, Subjekt und Prädikat kennzeichnen (7, 162) • Zeitstufe Zukunft, Grundform, Gegenwartsform, Zukunftsform des Verbs (13, 163)	• Wortarten unterscheiden: Nomen, Verb, Adjektiv (11)	
• eigene Gedanken, Gefühle für andere nachvollziehbar aufschreiben: Wege (17) • sachbezogenes Schreiben: Reparatur von Reifen/ Kabel (20, 21) • Planen, Schreiben, Beraten, Überarbeiten von Texten: Satzanfänge überarbeiten (21, **158**) • erzählendes Schreiben: Bilder zu Personen, Tieren, Orten und Ereignissen als Erzählhilfen sammeln, Erzählspuren legen (22) • sich über Texte beraten (22)	• Rechtschreibstrategien entwickeln: häufige Vorsilben, Schreibung des Wortstamms beibehalten (21, 164) • in Wortfamilien Stammerhaltung kennzeichnen: Verben, Nomen, Adjektive unterscheiden (23, 25, 165); Änderung des Stammvokals bei Verben (23) • Wortbausteine -heit, -ung, -keit, -nis als Kennzeichen von Nominalisierungen (25, 165) • wörtliche Rede und Begleitsatz (165) • selbstständig mit erweiterten Arbeitsmethoden lernen und üben: Lernwörter üben (**161**, 164, 165)	• Anweisungen in Texten verstehen und danach handeln (18, 19, 20, 21, 28) • in Texten Informationen finden (26, 27, 28)
• zweiteiliges Prädikat kennzeichnen (20, 21, 164) Satzteile umstellen, Subjekt und Prädikat kennzeichnen (164) • Verben Satzbaupläne zuordnen (24)	• orthographische Regelungen versprachlichen: Nominalisierungen (25, 165)	
• Planen, Schreiben, Beraten, Überarbeiten von Texten: Stichworte (34), Cluster (36, **40**) als Planungshilfe für Texte; Geschichtenhöhepunkt finden und erweitern (34, 36, **159**) • sich durch Literatur zum Schreiben anregen lassen: Meeresabenteuer (36)	• Komposita: Nomen (33) • Doppelkonsonant nach kurzem Selbstlaut: tz (33, 167), ss (36, 166) • Nominalisierung von Verben (167) • selbstständig mit erweiterten Arbeitsmethoden lernen und üben: Lernwörter üben (**161**, 166, 167)	• Gedichte (auch auswendig) vortragen (32, 33) • handelnd mit Texten umgehen: umgestalten (32) • Texte interpretieren: lautmalerische Verben (32) • Nutzen von Medien: Tonband-Ratespiel (33) • Texte zum Lesen interessenbezogen auswählen, Textsorten zuordnen, vorstellen (34, 36) • Anweisungen in Texten verstehen und danach handeln (30, 31, 39)
• Bestimmung des Geschlechts von Komposita (33) • Satzteile umstellen, Subjekt und Prädikat kennzeichnen (166), Satzteile finden (167)	• orthographische Regelungen versprachlichen: Zeichensetzung bei wörtlicher Rede: nachgestellter Begleitsatz (35, 166)	• sich über Leseerfahrungen verständigen (36)
• sachbezogenes Schreiben: zu Stichworten schreiben (46, 47), Lernkärtchen schreiben (51) • Planen, Schreiben, Beraten, Überarbeiten von Texten: erzählendes Schreiben zu Bildern (48, 49), Schreibkonferenz: Höhepunkt finden und ausbauen (48, **159**) • erzählendes Schreiben: Bilder und Fotos zu Personen, Tieren, Orten und Ereignissen als Erzähl- und Schreibhilfen nutzen (48), fiktive Reisen beschreiben (47, 49)	• Verben in Verbindung mit der Konjunktion **dass** sammeln (44, 168) • Wortfamilien: Adjektive, Nomen und Verben (47, 169) • Rechtschreibstrategien entwickeln: häufige Vorsilben: Komposita des Verbs fahren bilden (47) • Zeichensetzung: Komma bei Aufzählungen (49) • Nominalisierung von Verben (169) • selbstständig mit erweiterten Arbeitsmethoden lernen und üben: Lernwörter üben (**161**, 168, 169)	• in Texten Informationen finden (42, 45, 46, 47, 49, 50, 51, 52) • Anweisungen in Texten verstehen und danach handeln (42, 43, 52) • Wörter in ihrer inhaltlichen Bedeutung klären (42, 44) • sich über Leseerfahrungen verständigen (44) • in Kinderliteratur oder anderen Medien zu Themen recherchieren (43, 46) • Gedichte (auch auswendig) vortragen (44, 45) • handelnd mit Texten umgehen: bildnerisches Darstellen, inszenieren (44)
• mit Adjektiven genauer beschreiben (49) • Zeitstufen Gegenwart und Zukunft (45, 169), Vergangenheitsformen und Gegenwartsformen des Verbs (49) • Sätze miteinander verbinden: aber, weil (46, 169) • Satzteile umstellen, Subjekt und Prädikat kennzeichnen (168)	• über Schreibweisen nachdenken: **dass** als Bindewort zwischen 2 Sätzen kennenlernen (44)	• Textwirkung aus der Sicht der Leserin/des Lesers reflektieren (44)
		• Szenen und Gedichte (auch auswendig) vortragen (53) • kurze Anweisungen in Texten verstehen und danach handeln (56)

	Sachaspekte	mündliches Sprachhandeln
Von Bürgern, Bauern und Burgfräulein 57–68 **Methodentraining** • überfliegendes Lesen (58, 59) • Lernkärtchen (58) • Schaubild (64, 66, **68**) • Zeitleiste (66, 67) • Informationen suchen (66)	• früher und heute: Informationen über vergangene Ereignisse und geschichtliche Abläufe und Entwicklungen: Leben auf der Burg (58, 59, 60), als Bauer/Magd (61), Kindheit (60, 61), Ernährung (64), Tischsitten (62), Städte (66, 67) im Mittelalter; Zeitleiste (66, 67)	• sich über eine Spielregel verständigen (58) • sachbezogenes Sprechen: Sachverhalte beschreiben, eigene Sichtweisen mit Argumenten vertreten (60) • Kunstwerk als Gesprächsanlass, szenisch darstellen, Raumlagebeziehungen versprachlichen (64) **Sprache reflektieren** • Phänomene und Strukturen unterschiedlicher Sprachen vergleichen: mittelhochdeutsches Gedicht (57) • über Redensarten und ihre Bedeutung sprechen (63)
Küchen-Experimente 69–80 **Methodentraining** • Planen – machen – notieren (70, 71, 78, 79) • Forschertagebuch (70, 71, 78, 79) • Schreibkonferenz (75) • Comic (77, **80**)	• Stoffumwandlung beobachten und herbeiführen: Haushaltsstoffe untersuchen, Säuren kennenlernen und nachweisen (70, 71) • Mischungen und Lösungen herstellen und trennen (78, 79)	• Kunstwerk von Paul Cézanne als Gesprächsanlass (69) • sachbezogenes Sprechen: Beobachtungen beschreiben (70, 71), Sachverhalte erklären (71) • szenisches Spiel: Gedicht (72, 73) **Sprache reflektieren**
Welt der Gefühle 81–92 **Methodentraining** • Bücherei (83, 89, **92**) • Informationen suchen (88, 89) • Internetsuche (89) • Vortrag halten (89)	• Kenntnisse über die Entwicklung vom Schulkind zum Erwachsenen gewinnen/Körperfunktionen erklären (82, 83) • die eigene Geschlechtlichkeit und die anderer reflektierend wahrnehmen und akzeptieren (84, 85) • über Liebe und Sexualität nachdenken (86, 87) • Bedingungen gesunder Lebensführung: Körperpflege, Intimpflege (82, 83)	• Kunstwerk von Keith Haring als Gesprächsanlass (81) • erzählendes Sprechen: Stichworte als Erzählhilfen nutzen (86) • sachbezogenes Sprechen: über Strittiges diskutieren (85) • Sachverhalte beschreiben, zusammenfassen, vortragen und den Vortrag durch Medien stützen (88, 89) **Sprache reflektieren** • Wortschatzerweiterung: Wortfeld Gefühle (86, 87)
Unsere Zeitung 93–104 **Methodentraining** • Gruppenarbeit (**28**, 95, 101) • Schreibkonferenz (95) • Schaubild (**68**, 103) • Layout (95, 97, 101, **104**)	• Planung, Herstellung und Vertrieb eines Produkts nachvollziehen und erleben (95, 102, 103, 104) • Absicht von Werbung und ihre Wirkung untersuchen, Werbung und Wirklichkeit vergleichen (100, 101, 102)	• über Strittiges diskutieren: Meinungen anderer akzeptieren und eigene Meinungen und Sichtweisen mit Argumenten vertreten (101)

schriftliches Sprachhandeln Texte verfassen	Rechtschreiben	Umgang mit Texten und Medien
• mit Schrift gestalten (57, 65) • Lernkärtchen schreiben (58) • sachbezogenes Schreiben: Bastelanleitungen (62, 63, 171), Rezept (65) • Überarbeiten von Texten: Satzanfänge (62, **158**)	• Formveränderungen bei Nomen und Verben (60, 61, 63, 64, 65) • Wörterbuch nutzen: Nachschlagen von Verben unter der Grundform (65) • Nomen und Satzanfänge großschreiben, Abstrakta nach Oberbegriffen ordnen (170) • Zeichensetzung bei wörtlicher Rede (171) • selbstständig mit erweiterten Arbeitsmethoden lernen und üben: Lernwörter üben (**161**, 170, 171)	• Gedichte (auch auswendig) vortragen (57) • überfliegendes Lesen (58, 59) • kurze Anweisungen in Texten verstehen und danach handeln (58, 59, 62, 63, 65, 66, 67, 68) • in Texten Informationen finden (58, 59, 60, 61, 64, 65, 67) • handelnd mit Texten umgehen: Schaubild (61, 64, **68**)
• Nomen: 4 Fälle kennenlernen (60, 61, 63, 171), Zusammenhänge zwischen Fallbildung und Genus entdecken (63, 64) • Personalformen des Verbs: Imperativformen (65, 171) • Satzteile umstellen, Subjekt, Prädikat und Wen-oder-was-Ergänzung kennzeichnen (170)	• über Schreibweisen nachdenken, orthographische Regelungen versprachlichen: Wechsel des Stammvokals bei starken Verben (65)	
• sachbezogenes Schreiben: Spielanleitung (74, 75), Steckbriefe zu Comic-Figuren (76) • Rezept für einen Zaubertrank (77) • Überarbeiten von Texten: Satzanfänge (77, **158**)	• lang und kurz gesprochene Vokale unterscheiden (72) • Wörterbuch nutzen: Nachschlagen (72) • Doppelkonsonant nach kurzem Selbstlaut (72, 73) • Wörter nach Sprechsilben trennen (72) • Nominalisierung von Verben (172) • Abstrakta nach Oberbegriffen ordnen (172) • Punkt und Fragezeichen nach Aussage- und Fragesatz setzen (173) • in Wortfamilien Stammerhaltung kennzeichnen (173) • ihm, ihr (172), y, qu, x (173) als Besonderheit wortbezogen lernen • selbstständig mit erweiterten Arbeitsmethoden lernen und üben: Lernwörter (**161**, 172, 173)	• kurze Anweisungen in Texten verstehen und danach handeln (69, 70, 71, 78, 79, 80) • Gedichte (auch auswendig) vortragen (72, 73) • handelnd mit Texten umgehen: in anderen Medien realisieren (Tonband), analoges Gedicht schreiben (72) • in Texten Informationen finden (71) • Zungenbrecher vortragen • sich über Leseerfahrungen verständigen (76) • handelnd mit Texten umgehen: Comic zum erzählenden Text umschreiben (61), Texte als Comic realisieren (77, 78)
• Zusammenhänge zwischen Fallbildung und Genus entdecken (73) • Nomen im Wem-Fall (75) • über Kunst-Wörter nachdenken: Namen in Asterix-Comics (76) • Satzteile umstellen, Subjekt, Prädikat und Wem-Ergänzung kennzeichnen (172)	• orthographische Regelungen versprachlichen: Zeichensetzung bei wörtlicher Rede (77, 173)	• grundlegende Textsorten und ihre Leistungen erkennen: Comic (76, 77, 78)
• Planen, Schreiben, Beraten, Überarbeiten von Texten: zu Bildern schreiben, Stichworte (86) als Schreibhilfe nutzen • erzählendes Schreiben: eigene Erlebnisse und Gefühle für andere nachvollziehbar aufschreiben (87)	• Zeichensetzung bei wörtlicher Rede (84) • Nomen und Satzanfänge großschreiben (89) • Wortfamilien zusammenstellen (87) • Nominalisierung von Verben und Adjektiven nach Artikel, durch Wortbausteine (174) • Abstrakta nach Oberbegriffen ordnen (175) • Wörter so ableiten, dass g bei In- und Auslautverhärtung richtig notiert wird (175) • selbstständig mit erweiterten Arbeitsmethoden lernen und üben: Lernwörter üben (**161**, 174, 175)	• in Texten Informationen finden (82, 83, 90, 91) • sich zu einem Thema nach eig. Interesse und nach vorgegebenen Aufträgen in verschiedenen Medien orientieren (83, 89, 90) • Bibliotheken benutzen (83, 88, 92) • zu Handlungen, Personen, Gedanken Stellung nehmen, Vorstellungsbilder entwickeln und miteinander austauschen (84, 85) • Texte interessenbezogen auswählen, vorstellen: Buchsteckbrief (88) • Informationen zu Texten einholen und sich mithilfe von Fachbegriffen über Texte unterhalten, Texte den Textsorten zuordnen (88, 89) • relevante Details aus der Biografie einer Autorin/eines Autors benennen und wissen, wie man diese Informationen einholen kann (89)
• Nutzen metasprachlicher Verfahren: obligatorische Satzteile ergänzen (85); Wen-oder-was-Ergänzung (85, 174), Wem-Ergänzung (85), fakultative Satzteile weglassen (174) • zweiteiliges Prädikat kennzeichnen (175)	• über Schreibweisen nachdenken, orthographische Regelungen versprachlichen: Wortarten mithilfe von Endungen unterscheiden (87)	• grundlegende Textsorten und ihre Leistungen erkennen (88)
• Gestalten mit Medien: Texte am Computer schreiben, überarbeiten und gestalten (95, 104) • Planen, Schreiben, Beraten, Überarbeiten von Texten: Bericht, Schlagzeile (96), Kreuzworträtsel, Silbenrätsel, Anleitung (98), Bildertexte, Steckbrief (99), Werbetexte (101) • poetisches Schreiben: Rondell (99) • Formen der Veröffentlichung entwickeln und nutzen (102, 103)	• Punkte und Fragezeichen setzen (97) • weitreichende Rechtschreibregelungen kennenlernen: Endung -ine (99) • Zeichensetzung: Komma bei Aufzählungen (101) • Abstrakta nach Oberbegriffen ordnen (176) • Nominalisierung von Verben (176) • Großschreibung von Anredepronomen (177) • Trennen nach Sprechsilben (177) • selbstständig mit erweiterten Arbeitsmethoden lernen und üben: Lernwörter üben (**161**, 176, 177)	• Informationen zu Texten einholen und sich mithilfe von Fachbegriffen über Texte unterhalten, Texte den Textsorten zuordnen (94, 95) • Texte interessenbezogen auswählen, vorstellen: Kinderzeitschriften (94, 98) • in Texten Informationen finden (94, 95, 96, 97, 102, 103, 104) • Machart von Medienbeiträgen erkennen (94, 95, 100) • Medien nutzen als Anreiz zum Gestalten eigener Medienbeiträge (95, 96, 98) • erforschen, wie Medien hergestellt und verbreitet werden (102, 103) • 2 Texte entflechten (177)

	Sachaspekte	mündliches Sprachhandeln
		Sprache reflektieren • Wörter in ihrer inhaltlichen und kommunikativen Bedeutung klären (94, 95, 100, 101)
Frohe Ostern 105–106	• Erfahrungen mit vertrauten und fremden Kulturen, Religionen, Bräuchen und Lebensweisen reflektieren (105, 106)	
Von Kopf bis Fuß 107–118 **Methodentraining** • Lernkärtchen (109) • Rollenspiel (110) • Entspannung (116, **118**) • Internetsuche (117)	• Körperfunktionen beobachten und erklären: Skelett (108), Verdauung (109), Atmung (112) • Unfallverhütungsmaßnahmen und Erste-Hilfe-Maßnahmen kennenlernen und anwenden (110, 111) • Bedingungen gesunder Lebensführung reflektieren und Präventionsmaßnahmen kennenlernen (116, 117) • Konflikte erkennen und Konfliktlösungen erproben: Nein sagen, gute und schlechte Geheimnisse (117)	• Kunstwerke als Gesprächsanlass: Klee (107), Picasso (114), Chagall (115) • szenisches Spiel (110) • für ein Sprechziel geeignete sprachliche Mittel auswählen, über Gründe für das Gelingen/Misslingen von Gesprächen sprechen: Nein sagen (117) **Sprache reflektieren** • über Redensarten und ihre Bedeutung sprechen (113) • über Wörter und ihre Bedeutung sprechen Wortfeld atmen (113)
Deutschland-Reise 119–130 **Methodentraining** • Lernkärtchen (120) • Internetsuche (120, 122, 124) • Vortrag halten (120, 128) • Schaubild (**68**, 124) • Pro-und-Kontra-Diskussion (129, **130**)	• politische und topographische Karten Deutschlands nutzen (119, 120, 121), selbstständig aus verschiedenen Medien und Quellen Informationen zu Bundesländern zusammenstellen und präsentieren (120); Suchaufgaben mithilfe des Atlas lösen (122, 123) • Zusammenhänge zwischen Lebensräumen und Lebensbedingungen für Menschen, Tiere und Pflanzen erkennen (128, 129) • Erscheinungsformen und Auswirkungen von Arbeitslosigkeit kennenlernen (129)	• Sachverhalte beschreiben, zusammenfassen, vortragen und den Vortrag durch Medien stützen (120) • über Wörter und ihre Bedeutung sprechen mithilfe von Stichworten beschreiben: Berge (124, 125) • Rituale bewusst einsetzen und weiterentwickeln: Pro-und-Kontra-Diskussion (129, 130) **Sprache reflektieren** • über Redensarten und ihre Bedeutung sprechen (125) • Phänomene und Strukturen unterschiedlicher Sprachen vergleichen: Dialekt und Hochsprache (126, 127)
Waldwunder – Wunderwald 131–142 **Methodentraining** • Informationen suchen (133, 140) • Cluster (**40**, 134, 136) • Mind-Map (137) • Schreibkonferenz (137) • Internetsuche (138) • Ordner einrichten (142)	• Zusammenhänge zwischen Lebensräumen und Lebensbedingungen von Tieren und Pflanzen: Waldtiere (132, 133, 138, 139), Wildpflanzen (140, 141)	• Kunstwerk von Iwan Schischkin als Gesprächsanlass (131) • sich durch Bilder zum Erzählen anregen lassen, Angstgefühle versprachlichen (134) **Sprache reflektieren** • über Redensarten und ihre Bedeutung sprechen (139)
Grammatikwerkstatt 144–157		
Textwerkstatt 158–160		

schriftliches Sprachhandeln Texte verfassen	Rechtschreiben	Umgang mit Texten und Medien
• Pronomen im Kontext richtig gebrauchen (176), falsche Bezüge aufdecken und korrigieren (177) • Nutzen metasprachlicher Verfahren: Subjekt, Prädikat, Wen-oder-was-Ergänzung kennzeichnen, fakultative Satzteile weglassen (176)	• über Schreibweisen nachdenken und orthographische Regelungen versprachlichen: Großschreibung von Anredepronomen (97) • mit Personalformen und Zeitformen des Verbs spielen (177)	• grundlegende Textsorten und ihre Leistungen erkennen (96) • Textabsicht, Textsorte, Textwirkung aus der Sicht der Leserin/des Lesers reflektieren (96, 100)
		• kurze Anweisungen in Texten verstehen und danach handeln (105, 106)
• sachbezogenes Schreiben: Lernkärtchen (109), zu Stichworten Anleitungen schreiben (111), Personenbeschreibungen (115) • sich durch Literatur (112), durch Kunstwerke (115, 116) zum Schreiben anregen lassen, mit Schrift kreativ gestalten (112) • erzählendes Schreiben: Planen, Schreiben, Beraten, Überarbeiten von Texten: mit Adjektiven Personen beschreiben (114, 115)	• Wörter so ableiten, dass g bei In- und Auslautverhärtung richtig notiert wird: zu Verben Zeitformen bilden und das Prinzip der Stammerhaltung anwenden (179) • selbstständig mit erweiterten Arbeitsmethoden lernen und üben: Lernwörter üben (**161**, 178, 179)	• in Texten Informationen finden (108, 109) • kurze Anweisungen in Texten verstehen und danach handeln (108, 109, 116) • Gedichte (auch auswendig) vortragen (112, 113) • handelnd mit Texten umgehen: in anderen Medien (Tonband) realisieren (112)
• Verben Satzbaupläne zuordnen (113) • Nutzen metasprachlicher Verfahren: Erweitern von Satzteilen (111, 113), Satzteile umstellen, Subjekt, Prädikat und Wen-oder-was-Ergänzung kennzeichnen (178)	• Gegensatzpaare bei Adjektiven (115) • Artikel das und Konjunktion dass unterscheiden (178, 179)	
• sachbezogenes Schreiben: Lernkärtchen (120) • sprachliche Mittel nutzen: Ansichtskarten (122) • sich durch Kunstwerke zum Schreiben anregen lassen (125) • Planen, Schreiben, Beraten, Überarbeiten von Texten: Mind-Map als Schreibhilfe nutzen (124, 125)	• Lang und kurz gesprochene Vokale unterscheiden, Schreibung von ss und ß (123) • Wörter auf die Grundform zurückführen, Schreibung des Wortstamms beibehalten: s (123, 180), g/k (124), bei ss/ß die Vokallänge/-kürze kennzeichnen (180) • Wortfamilien (123) • Rechtschreib-Besonderheiten wortbezogen lernen: k-Laut (124), aa, ee, oo zur Kennzeichnung der Vokallänge (127) • **h** zur Kennzeichnung der Vokallänge als Besonderheit wortbezogen lernen (181) • selbstständig mit erweiterten Arbeitsmethoden lernen und üben: Lernwörter üben (**161**, 180, 181)	• Gedichte (auch auswendig) vortragen (126, 127) • handelnd mit Texten umgehen: bildnerisches Darstellen, Umgestalten (126, 127)
• Nutzen metasprachlicher Verfahren: Satzteile umstellen, Subjekt, Prädikat und Wen-oder-was-Ergänzung kennzeichnen (180)	• über Schreibweisen nachdenken und orthographische Regelungen versprachlichen: Groß- und Kleinschreibung von Anredepronomen (127, 180)	• zu einem Gedicht Vorstellungsbilder entwickeln und miteinander austauschen (126)
• sachbezogenes Schreiben: Waldbuch (133), Pflanzensteckbriefe (140, 141) • erzählendes Schreiben: Planen, Schreiben, Beraten, Überarbeiten von Texten: Cluster als Schreibhilfe für erlebte oder Fantasiegeschichten (**40**, 138) • Strukturen poetischer Texte für eigene Texte nutzen: Gruselett (135), Zaubersprüche (137) • sich durch Literatur zum Schreiben anregen lassen, Stichworte, Bilder, Steckbriefe, Ortsbeschreibungen, Mind-Map als Schreibhilfen nutzen (136, 137), den Höhepunkt überarbeiten (137, **160**) • Tiersteckbrief (138), Pflanzensteckbrief (140) schreiben	• Wortbausteine -ig und -lich zur Bildung von Adjektiven nutzen (135) • chs als Besonderheit wortbezogen lernen (139, 182) • Wortfamilien wachsen/wechseln (182) • selbstständig mit erweiterten Arbeitsmethoden lernen und üben: Lernwörter üben (**161**, 182, 183) • Adjektive vor Nomen kleinschreiben (183)	• in Texten Informationen finden (132, 133) • sich zu einem Thema nach eig. Interesse und nach vorgegebenen Aufträgen in verschiedenen Medien orientieren (132, 133, 138, 140) • handelnd mit Texten umgehen: Informationen in Tabellen ordnen (133) • kurze Anweisungen in Texten verstehen und danach handeln (133, 140, 141) • zu Texten Vorstellungsbilder entwickeln und miteinander austauschen, bildnerisch darstellen: Gedicht (135), fantastische Erzählung (136) • grundlegende Textsorten und ihre Leistungen erkennen: Sachtext, Zeitungsartikel, Bastelanleitung, Gedicht, Geschichte (138)
• Nutzen metasprachlicher Verfahren: Satzteile umstellen, Subjekt, Prädikat (182) und Wem-Ergänzung (139, 182) kennzeichnen • über die Verwendung des unbestimmten und bestimmten Artikels nachdenken (**147**, 182, 183)	• Komposita von Adjektiven bilden (183)	• Wörter in ihrer inhaltlichen und kommunikativen Bedeutung klären (132, 133)
• Nutzen metasprachlicher Verfahren, Kenntnisse spielerisch wiederholen und anwenden (144–157)		
• Beraten und Überarbeiten von Texten (158–160)		

Wörterliste

A a

ab

der Abend
die Abende

abends

aber

acht

achten
er achtete

Afrika

ähnlich

die Ähre
die Ähren

der Alarm

alle

allein

als

alt

am

die Ameise
die Ameisen

Amerika

die Ampel
die Ampeln

an

anbringen
er brachte an

andere

ändern
sie änderte

anders

der Anfang
die Anfänge

anfangen
es fängt an
es fing an

anfassen
er fasste an

das Angebot
die Angebote

die Angst
die Ängste

ängstlich

ankommen
sie kam an

anrichten
er richtete an

anschließend

antworten
sie antwortete

anzünden
er zündete an

der Apfel
die Äpfel

die Apfelsine
die Apfelsinen

der April

die Arbeit
die Arbeiten

arbeiten
sie arbeitete

ärgerlich

der Arm
die Arme

der Arzt
die Ärzte

Asien

der Ast
die Äste

auch

auf

auf einmal

aufhören
er hörte auf

aufpassen
sie passte auf

aufräumen
er räumte auf

aufwachen
sie wachte auf

aufziehen
er zog auf

das Auge
die Augen

der August

ausleihen
sie lieh aus

außerdem

Australien

das Auto
die Autos

B b

das Baby
die Babys

der Bach
die Bäche

backen
er backte

der Bäcker
die Bäcker

der Backofen
die Backöfen

die Bahn
die Bahnen

bald

der Ball
die Bälle

das Band
die Bänder

die Bank
die Bänke

basteln
er bastelte

der Bau
die Baue (von Tieren)
die Bauten (Gebäude)

der Bauch
die Bäuche

bauen
sie baute

der Bauer
die Bauern

die Bäuerin
die Bäuerinnen

der Baum
die Bäume

bei

das Bein
die Beine

beißen
er biss

bekommen
sie bekam

bellen
er bellte

beobachten
er beobachtete

der Berg
die Berge

der Beruf
die Berufe

beschädigen
sie beschädigte

besichtigen
er besichtigte

besitzen
sie besaß

besonders

besser

bestimmt

der Besuch
die Besuche

besuchen
er besuchte

das Bett
die Betten

sich bewegen
es bewegte sich

beweisen
sie bewies

der Bewohner
die Bewohner

das Bild
die Bilder

ich bin (müde)
du bist (müde)

binden
sie band

bis morgen

blasen
er bläst
er blies

das Blatt
die Blätter

blau

bleiben
sie blieb

der Blitz
die Blitze

blitzschnell

die Blume
die Blumen

die Blüte
die Blüten

der Boden
die Böden

das Boot
die Boote

brennen
es brannte

brauchen
er brauchte

braun

breit

der Brief
die Briefe

bringen
sie brachte

das Brot
die Brote

das Brötchen
die Brötchen

der Bruder
die Brüder

das Buch
die Bücher

die Bücherei
die Büchereien

bunt

die Burg
die Burgen

der Bus
die Busse

die Butter

C c

der Computer
die Computer

D d

da

dabei

das Dach
die Dächer

damit

danach

daneben

danken
er dankte

dann

daran

darauf

daraus

darin

darum

darunter

das

hoffen, dass

dauern
es dauerte

davon

dazwischen

der Deckel
die Deckel

decken
er deckte

dein

nimm den Stift!

denken
sie dachte

wieso denn?

der

deshalb

Deutschland

der Dezember

dich

dicht

dick

die

der Dienstag
die Dienstage

dieser

das Diktat
die Diktate

dir

doch

der Donner

der Donnerstag
die Donnerstage

dort

der Drachen
die Drachen

draußen

drehen
er drehte

drei

dreißig

du

duften
es duftete

dunkel

dünn

durch

dürfen
sie darf
sie durfte

E e

die Ecke
die Ecken

das Ei
die Eier

die Eidechse
die Eidechsen

ein

einfach

einige

einladen
er lädt ein
er lud ein

einmal

eins

einsam

der Einwohner
die Einwohner

einzig

der Elefant
die Elefanten

die Eltern

das Ende
die Enden

endlich

entdecken
sie entdeckte

entlang

sich entschuldigen
er entschuldigte sich

entstehen
es entstand

er

die Erbse
die Erbsen

die Erde

die Erfahrung
die Erfahrungen

erst

erster

erwidern
sie erwiderte

erwischen
er erwischte

erzählen
sie erzählte

es

essen
sie isst (iss!)
er aß

etwas

euch

euer, eure

die Eule
die Eulen

der Euro
die Euros

Europa

F f

fahren
sie fährt
sie fuhr

das Fahrrad
die Fahrräder

die Fahrt
die Fahrten

fallen
er fällt
er fiel

die Familie
die Familien

fangen
sie fängt
sie fing

die Farbe
die Farben

fassen
er fasste

fast

der Februar

die Feder
die Federn

fehlen
er fehlte

der Fehler
die Fehler

feiern
sie feierte

das Feld
die Felder

das Fell
die Felle

das Fenster
die Fenster

die Ferien

fernsehen
er sieht fern
er sah fern

der Fernseher
die Fernseher

fertig

das Fest
die Feste

fest

das Feuer
die Feuer

die Feuerwehr
die Feuerwehren

finden
sie fand

der Fisch
die Fische

fit

die Flasche
die Flaschen

die Fliege
die Fliegen

fliegen
er flog

fließen
es floss

flitzen
sie flitzte

der Flug
die Flüge

das Flugzeug
die Flugzeuge

folgen
er folgte

das Foto
die Fotos

fragen
sie fragte

die Frau
die Frauen

der Freitag
die Freitage

fressen
er frisst (friss!)
er fraß

die Freude

sich freuen
sie freute sich

der Freund
die Freunde

die Freundin
die Freundinnen

freundlich

frisch

der Frosch
die Frösche

früh

früher

der Frühling

der Fuchs
die Füchse

fühlen
er fühlte

führen
sie führte

fünf

für

der Fuß
die Füße

das Futter

G g

die Gabel
die Gabeln

ganz

gar nicht

der Garten
die Gärten

der Gast
die Gäste

geben
er gibt (gib!)
er gab

der Geburtstag
die Geburtstage

das Gebüsch
die Gebüsche

gefallen
es gefällt
es gefiel

gegen

gehen
sie ging

gelb

das Geld
die Gelder

das Gemüse

genauso

genug

das Gepäck

gerade

das Geräusch
die Geräusche

gern

geschehen
es geschieht
es geschah

das Geschenk
die Geschenke

die Geschichte
die Geschichten

gestern

gesund

das Getränk
die Getränke

das Getreide

sich gewöhnen
er gewöhnte sich

der Gipfel
die Gipfel

die Gitarre
die Gitarren

das Glas
die Gläser

gleich

die Glocke
die Glocken

glücklich

die Glühlampe
die Glühlampen

graben
sie gräbt
sie grub

der Grad
die Grade

das Gras
die Gräser

grau

groß

großschreiben
er schrieb groß

grün

der Gruß
die Grüße

gucken
sie guckte

das Gummi

der Gürtel
die Gürtel

gut
besser, am besten

H h

das Haar
die Haare

haben
er hat
er hatte

der Hafen
die Häfen

die Hälfte
die Hälften

der Halm
die Halme

der Hals
die Hälse

halten
sie hält
sie hielt

die Hand
die Hände

der Handwerker
die Handwerker

der Hang
die Hänge

hart

das Haus
die Häuser

die Hausaufgabe
die Hausaufgaben

das Heft
die Hefte

heiß

heißen
er hieß

die Heizung
die Heizungen

helfen
sie hilft (hilf!)
sie half

hell

her

heran

herauf

heraus

der Herbst

herum

hervor

heute

hier

die Hilfe
die Hilfen

der Himmel

hin

hinaus

hinein

hinten

hinter

hinterher

hoch

der Hof
die Höfe

hoffen
er hoffte

die Höhe
die Höhen

holen
sie holte

das Holz
die Hölzer

hören
er hörte

der Hund
die Hunde

hundert

hungrig

I i

ich

die Idee
die Ideen

hilf ihm!

hol ihn ab!

hilf ihr!

im Haus

immer

in der Schule

das Insekt
die Insekten

interessant

es ist spät

J j

ja

jagen
sie jagte

der Jäger
die Jäger

das Jahr
die Jahre

jammern
er jammerte

der Januar

jeder

jemand

jetzt

der Juli

der Junge
die Jungen

der Juni

K k

das Kabel
die Kabel

der Käfer
die Käfer

kahl

kalt

der Kamm
die Kämme

kämpfen
sie kämpfte

das Kaninchen
die Kaninchen

kaputt

die Karte
die Karten

die Katze
die Katzen

kauen
er kaute

kaufen
sie kaufte

kehren
er kehrte

kein

der Keller
die Keller

kennen
sie kannte

kennenlernen
er lernte kennen

die Kette
die Ketten

das Kilo
die Kilos

der Kilometer
die Kilometer

das Kind
die Kinder

kippen
sie kippte

die Kiste
die Kisten

klagen
er klagte

die Klasse
die Klassen

die Kleidung

klein

die Klingel
die Klingeln

klingen
es klang

kneten
sie knetete

der Knoten
die Knoten

kochen
er kochte

kommen
sie kam

können
er kann
er konnte

der Kopf
die Köpfe

das Korn
die Körner

der Körper
die Körper

kosten
es kostete

krank

der Kreis
die Kreise

kreisen
sie kreiste

kriechen
er kroch

der Krimi
die Krimis

die Küche
die Küchen

der Kuchen
die Kuchen

die Kuh
die Kühe

der Kühlschrank
die Kühlschränke

kurz

kuschelig

L l

lachen
sie lachte

die Lampe
die Lampen

das Land
die Länder

landen
er landete

die Landschaft
die Landschaften

lang

die Länge
die Längen

langsam

der Lärm

lassen
sie lässt
sie ließ

laufen
er läuft
er lief

die Laus
die Läuse

laut

das Leben

das Lebensmittel
die Lebensmittel

lecker

leer

legen
sie legte

der Lehrer
die Lehrer

die Lehrerin
die Lehrerinnen

leicht

leise

lenken
er lenkte

der Lenker
die Lenker

lernen
sie lernte

lesen
er liest (lies!)
er las

leuchten
es leuchtete

die Leute

das Licht
die Lichter

lieb

lieben
sie liebte

das Lied
die Lieder

liegen
er lag

links

das Lob

das Loch
die Löcher

der Löffel
die Löffel

los

der Löwe
die Löwen

die Luft
die Lüfte

lustig

M m

machen
sie machte

das Mädchen
die Mädchen

der Mai

3 mal 3

malen
er malte

die Mama
die Mamas

man

manche

manchmal

der Mann
die Männer

der Markt
die Märkte

der März

die Maschine
die Maschinen

die Maus
die Mäuse

das Meer
die Meere

das Mehl

mehr

mein

meinen
sie meinte

meistens

der Mensch
die Menschen

merken
er merkte

messen
sie misst (miss!)
sie maß

das Messer
die Messer

der Meter
die Meter

mich

die Milch

die Million
die Millionen

minus

die Minute
die Minuten

mir

mischen
er mischte

mit

der Mittag
die Mittage

die Mitte

der Mittwoch
die Mittwoche

der Mixer
die Mixer

mögen
sie mag
sie mochte

möglich

der Moment
die Momente

der Monat
die Monate

der Mond
die Monde

der Montag
die Montage

das Moos

morgen früh

der Morgen
die Morgen

morgens

der Mund
die Münder

die Muschel
die Muscheln

die Musik

müssen
er muss
er musste

mutig

die Mutter
die Mütter

N n

nach

der Nachbar
die Nachbarn

die Nachbarin
die Nachbarinnen

die Nacht
die Nächte

der Nagel
die Nägel

nahe

die Nähe

der Name
die Namen

die Nase
die Nasen

nass

die Natur

neben

nebenan

nehmen
sie nimmt (nimm!)
sie nahm

nein

nennen
er nannte

neu

neun

nicht

nie

noch

der Norden

normal

der November

nun

nur

O o

oben

das Obst

oder

oft

ohne

das Ohr
die Ohren

der Oktober

das Öl
die Öle

die Oma
die Omas

der Onkel
die Onkel

der Opa
die Opas

der Ort
die Orte

der Osten

P p

ein paar Tage

ein Paar Schuhe

packen
er packte

der Papa
die Papas

die Pappe
die Pappen

der Park
die Parks

passen
es passte

passieren
es passierte

die Pause
die Pausen

die Pfanne
die Pfannen

das Pferd
die Pferde

die Pflanze
die Pflanzen

der Pilz
die Pilze

der Pinsel
die Pinsel

der Platz
die Plätze

plötzlich

plus

die Polizei

der Polizist
die Polizisten

das Pony
die Ponys

probieren
sie probierte

das Problem
die Probleme

pumpen
er pumpte

pusten
sie pustete

putzen
er putzte

Q q

die Qualle
die Quallen

der Quark

die Quelle
die Quellen

quer

R r

das Rad
die Räder

der Rand
die Ränder

raten
sie rät
sie riet

das Rätsel
die Rätsel

rauben
er raubte

der Raum
die Räume

rechnen
sie rechnete

rechts

reden
er redete

das Regal
die Regale

regeln
sie regelte

regnen
es regnete

regnerisch

reich

reif

der Reifen
die Reifen

reinigen
er reinigte

die Reise
die Reisen

reisen
sie reiste

rennen
er rannte

reparieren
sie reparierte

die Reporterin
die Reporterinnen

der Rest
die Reste

retten
er rettete

das Rezept
die Rezepte

richtig

riechen
sie roch

der Ritter
die Ritter

rollen
er rollte

die Rosine
die Rosinen

rot

rufen
sie rief

ruhig

rühren
sie rührte

S s

die Sache
die Sachen

der Saft
die Säfte

sagen
er sagte

salzig

sammeln
sie sammelte

der Samstag
die Samstage

der Sand

der Sattel
die Sättel

saugen
er saugte

schade

der Schaden
die Schäden

schälen
sie schälte

der Schatten
die Schatten

schauen
er schaute

die Schaukel
die Schaukeln

schaukeln
sie schaukelte

scheinen
er schien

schenken
sie schenkte

schieben
er schob

das Schiff
die Schiffe

das Schild
die Schilder

schimpfen
sie schimpfte

schlafen
er schläft
er schlief

schlagen
sie schlägt
sie schlug

schlau

schleichen
er schlich

schließen
er schloss

schlimm

das Schloss
die Schlösser

der Schluss
die Schlüsse

schmecken
es schmeckte

die Schnecke
die Schnecken

der Schnee

schneiden
sie schnitt

schneien
es schneite

schnell

schon

schön

der Schrank
die Schränke

schrauben
er schraubte

der Schreck oder
der Schrecken

schreiben
sie schrieb

schreien
er schrie

der Schritt
die Schritte

der Schuh
die Schuhe

die Schule
die Schulen

der Schüler
die Schüler

die Schülerin
die Schülerinnen

der Schulhof
die Schulhöfe

die Schulter
die Schultern

die Schüssel
die Schüsseln

schützen
sie schützte

schwach

der Schwan
die Schwäne

schwarz

das Schwein
die Schweine

schwer

die Schwester
die Schwestern

schwimmen
er schwamm

sechs

der See
die Seen

sehen
sie sieht (sieh mal!)
sie sah

sehr

sein

müde sein
sie ist müde
sie war müde

seit

selten

seltsam

der September

der Sessel
die Sessel

setzen
er setzte

sich

sicher

die Sicherheit
die Sicherheiten

sie

sieben

singen
sie sang

sitzen
er saß

so
sofort

sogar

der Sohn
die Söhne

sollen
sie sollte

der Sommer

sommerlich

sondern

die Sonne
die Sonnen

sonnig

der Sonntag
die Sonntage

sonst

sorgen
sie sorgte

die Sorte
die Sorten

spannend

der Spaß
die Späße

spät

das Spiel
die Spiele

spielen
er spielte

die Spitze
die Spitzen

der Sport

sprechen
sie spricht (sprich!)
sie sprach

springen
sie sprang

der Sprung
die Sprünge

spucken
er spuckte

spülen
sie spülte

die Stadt
die Städte

stark

die Station
die Stationen

der Stau
die Staus

staunen
er staunte

stecken
sie steckte

stehen
er stand

steigen
sie stieg

der Stein
die Steine

die Stelle
die Stellen

stellen
er stellte

still

die Stimme
die Stimmen

die Stirn
die Stirnen

der Stock
die Stöcke

der Stoff
die Stoffe

stolz

stoßen
sie stößt
sie stieß

die Straße
die Straßen

strecken
er streckte

streicheln
sie streichelte

der Streifen
die Streifen

streiten
er stritt

der Strom
die Ströme

das Stück
die Stücke

der Stuhl
die Stühle

die Stunde
die Stunden

der Sturm
die Stürme

suchen
sie suchte

der Süden

summen
er summte

süß

die Süßigkeit
die Süßigkeiten

T t

die Tafel
die Tafeln

der Tag
die Tage

die Tanne
die Tannen

die Tante
die Tanten

tanzen
er tanzte

die Tänzerin
die Tänzerinnen

die Tasche
die Taschen

die Tasse
die Tassen

tausend

das Taxi
die Taxis

der Teddy
die Teddys

der Tee

der Teig
die Teige

das Teil
die Teile

der Teller
die Teller

der Text
die Texte

tief

das Tier
die Tiere

der Tipp
die Tipps

tippen
sie tippte

der Tisch
die Tische

die Tochter
die Töchter

toll

die Tonne
die Tonnen

der Topf
die Töpfe

die Tour
die Touren

tragen
er trägt
er trug

traurig

treffen
sie trifft (triff!)
sie traf

die Treppe
die Treppen

treten
er tritt (tritt!)
er trat

trinken
er trank

trocken

trommeln
sie trommelte

tun
er tat

die Tür
die Türen

die Tüte
die Tüten

U u

sie üben
übte

über

überall

überlegen
er überlegte

die Überraschung
die Überraschungen

das Ufer
die Ufer

die Uhr
die Uhren

umdrehen
sie drehte um

der Umfang

und

der Unfall
die Unfälle

ungefähr

uns

unser, unsere

unten

unter

V v

der Vater
die Väter

verbinden
er verband

vergessen
er vergisst (vergiss!)
er vergaß

der Verkehr

verkehrt

verlassen
sie verlässt
sie verließ

verletzen
er verletzte

vermutlich

verschieden

verschließen
sie verschloss

verschwinden
es verschwand

das Versteck
die Verstecke

verstehen
verstand

verteidigen
er verteidigte

vertragen
sie verträgt sich
sich vertrug sich

er viel
er mehr, am meisten

vielleicht

vier

der Vogel
die Vögel

vom

von

vor

vorbei

vorlesen
er liest vor
er las vor

vorne

vorschlagen
sie schlägt vor
sie schlug vor

vorsichtig

vorstellen
er stellte vor

W w

wach

das Wachs

wachsen
sie wächst
sie wuchs

während

der Wald
die Wälder

wandern
er wanderte

wann

warm

warten
sie wartete

warum

was

die Wäsche

waschen
er wäscht
er wusch

das Wasser

wechseln
sie wechselte

weder … noch

der Weg
die Wege

weich

weil

weinen
er weinte

weiß

weit

dic Welt
die Welten

wen meinst du?

wenig

wenn du kommst

wer

die Werbung

werden
es wird
es wurde

der Westen

das Wetter

wichtig

wie

wieder

die Wiese
die Wiesen

wild

der Wind
die Winde

winken
sie winkte

der Winter

winterlich

wir

wissen
er weiß
er wusste

der Witz
die Witze

wo

die Woche
die Wochen

wohin

wohl

wohnen
sie wohnte

die Wolke
die Wolken

wollen
er will
er wollte

das Wort
die Wörter

die Wunde
die Wunden

wünschen
sie wünschte

X x

Y y

Z z

der Zahn
die Zähne

zehn

zeichnen
er zeichnete

zeigen
sie zeigte

die Zeit
die Zeiten

der Zentimeter
die Zentimeter

die Ziege
die Ziegen

ziehen
er zog

das Zimmer
die Zimmer

zu

der Zucker

zuerst

der Zug
die Züge

zuletzt

zum

zur

zurück

zusammen

zusätzlich

zwei

der Zweig
die Zweige

zwischen

Textquellen

S. 4: Xa-Lando. Musik: Klaus Brüngel, Text: Brigitte Schulze. © 1995 Verlag Ferdinand Schöningh, Paderborn; ab 2005 Bildungshaus Schulbuchverlage Westermann Schroedel Diesterweg Schöningh Winklers GmbH; **S. 32/33:** Erwin Moser: Gewitter. In: Hans-Joachim Gelberg (Hg.): Überall und neben dir – Gedichte für Kinder. Weinheim und Basel: Beltz Verlag 1986, S. 260; **S. 36** (Klappentext): Aus: Hans Christian Andersen: Die kleine Meerjungfrau. Würzburg: Arena 2004; **S. 37** (Klappentext): Aus: Karin Dieterich: Onnu Orkus, der Klabautermann. Boyens Medien GmbH 2004; **S. 44/45:** Eva Rechlin: In dieser Minute. In: Eva Rechlin: Träumereien und Schnurrpfeifereien. Düsseldorf: Patmos 1988; **S. 48:** Gcina Mhlophe: Wie die Geschichten auf die Welt kamen. Aus: Gcina Mhlophe: Wie die Geschichten auf die Welt kamen. Aus dem Engl. von Susanne Koehler. Wuppertal: Hammer 1998; **S. 53:** Merry Christmas – Frohe Weihnacht. Musik: Reinhard Horn, Text: Eckart Bücken. © Kontakte Musikverlag, Lippstadt; **S. 54/55:** Tilde Michels, Reinhard Michl: Es klopft bei Wanja in der Nacht. Aus: Tilde Michels, Reinhard Michl: Es klopft bei Wanja in der Nacht. Eine Geschichte in Versen. Hamburg: Heinrich Ellermann Verlag 1985; **S. 57:** Der von Kürenberg: Ich zôch mir einen valken. In: Walter Killy (Hg.): Die deutsche Literatur vom Mittelalter bis zum 20. Jahrhundert. Bd. I/2. München: Deutscher Taschenbuch Verlag 1988; **S. 72/73:** Erwin Grosche: Nach dem Spülen. In: Hans-Joachim Gelberg (Hg.): Großer Ozean. Weinheim und Basel: Beltz & Gelberg 2000; **S. 76/77** (Textauszüge aus dem Asterix-Comic „Der Seher“): Aus: René Goscinny, Albert Uderzo: Der Seher. Köln: Egmont Verlag 1975, übersetzt von Gudrun Penndorf; **S. 84/85** (Brief): Aus: Kirsten Boie: Kann doch jeder sein, wie er will. Hamburg: Oetinger 2002 © Verlag Friedrich Oetinger; **S. 99:** Josef Guggenmos: Verblühter Löwenzahn. In: Josef Guggenmos: Ein Elefant marschiert durchs Land. Geschichten und Gedichte für Kinder. Recklinghausen: Georg Bitter Verlag 1972; **S. 105:** Der Winter ist vorüber. Volkslied aus der Schweiz; **S. 112:** Gerhard Rühm: atemgedicht. In: Gerhard Rühm: Botschaft an die Zukunft, Reinbek bei Hamburg: Rowohlt Verlag 1967; **S. 113:** Erwin Grosche: Hauch, Hauch, Hauch. In: Hans-Joachim Gelberg (Hg.): Die Erde ist mein Haus. Weinheim und Basel: Beltz & Gelberg 1988; **S. 126/127:** Martin Auer: Über die Erde. In: Hans-Joachim Gelberg (Hg.): Überall und neben dir – Gedichte für Kinder. Weinheim und Basel: Beltz Verlag 1989, S. 286f.; **S. 135:** Christian Morgenstern: Gruselett. In: Christian Morgenstern: Ginganz. Berlin: Cassirer 1919; **S. 136/137** (Der Feenwald/Zaubersprüche): Aus: Cornelia Funke: Potilla. © Cecilie Dressler Verlag, Hamburg, S. 5/6, 54/55, 79, 106/107; **S. 139:** Frantz Wittkamp: Wie gut, dass ein Hase nicht lesen kann ... In: Frantz Wittkamp: Ich glaube, dass du ein Vogel bist. Weinheim und Basel: Beltz Verlag 1987

Bildquellen

S. 5: Aus: Sempé. Der kleine Nick und die Schule. © 1975 by Diogenes Verlag AG, Zürich; **S. 6/7** (4 Fotos), **S. 14, 15 o., 103** (Bild 9): Volker Kipp/Verlagsarchiv Schöningh; **S. 12** (Bild A): Günter Schlottmann/Verlagsarchiv Schöningh; **S. 12** (Bild R): ANTHONY/Schröter; **S. 12** (Bild T): Oliver Schmauch; **S. 12** (Bild U): picture-alliance/dpa/Schindler; **S. 13** (Bild O): Keystone/Mai-Inken Knackfuss; **S. 13** (Bild M): picturealliance/dpa/Rüsche; **S. 13** (Bild B), **17 o.l. und u.** (2 Bilder), **18 u., 19 u.l., 122 u.r., 124 o.:** Klaus Propson/Verlagsarchiv Schöningh; **S. 13** (Bild J): mauritius images/Matthias Tunger; **S. 15 u.:** BilderBox/Erwin Wodicka; **S. 17 o.r.:** Foto: Jörg-Thomas Titz. © Admos Media GmbH, Hamm; **S. 17 m.l.:** © Axel M. Mosler, Dortmund; **S. 17 m.r., 33** (Bild D): Stefan Peters/Verlagsarchiv Schöningh; **S. 19 u.r., 66 u.:** Aus: Atlas Dortmund und Umgebung. Hg. und bearbeitet vom Arbeitskreis für Heimatkunde. Braunschweig: Westermann 1987, S. 12 o., S. 13 u., (S. 66 u.: gezeichnet nach Detmar Mülher); **S. 22** (Wildschwein), **142** (Bild 9): Sonja Kramer/Verlagsarchiv Schöningh; **S. 22** (Blumenwiese): Schapowalow/Huber; **S. 23** (Gewitter): mediacolors/GP; **S. 23** (Weltraumrakete): Picture Press/NASA/VRS; **S. 29:** Foto: Michael Martin; **S. 30** (Hagel): mauritius images/Markus Mitterer; **S. 30/31** (Regenpfütze): Antje Wittenberg-Ilayyan/Verlagsarchiv Schöningh; **S. 31** (Nebel): mediacolors/Forkel; **S. 31** (gefrorener Wasserfall): mediacolors/Rose; **S. 31** (Wolken): OKAPIA KG, Germany/Erhard Kulb; **S. 31** (Tau): blickwinkel/R. Linke; **S. 32** (Bild A): mauritius images/Ludwig Mallaun; **S. 32** (Bild C): action press/LEHTIKUVA OY; **S. 32** (Bild E): Schapowalow/Theissen; **S. 33** (Bild B): Foto: Andreas Wellmann; **S. 33** (Bild F): DAS FOTOARCHIV/Thomas Mayer; **S. 34** (Cover): Joachim Friedrich: 4 1/2 Freunde und das Geheimnis der siebten Gurke. © 1999 by Thienemann Verlag (Thienemann Verlag GmbH) Stuttgart – Wien; **S. 34** (Cover): Ulf Blanck: Die drei ??? Kids. Geheime Flaschenpost und 14 weitere Ratekrimis. FRANCKH-KOSMOS-Verlag 2002; **S. 34** (Cover): Ein Fall für TKKG – Überfall im Hafen – Band 43, erschienen im C. Bertelsmann Jugendbuchverlag, München, einem Unternehmen der Verlagsgruppe Random House GmbH. Coverillustration: Stefan Wolf; **S. 36** (Cover): Hans Christian Andersen: Die kleine Meerjungfrau. Illustrationen von Christa Unzer. © 2005 Arena Verlag GmbH, Würzburg; **S. 37** (Cover): Karin Dieterich: Onnu Orkus, der Klabautermann. Boyens Medien GmbH 2004; **S. 41:** Fumetsat, Darmstadt; **S. 42** (Eisbär): Getty Images/Tony Stone/T. Davis & W. Bilenduke; **S. 42** (Grizzly): J. W. Warden/Overseas, Milan; **S. 42** (Lama): blickwinkel/L. Lenz; **S. 42** (Strauß): Guiliano Cappelli, Florence; **S. 43** (Wolf und Känguru): Reinhard Tierfoto; **S. 43** (Wasserbüffel): mauritius images/Steve Bloom Images; **S. 43** (Pinguin): Getty Images/Tony Stone/Antarctica, art Wolfe; **S. 45 u.:** Aus: Thomas Geduhn: Die Kinder der Welt. Ravensburg: Ravensburger Buchverlag Otto Maier 1996, S. 36. Foto: Stefan Warter; **S. 46 o.r.:** BPCC Aldus Archiv; **S. 46 u.r.:** Frontispiz: Porträt der Maria Sibylla Merian, Kat. Nr. 87, entnommen der Publikation zur Ausstellung „Maria Sibylla Merian (1647-1717) Künstlerin und Naturforscherin zwischen Frankfurt und Surinam“, 18.12.1997 – 1.3.1998. Verlag Gerd Hatje 1997; S. 47 o.l.: Bildarchiv Preußischer Kulturbesitz, Berlin; **S. 47 u.l.:** NASA; **S. 48** (Küste), **104:** ANTHONY; **S. 48** (Wüste): mediacolors/Vogelsang; **S. 49** (Grasland): DAS FOTOARCHIV/Charlotte Thege; **S. 49** (Arktis): mauritius images/Nordic Photos; **S. 50** (Bild 1): Getty Images/Tony Stone/Fred Felleman; **S. 50** (Bild 2): mauritius images/Nigel Dennis; **S. 50** (Bild 3): X. Eichaker/Panda Photo, Rome; **S. 50** (Bild 4): mauritius images/Gerard Lacz; **S. 50** (Bild 5): blickwinkel/K. Wothe; **S. 50/51:** Nach: Jürgen Nebel: Start in die Kartenwelt. Braunschweig: Westermann 2002, S. 20/21; **S. 64/65:** Kunsthistorisches Museum, Wien; **S. 66 o.:** Aus: Praxis Grundschule, September 1992, Heft 5, S. 48. Braunschweig: Westermann; **S. 67 u.:** Aus: Grundschule Sachunterricht, Heft 23, August 2004 („Im Mittelalter“), S. 26. Seelze: Friedrich Verlag. © Foto: Bildarchiv Foto Marburg; **S. 69:** Ermitage, St. Petersburg; **S. 76/77:** © Dargaud Editeur S.A., Paris 1975 (Zeichnung: Uderzo); **S. 81:** © 2006 Estate of Keith Haring. www.haring.com; **S. 82/83, 83 o.r., 89** (Cover), **90/91** (5 Abbildungen): Aus: Jörg Müller: Ganz schön aufgeklärt. Illustrationen von Dagmar Geisler. © 1993, 2002 Loewe Verlag GmbH, Bindlach, Cover, S. 27, S. 35, S. 37, S. 39 und S. 41; **S. 83 o.r.** (Cover): Total Normal. © Walker Books, England; **S. 84/85:** Aus: Kirsten Boie: Kann doch jeder sein, wie er will. Hamburg: Oetinger 2002 © Verlag Friedrich Oetinger, Cover, S. 20/21; **S. 88** (Cover): Kinderlexikon – Mein Körper. © Naumann & Göbel; **S. 88** (Cover): Babette Cole: Ei, was sprießt denn da? Düsseldorf: Sauerländer Verlag; **S. 88** (Cover): Die schönsten Rittersagen, erschienen im Omnibus/C. Bertelsmann Jugendbuchverlag, München, einem Unternehmen der Verlagsgruppe Random House GmbH. Coverillustration: Martin Beheim-Schwarzbach; **S. 88** (Cover): Peter Härtling: Ben liebt Anna. Weinheim & Basel: Beltz & Gelberg in der Verlagsgruppe Beltz; **S. 89** (Cover): Asterix. Der Seher. © Dargaud Editeur S.A., Paris 1975 (Zeichnung: Uderzo); **S. 89** (Cover): Bertelsmann. Kinder Weltatlas. Wissen Media Verlag; **S. 89** (Cover): S. Olsson/A. Jacobsson: Berts gesammelte Katastrophen. Hamburg: Oetinger Verlag; **S. 96/97:** Pressefoto Erlangen; **S. 98** (Cover): Stafette. Nürnberg: Johann Michael Sailer Verlag; **S. 98** (Cover): Schul-Jugendzeitschrift Ich tu was! Nr. 4, April 2005. München: Domino Verlag Günther Brinek; **S. 98** (Cover): Schul-Jugendzeitschrift floh! Nr. 8, März 2006. München: Domino Verlag Günther Brinek; **S. 98** (Rätselseite): Aus: Mücke, 2. Februar 1991, S. 15. Wiesbaden: Universum Verlag GmbH & Co. KG. Illustration Renate Becker; **S. 98** (Bericht über Erdbeerjogurt): Aus: Schul-Jugendzeitschrift floh! Nr. 22, September 2003, S. 23. München: Domino Verlag Günther Brinek; **S. 99** (Cover): GEOlino. © Gruner + Jahr/GEO; **S. 99** (Cover): Tierfreund. Nürnberg: Johann Michael Sailer Verlag; **S. 99** (Lückentext): Aus: Schul-Jugendzeitschrift Flohkiste, Nr. 22, September 2005, S. 8. München: Domino Verlag Günther Brinek; **S. 99, 104:**

Cartoon: McConnell; **S. 100** (Foto): mauritius images/Stock images; **S. 101** (Foto): mauritius images/age fotostock; **S. 102/103** (Fotos 1-8): Ruhr Nachrichten; **S. 107:** Paul Klee, Narr in Trance, 1929, 46 (N 6), 50 x 35 cm, Öl- und Wasserfarbe auf Leinwand auf Keilrahmen; Rahmenleisten, Museum Ludwig, Köln. © VG Bild-Kunst, Bonn 2006; **S. 114:** © Succession Picasso/VG Bild-Kunst, Bonn 2006; **S. 115:** © VG Bild-Kunst, Bonn 2006; **S. 123 o.:** ANTHONY/Mathyschock; **S. 123 u.:** WILDLIFE/S.E. Arndt; **S. 124 u.:** Stiftung Frax; **S. 125 o.:** Kuri Tschernyschov, Berglandschaft „Rhythmus der Berge", Nr. U20-01. © Art-Kurier-Direkt, Bad Schwartau; **S. 125 u., 142** (Bild 6): Lothar Sprenger; **S. 126/127:** mauritius images/Nora Frei; **S. 131:** Tretjakow-Galerie, Moskau; **S. 132 o., 133 o.:** Manfred Danegger; **S. 132 u.:** Reinhard Tierfoto/Lange; **S. 133 u.:** Arco/R. Siegel; **S. 136** (Cover und Illustration): Aus: Cornelia Funke: Potilla. © Cecilie Dressler Verlag, Hamburg, Cover, S. 3; **S. 138, 142** (Bild 14): B. Ludwig; **S. 139:** E. Pforr; **S. 140** (Cover): Ursula Stichmann-Marny: Mein erstes „Was blüht denn da?". Stuttgart: Franckh-Kosmos Verlag 2005; **S. 140** (Cover): Dr. Dankwart Seidel/Wilhelm Eisenreich: Heimische Pflanzen. Häufige und auffällige Arten erkennen und bestimmen. München: BLV Buchverlag 2005; **S. 176 o.l.:** © Bulls Press; **S. 176 o.r.:** Königsdorff Verlag und Pressedienst (Zeichnung: Franke)

Sollte trotz aller Bemühungen um korrekte Urheberangaben ein Irrtum unterlaufen sein, bitten wir darum, sich mit dem Verlag in Verbindung zu setzen, damit wir eventuell erforderliche Korrekturen vornehmen können.

Verlag und Autorinnen bedanken sich bei Klaus Propson für die Beratung in allen naturwissenschaftlichen Fragen.

www.schoeningh-schulbuch.de
Schöningh Verlag, Jühenplatz 1–3, 33098 Paderborn

Druck 5 4 3 / Jahr 2010 09 08
Die letzte Zahl bezeichnet das Jahr dieses Druckes.

Gestaltung und Illustrationen: Veronika und Peter Wypior
Umschlaggestaltung: Veronika und Peter Wypior unter Verwendung eines Gemäldes von Otmar Alt, *Die Hochzeit der Bienenkönigin* (1970)
Druck und Bindung: westermann druck GmbH, Braunschweig

ISBN 978-3-14-013358-6